돈의 흐름을 읽는
연준의 생각법

일러두기

- 본문의 환율은 원/달러 환율은 1,450원, 원/위안 환율은 200원으로 계산했습니다.
- 관세율, 환율, 물가 상승률 등 각종 경제 수치(지표)들은 최신 자료를 사용하였지만, 미국 상황이 수시로 급변해 출간 시점의 상황과 조금씩 다를 수 있습니다. 하지만 방향성에는 큰 차이가 없기에 그대로 사용하였습니다.

─ 돈의 흐름을 읽는 ─
연준의 생각법

이정우 지음

알에이치코리아

추천사

 자산운용업에 종사한 지 벌써 30년이 넘어가고 있습니다. 그동안의 경험을 통해 자산운용에 대해 제가 가장 크게 깨달은 점은 경제나 자산군이 가지는 사이클을 잘 파악해 선제적으로 자산 배분을 해야 좋은 성과를 낼 수 있다는 것입니다. 그런데 글로벌 경제의 사이클은 누가 주도하고 있을까요? 바로 '연방준비제도'입니다. 연준은 미국의 기준금리 수준과 달러 공급량을 조절함으로써 글로벌 경제에 변곡점을 만들어낼 수 있기 때문입니다.
 《돈의 흐름을 읽는 연준의 생각법》은 이런 큰 역할을 하는 연준을 독자들에게 알리고, 돈의 흐름에 대한 이해를 바탕으로 변화 속에서 기회를 잡는 방법을 설명하려는 노력의 산물이라고 생각합니다. 불확실성이 일상이 된 글로벌 금융 시장에서 자산운용 전문가뿐만 아니라 일반 독자들도 이 책을 통해 경제 사이클에 기반한 성공적인 자산 배분 전략과 리스크 관리 정책을 수립할 수 있기를 희망합니다.

_한승철(웰컴자산운용 대표이사)

글로벌 금융시장의 작동 원리를 이해하는 것은 투자의 핵심입니다. 이 책은 연준의 정책 결정 과정과 그 영향을 '실물경제-연준 정책-시장이라는 3단계 프레임워크'로 설명하며, 복잡한 경제 현상을 체계적으로 이해할 수 있게 해줍니다. 특히 FOMC의 의사결정 과정과 연준의 정책 도구에 대한 상세한 설명은 연준의 행동을 예측하는 데 귀중한 인사이트를 제공합니다.

　또한 트럼프 2기 행정부의 정책이 한국 경제와 주요 산업에 미칠 영향에 대한 분석은 매우 시의적절하며, 국내 투자자들에게 귀중한 통찰을 제공할 것으로 생각합니다. 금융 시장의 작동 원리를 깊이 이해하고자 하는 모든 이들과 한국 기업의 가치 평가와 투자 결정에 관심 있는 독자들은 이 책을 꼭 읽어보기를 추천합니다.

_ 이관휘(서울대학교 경영대학 교수, 《이관휘의 자본시장 이야기》 저자)

　투자의 성패는 거시경제의 흐름을 얼마나 정확히 읽어내느냐에 달려 있습니다.《돈의 흐름을 읽는 연준의 생각법》은 현대 글로벌 경제의 심장인 연준을 이해하는 필수적인 프레임워크를 제시합니다.

저자가 소개하는 실물경제-연준 정책-시장의 3단계 구조는 복잡한 매크로 환경 속에서 투자의 의사결정을 명확히 하는 데 큰 도움이 됩니다.

특히 트럼프 2기 정부의 보호무역주의, 규제 완화, 이민 정책이 한국 주요 산업에 미칠 영향에 대한 분석은 리스크 관리와 새로운 기회를 포착하는 데 중요한 관점을 제시합니다. 대규모 자산 배분 의사결정을 하는 기관 투자자부터 개인 투자자까지, 글로벌 자본의 흐름을 읽고자 하는 모든 이에게 일독을 권합니다.

**고병욱**(도미누스에쿼티파트너스 대표이사)

데이터 기반 의사결정이 중요한 AI 시대에 경제의 흐름을 읽는 것은 모든 비즈니스의 기본입니다. 수많은 경제 데이터 속에서 진정한 인사이트를 도출하는 방법론을 제시하는 이 책은 단순한 지표 해석을 넘어 경제 시스템의 동역학과 피드백 루프를 이해하게 해줍니다.

특히 트럼프 2기 정부의 정책이 가져올 변화와 한국 주요 산업에 미칠 영향에 대한 분석은 국내 기업들의 디지털 전환과 데이터 기반 전략 수립에 필수적인 통찰을 제공합니다. 경제 데이터를 해석하고 미래를 예측하는 실용적 지혜를 얻고자 하는 모든 분께 강력히 추천합니다.

_정훈(서울평가정보 부사장)

금융 기관에서 데이터를 다루는 책임자의 관점에서 볼 때, 이 책은 경제 빅데이터를 의미 있는 인사이트로 변환하는 탁월한 프레임 워크를 제시합니다. 특히 경제 지표들이 시장에 미치는 영향과 피드백 루프를 체계적으로 해석하는 부분은 데이터 사이언스 전문가들에게도 새로운 시각을 보여줍니다.

또한 트럼프 2기 행정부의 정책이 한국 금융 시장과 산업에 미칠 영향에 대한 저자의 분석은 리스크 평가와 예측 모델링에도 필수적인 통찰을 줍니다. 데이터에 기반한 의사결정이 경쟁력의 핵심인 시대에 이 책은 경제 데이터를 읽고 해석하는 능력을 한 단계 높여줄 것입니다.

_최병정(테스트윅스 금융AI사업본부장, 前 하나카드 최고데이터책임자)

프롤로그

연준의 고민 속에서 신호 포착하기

2023년 3월 10일, 실리콘밸리 은행Silicon Valley Bank, SVB이 파산했습니다. 연방준비제도Federal Reserve의 급격한 금리 인상이 몰고 온 첫 번째 희생양이었죠. 스타트업과 벤처캐피털들의 자금이 대거 빠져나가면서 SVB는 손실을 감당하지 못했고, 미국 역사상 2008년 리먼브라더스 사태 이후 가장 큰 은행 파산 사태가 벌어졌습니다. 연이어 시그니처 은행이 문을 닫았고, 퍼스트리퍼블릭도 위기에 빠졌습니다.

월스트리트의 트레이더들은 "연준이 너무 멀리 갔다Fed has gone too far"고 말했습니다. 인플레이션을 잡기 위해 시작된 연준의 금리 인상이 은행 시스템의 균열을 일으킨 것입니다. 이는 연준의 정책이 얼마나 강력한 영향력을 가지고 있는지, 그리고 그 영향이 얼마나 예측하기 어려운지를 보여주는 단적인 예입니다.

제가 뉴욕 월스트리트에서 MTN 머니투데이 아침 방송 〈맨해튼 나우 Manhattan Now〉를 담당하던 시절, FOMC Federal Open Market Committee (연방공개시장위원회) 회의가 열리면 마치 추리 소설의 한 장면을 대하는 듯했습니다. 연준 의장의 발언 하나하나, 단어 선택의 미묘한 차이, 심지어 그들의 표정 변화까지 모든 것이 시장의 해석 대상이었습니다. 왜일까요? 그것은 연준의 결정이 단순히 미국 경제뿐만 아니라, 글로벌 금융 시장 전체에 영향을 미치기 때문입니다.

특히 한국과 같은 수출 중심 경제에서는 연준의 움직임이 더욱 중요합니다. 2022년부터 시작된 연준의 공격적인 금리 인상은 원/달러 환율을 급등시켰고, 이는 우리 기업들의 수출 경쟁력과 수익성에 직접적인 영향을 미쳤습니다. 반도체, 자동차, 배터리 등 주력 산업의 실적이 연준의 결정에 따라 출렁였습니다. 이제 도널드 트럼프라는 새로운 변수가 등장했습니다. 2024년 미국 대선에서 트럼프가 재집권하면서, 연준에 대한 정치적 압박이 더욱 거세질 것으로 예상됩니다.

트럼프는 이미 자신의 첫 임기 동안 자신이 임명한 제롬 파월 Jerome Powell 연준 의장을 향해 금리 인하를 공개적으로 압박하기도 했습니다. 또한 지난 미 대선 유세 과정에서도 "내가 연준 의장보다 더 나은 직감을 가지고 있다고 생각한다"라고 말하기도 했으며, 연준 업무에 대해 "발언할 권리가 내게 있다고 생각한다"며 본인의 2기 임기 동안 연준에 대한 공개적인 압박을 계속할 것임을 강하게 시사했습니다. 따라서 그의 재집권은 연준의 독립성과 정책 방향에 근본적인 변화를 가져올 수 있습니다.

 이 책은 연준의 생각과 행동을 읽어내는 방법에 대한 이야기입니다. 단순히 금리 결정을 예측하는 것을 넘어, 그들의 고민과 딜레마를 이해하고, 그 속에서 투자와 경영의 기회를 발견하는 방법을 다룰 것입니다. 월스트리트 현장에서 직접 경험한 통찰과 글로벌 금융 시장의 작동 원리를 바탕으로, 여러분께 실질적인 가이드를 제공하고자 합니다.

 우리는 지금 역사적인 변곡점에 서 있습니다. 인플레이션과의 전쟁, 디지털 혁신, 지정학적 갈등, 기후변화 등 전례 없는 도전들이 연준의 정책 결정을 더욱 복잡하게 만들고 있습니다. 이러한 환경에서 연준의 생각을 읽고 해석하는 능력은 투자자와 기업인 모두에게 필수적인 기술이 되었습니다. 이 책을 통해 여러분은 단순히 경제 뉴스를 소비하는 것을 넘어, 그 흐름 속에서 기회와 위험을 포착하는 안목을 기르게 될 것입니다.

세계 경제의 중심, 연방준비제도의 탄생

 1907년 10월 어느 날, 뉴욕 월스트리트의 한 은행 앞에 긴 줄이 늘어섰습니다. 니커보커 신탁회사Knickerbocker Trust Company의 파산 소문이 퍼지자, 예금자들이 자신의 돈을 찾으려고 몰려든 것입니다.

이른바 '뱅크런Bank Run'의 시작이었습니다. 당시 미국 제3위 규모의 신탁회사였던 니커보커의 몰락은 도미노처럼 다른 금융 기관으로 번져갔습니다.

하지만 이 위기 속에서 한 인물이 등장합니다. 바로 존 피어폰트 모건John Pierpont Morgan이었습니다. 그는 개인 자금과 월스트리트 동료들의 자금을 모아 시장에 유동성을 공급했습니다. 모건은 자신의 도서관에서 은행가들을 소집해 밤새 구제금융 방안을 논의했고, 결국 위기를 진정시키는 데 성공했습니다.

모건의 활약은 미국 금융 시스템의 취약점을 적나라하게 보여주었습니다. 세계 최대 경제 대국 미국이 한 개인의 결단과 능력에 의존해 금융위기를 해결해야 했다는 사실은 충격적이었습니다. 만일 모건이 없었다면 어떻게 되었을까요? 이런 의문은 자연스럽게 시스템의 필요성으로 이어졌습니다.

당시 미국에는 중앙은행이 없었습니다. 1836년 앤드류 잭슨 대통령이 미국 제2은행Second Bank of the United States의 인가를 거부한 이후, 미국은 약 80년간 중앙은행 없이 운영되었습니다. 미국 내 수천 개의 은행이 지역마다 존재했으며 소규모 은행들은 경제 충격에 견딜 수 있는 충분한 준비금을 갖추지 못했습니다. 각각의 은행이 자체적으로 발행하는 화폐가 난립했고, 은행 간 결제 시스템도 불안정했습니다. 이런 시스템은 경제가 안정적일 때는 큰 문제가 없었지만, 위기가 닥치면 속수무책이었습니다.

1910년 11월, 조지아주 제킬 아일랜드Jekyll Island의 한 클럽에서 비밀회의가 열렸습니다. 넬슨 올드리치Nelson Aldrich 상원의원을 비롯한 정책 입안자들과 폴 워버그Paul Warburg 같은 월스트리트 은행가들이 모였습니다. 이들의 목표는 명확했습니다. 미국의 금융 시스템을 안정화할 수 있는 중앙은행의 청사진을 그리는 것이었습니다.

이들이 구상한 중앙은행은 단순한 정부 기관이 아니었습니다. 민간 은행들이 주주로 참여하면서도, 정부가 감독권을 갖는 독특한 구조였습니다. 이는 중앙은행의 독립성을 보장하면서, 동시에 공공성을 확보하기 위한 절충안이었습니다. 이러한 구상은 1913년 연방준비제도법Federal Reserve Act의 근간이 되었습니다.

우드로 윌슨 대통령은 1913년 12월 23일, 연방준비제도법에 서명했습니다. 이로써 미국은 마침내 현대적 의미의 중앙은행을 갖게 됩니다. 초기 연준은 12개 지역 연준은행으로 구성되었는데, 이는 어느 한 지역이나 세력이 과도한 영향력을 행사하는 것을 막기 위한 장치였습니다. 특히 주목할 점은 연준의 이중적 구조입니다. 워싱턴 D.C.의 연준이사회Federal Reserve Board of Governors, FRB가 통화 정책의 큰 방향을 결정하고, 12개 지역 연준은행이 이를 실행하는 구조였습니다.

1907년 금융 공황과 연준의 탄생 과정은 오늘날에도 중요한 시사점을 줍니다. 금융 시스템의 안정성이 얼마나 중요한지, 그리고 이를 위해 어떤 제도적 장치가 필요한지를 보여주기 때문입니다. 최근 2008년 글로벌 금융위기나 2020년 코로나19 팬데믹 상황에서 연준의 역할을 이해하려면, 이러한 역사적 맥락을 아는 것이 필수적입니다.

금리의 제왕, 연준

세계 경제의 심장은 어디일까요? 많은 독자들이 뉴욕 월스트리트를 떠올리겠지만, 그 심장부는 사실 워싱턴 D.C.에 자리 잡고 있는 연준입니다. 연준은 단순히 미국의 중앙은행 역할을 넘어, 전 세계 경제와 금융 시장을 움직이는 가장 중요한 기관입니다. 그들의 정책과 발언은 미국 국경을 넘어 글로벌 경제의 흐름을 좌우하며, 모든 투자자와 경영인이 주목하는 핵심 신호로 작용합니다.

연준의 금리 결정은 단순히 미국 내 소비와 투자뿐만 아니라 글로벌 경제에도 막대한 영향을 미칩니다. 금리 인상은 달러 강세를 초래해 신흥국의 자본 유출을 유발하고, 금리 인하는 글로벌 유동성을 증가시켜 자산 시장에 활력을 불어넣습니다. 이처럼 연준의 정책은 실물경제 Foundation, 정책 Policy, 금융 시장 Market이라는 세 가지 축을 통해 전 세계에 영향을 미칩니다. 이 책은 이러한 세 가지 축과 이것들 간의 상호작용을 이해하기 위한 3단계 프레임워크 3 Tier Framework를 제시합니다.

연준은 1913년 설립 이후 100년이 넘는 시간 동안 진화해왔습니다. 대공황, 석유 파동, 2008년 금융위기, 그리고 최근의 코로나19 팬데믹까지, 각각의 위기 속에서 연준은 새로운 정책 도구를 개발하며 경제 안정화를 위해 노력해왔습니다. 오늘날의 연준은 단순한 미국만의 중앙은행이 아니라 글로벌 자본 흐름을 통제하는 조타수이며, 세계 경제의 방향성을 결정짓는 나침반입니다.

하지만 연준이 모든 것을 공개적으로 설명하지는 않습니다. 그들의 성명서와 의사록에는 복잡한 경제적 메시지가 암호처럼 숨겨져 있습니다. 투자자와 경영인에게는 이를 해독할 수 있는 능력이 필수적입니다. 연준이 무엇을 말했는가보다 중요한 것은 왜 그렇게 말했는가를 이해하는 것입니다.

3단계 프레임워크:
돈의 흐름 읽기

이 책에서 제시하는 3단계 프레임워크는 실물경제, 정책, 금융 시장의 상호작용을 이해하는 데 초점을 맞춥니다.

- **실물경제:** 실물경제는 모든 경제 활동의 기초입니다. GDP(국내총생산) 성장률, 물가 상승률, 실업률과 같은 지표들은 연준 정책의 출발점이 됩니다.
- **정책:** 연준은 실물경제 데이터를 바탕으로 금리 조정, 양적 완화QE, 양적 긴축QT, 포워드 가이던스Forward Guidance 등 다양한 정책 도구를 활용합니다.
- **시장:** 금융 시장은 연준 정책에 즉각적으로 반응하며, 다시 실물경제에 영향을 미치는 피드백 루프Feedback Loop를 형성합니다.

    이 세 가지 축 간의 상호작용을 이해하면 돈의 흐름을 읽고 예측할 수 있습니다. 이는 단순한 경제 분석을 넘어 투자와 경영 전략 수립에 중요한 통찰력을 제공합니다.

    연준이 발표하는 금리 인상이나 인하 소식은 단순한 뉴스가 아닙니다. 그것은 돈이 어디로 흐를지를 알려주는 신호입니다. 금리가 오르면 안전 자산으로 자금이 몰리고, 금리가 내리면 위험 자산으로 유동성이 쏠립니다. 이러한 흐름을 이해하고 대응하는 것은 투자자와 경영인 모두에게 필수적인 능력입니다. 그렇기에 연준의 신호를 해독하고 이를 바탕으로 투자와 경영에서 실질적인 결정을 내리는 방법을 아는 것은 무척 중요합니다.

연준은 단순히 미국 경제만을 위한 기관이 아닙니다. 그것은 세계 경제라는 거대한 심장의 박동입니다. 이 책은 여러분께 그 심장의 맥박 소리를 듣고 이해하며, 나아가 자신의 투자와 경영에 적용할 수 있는 방법을 알려드릴 것입니다. 돈의 흐름은 거스를 수 없습니다. 하지만 그 흐름을 읽고 준비할 수 있다면 우리는 더 나은 선택과 결과를 만들어낼 수 있을 것입니다.

'연준의 생각법' 지금부터 그 여정을 함께 시작해보실까요?

The Fed's way of thinking

추천사 • 4
프롤로그_연준의 고민 속에서 신호 포착하기 • 8

1부
FOUNDATION:
실물경제가 정책과 시장을 움직인다

1장 연준을 긴장하게 하는 실물경제 지표

소비자물가지수와 국채 수익률의 관계 • 27 국가 경제의 총체적 생산 활동을 측정하는 기본 지표, GDP • 33 물가, 인플레이션과 디플레이션의 신호 • 40 고용, 왜 노동 시장을 주목해야 하는가? • 50 미래 경제 상황을 예측하는 선행 지표 읽기 • 62 결론: 숫자를 넘어 흐름을 읽어라 • 73

2장 실물경제와 연준의 관계

연준의 이중 책무란 무엇인가? • 78 실물경제 변화는 연준의 통화 정책에 어떻게 영향을 미치는가? • 83 연준 정책이 금융 시장과 한국 경제에 미치는 영향 • 92 결론: 데이터를 넘어 행동을 읽어라 • 95

2부
POLICY:
연준은 어떻게 시장과 소통하는가

3장 연준의 핵심 통화 정책 결정 기구 FOMC

연준은 어떻게 작동하는가? • 102 연준의 중요 의사결정 기구, 연방공개시장위원회 • 105 FOMC의 스피커: 성명서, 점도표, 기자회견, 의사록 • 107 결론: FOMC를 이해하면 시장이 보인다 • 114

4장 연준 정책의 주요 도구

기준금리와 통화 정책의 방향성 • 116 양적 완화와 양적 긴축: 연준 대차대조표의 비밀 • 119 포워드 가이던스: 시장과 소통하는 연준 • 133 결론: 연준 도구의 작동 원리를 이해하라 • 142

5장 연준 정책과 실물경제 간의 동역학

금리 인상이 소비와 투자에 미치는 영향 • 146 통화 정책이 실물경제에 반영되려면 시차가 필요하다 • 150 정책의 동역학: 정책 결정과 실물경제, 그리고 시장의 상호작용 • 155 결론: 동역학을 이해하면 경제 흐름이 보인다 • 166

3부
MARKET:
시장은 어떻게 반응하는가

6장 금융시장과 매크로 지표의 연결고리

2022년 연준의 공격적 금리 인상과 시장 충격 • 172　채권 시장, 장단기 금리 역전 현상이 일어나다 • 176　결론: 시장의 움직임은 상호 연결된 퍼즐이다 • 181

7장 원자재와 부동산 시장에서의 매크로 영향

원자재 가격과 글로벌 경기 사이클 분석법 • 186　글로벌 경기가 원유 가격에 미치는 영향 • 187　구리, 경제의 건강 상태를 진단하는 지표 • 196　금 가격, 경제 불확실성의 바로미터 • 203　원자재 가격에 대한 중앙은행의 대응 • 206　금리 변화가 부동산 시장에 미치는 파급 효과 • 209　결론: 원자재와 부동산, 경제의 체온계 • 213

4부
동역학과
피드백 루프

8장 실물경제-정책-시장 간 상호작용 이해하기

시장의 상호작용이 실물경제와 정책에 미치는 피드백 효과 • 220 결론: 실물경제, 정책, 시장의 상호작용을 이해하면 미래가 보인다 • 249

9장 상호작용을 활용한 투자 전략

단계별 주요 지표를 모니터링하는 법 • 252 자산 배분 전략 및 리스크를 관리하는 법 • 253 결론: 실물경제와 시장의 상호작용을 통해 미래를 설계하다 • 258

5부
트럼프 2기와 글로벌 경제 변화

10장 트럼프 2기의 핵심 경제 정책

트럼프의 감세 정책은 세계 경제에 어떤 영향을 미칠까? • 264 관세 정책과 보호무역주의: '미국 우선주의'의 민낯 • 266 제조업 리쇼어링: '메이드 인 아메리카' 전략 • 271 에너지 정책과 환경 규제 완화: 화석 연료로 돌아갈까? • 273 결론: 트럼프 정책이 만드는 새로운 질서 • 277

11장 보호무역주의와 글로벌 경제 질서 재편

관세 인상이 물가 상승 및 성장률 둔화에 미치는 영향 • 280 글로벌 공급망 재편과 신흥국 경제의 대응 • 284 미국 우선주의 정책과 국제 협력 약화 • 287 결론: 보호무역주의가 만드는 새로운 도전 • 288

12장 에너지 패권 경쟁과 국제 경제

셰일 혁명과 미국의 에너지 전략의 변화 • 291 국제 에너지 시장의 재편과 지정학적 긴장 • 294 트럼프 정부 아래 퇴행하는 미국의 환경 정책 • 297 결론: 에너지는 경제와 외교의 핵심이다 • 298

13장 이민 정책 강화와 노동 시장 및 물가 전망

이민 제한, 노동력 부족과 노동 시장 불균형 초래할 것 •302 서비스업 및 건설업 등 특정 산업에서의 인력 부족 문제 •304 대규모 이민자 추방 정책과 경제적 영향 •306 연준의 통화 정책 운용에 미치는 영향 •307 결론: 이민 정책은 경제와 통화 정책의 연결고리다 •310

14장 미국의 정책 변화가 한국 경제와 주요 산업에 미치는 영향

관세 인상 및 한미 FTA 재협상이 한국 수출에 미치는 영향 •313 현상 유지냐 폐지냐, 불확실성이 높아진 인플레이션감축법 •314 반도체법 재검토에 따른 한국 기업의 영향은? •316 한국 반도체 기업의 대미 투자 환경 변화 •321 반도체, 자동차, IT 등 주요 산업별 영향 분석 •323 결론: 글로벌 무역 환경 변화 속에서 한국의 생존 전략 모색 •327

15장 트럼프 2기 시대, 투자자와 경영인을 위한 실전 가이드

고평가 우려 속 변동성이 확대되는 미국 주식 시장 •330 미국 채권 시장, 금리 인하는 계속될 수 있을까? •333 글로벌 자산 배분을 다각화하라 •336 주요 산업별 투자 기회와 위험 요소 분석 •339 결론: 리스크 속에서 기회를 찾아라 •342

에필로그_돈의 흐름을 읽는 법 •344

— 1부 —

FOUNDATION

실물경제가 정책과 시장을 움직인다

The Fed's way of thinking

연준을 긴장하게 하는 실물경제 지표

01

소비자물가지수와 국채 수익률의 관계

"모든 월간 인플레이션 보고서가 평등하게 창조된 것은 아니다Not every monthly inflation report is created equally."

지난 2월 12일, 2025년 1월달 소비자물가지수CPI가 발표되던 날, '연준의 입Fed whisperer'이라는 별명을 가지고 있는 월스트리트저널Wall Street Journal의 수석경제담당기자 닉 티미라오스Nick Timiraos가 분석 기사의 첫 문장으로 던진 말입니다. 미국 독립선언문의 유명한 문구, "모든 인간은 평등하게 창조되었다All men are created equal"를 재치 있게 차용한 말인데요. 그만큼 그날의 월간 인플레이션 보고가 중요했다는 뜻입니다.

목표 수준인 2%를 바로 앞두고 끈덕지게 떨어지지 않고 있는 미국의 물가 Sticky price 상황 속에서 트럼프 2기 정부의 관세 정책은 물가 하락을 더욱 어렵게 하는 상황입니다. 따라서 이날 발표된 미국 소비자물가지수는 다음 날 발표될 생산자물가지수 PPI 와 그달 말에 나오게 될 개인소비지출 물가지수 PCE 의 향방을 가늠하게 할 중요한 지표였습니다.

- "Inflation Heated Up in January, Freezing the Fed- Consumer prices rose 3%, as fight against inflation continues to face headwinds"(The Wall Street Journal, Feb. 12, 2025).
- "1월 인플레이션 가속화, 연준 정책 동결 - 소비자 물가 3% 상승, 인플레이션과의 싸움이 계속해서 역풍에 직면"(《월스트리트저널》, 2025년 2월 12일).

결론적으로 1월의 미국 소비자물가지수는 예상보다 높은 상승률을 기록하며 시장을 흔들었습니다. 1월 소비자물가지수는 전월 대비 0.5% 상승해 시장 예상치인 0.3%를 크게 초과했습니다. 전년 대비로는 3% 상승인데, 이는 연준의 목표치인 2%를 여전히 상회하는 수준입니다. 특히, 에너지 가격이 1.1% 상승하며 전체 소비자물가지수 상승에 크게 기여했고, 주거비 역시 0.4% 증가하며 물가 상승의

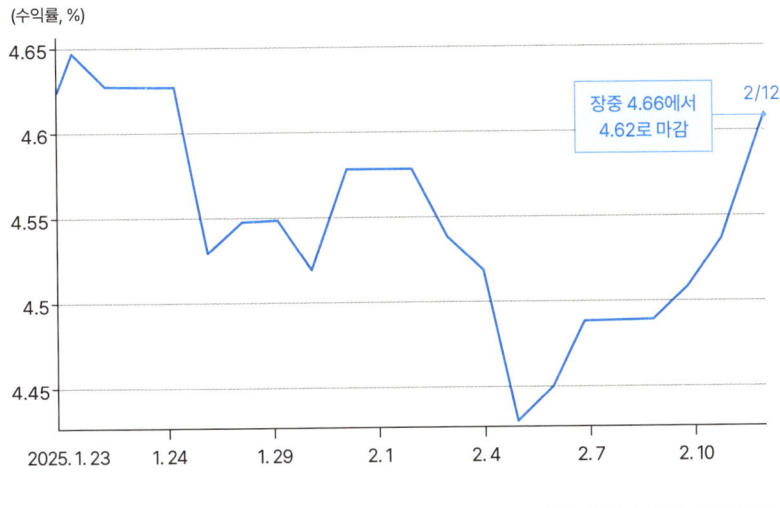

주요 요인으로 작용했습니다.

근원 소비자물가지수 Core CPI 도 전월 대비 0.4% 증가하며, 전년 대비 3.3% 상승했습니다. 이는 최근 몇 달간 지속적으로 고착된 수준으로, 연준이 금리 정책을 조정하는 데 있어 어려움을 가중시키고 있습니다. 이러한 데이터는 인플레이션이 단기적으로 둔화될 가능성이 낮음을 시사합니다.

소비자물가지수 발표 이후 시장은 즉각 반응했습니다. 다우존스와 S&P500은 하락했고, 10년 만기 미국 국채 수익률은 하루 만에 약 10bp(베이시스 포인트) 이상 상승해 최고 4.66%를 찍고 내려와 4.62%로 마감했습니다(위 그래프 참조). 이는 2025년 들어 가장 큰 일일 상승

폭으로, 투자자들이 인플레이션 위험과 이에 따른 금리 인상 가능성을 재평가했음을 보여줍니다.

국채 수익률은 일반적으로 두 가지 요소로 구성됩니다.

1. 연준의 정책 기대: 투자자들은 연준이 금리를 더 오래 높은 수준에서 유지할 가능성을 반영.

2. 기간 프리미엄: 장기 채권 보유에 따른 불확실성에 대한 보상으로, 최근 이 프리미엄이 증가.

인플레이션은 국채 수익률에 직접적인 영향을 미칩니다. 높은 인플레이션은 채권 투자자들에게 실질 수익률 감소를 의미하므로, 투자자들은 이를 상쇄하기 위해 더 높은 명목 수익률을 요구합니다. 이번 소비자물가지수 데이터로 인해 연준이 금리 인하 시기를 늦추거나 심지어 추가 금리 인상을 고려할 가능성이 높아졌으며, 이는 국채 수익률의 상승으로 이어졌습니다.

앞으로의 전망은 불확실성과 위험으로 가득 차 있습니다. 연준은 현재 '기다려보는 Wait and See' 접근 방식을 유지하고 있지만, 이번 소비자물가지수 데이터는 정책 조정의 압박을 가중시킬 것입니다. 만약 인플레이션이 계속해서 높은 수준을 유지한다면, 연준은 금리를 더 오래 높은 수준에서 유지하거나 추가 인상을 고려할 가능성이 있습니다. 따라서 채권 투자자들은 장기적으로 더 높은 수익률 환경에 적응해야 할 것으로 보입니다. 현재 시장에서는 10년 만기 국채 수익률이 올해 말까지 5%에 근접할 가능성을 일부 반영하고 있습니다.

경제 성장에 미치는 리스크도 주목해야 합니다. 높은 금리와 국채 수익률은 기업과 소비자의 차입 비용을 증가시켜 경제 성장에 부정적인 영향을 미칠 수 있습니다. 특히 주택 시장과 같은 민감한 부문에서 둔화가 예상됩니다. 2005년 1월 1일 기준 30년 만기 고정 모기지 금리는 6.87% 수준을 보이고 있습니다.

이번 소비자물가지수 데이터와 국채 수익률 급등은 미국 경제가 새로운 긴축 국면에 진입했음을 시사합니다. 채권 가격이 더 하락할 위험이 있기 때문에 섣부르게 미국 국채 투자에 나서기도 어렵습니다. 미국 증시를 주도해왔던 기술주들은 이미 높아진 PER_{Price-to-Earning Ratio} 수준 때문에 역시 손대기가 쉽지 않습니다. 현재 나스닥 100 PER은 37.45(2025. 2. 14 기준) 수준을 보이고 있습니다. 2010년 이래 최고점입니다.

참고로 나스닥 100 PER은 나스닥 100 지수에 포함된 기업들의 주가수익비율의 평균값입니다. PER은 주가를 주당순이익_{EPS}으로 나눈 값으로, 기업의 가치 평가 지표로 널리 사용됩니다. 높은 PER은 투자자들이 해당 기업이나 지수의 미래 성장에 대해 높은 기대를 갖고 있음을 의미하며, 때로는 과대평가의 신호가 될 수도 있습니다.

나스닥 100 PER의 과거 흐름을 보면, 2008년 금융위기 때 12 수준으로 크게 하락했다가 2009년에 곧바로 반등해서 그해 말 32를 넘어서며 고점을 찍었습니다. 그러나 곧 안정되어 2012~2016년 사이에는 대략 15 수준을 오가며 상대적으로 낮은 수준을 유지했습니다. 그러나 2020년 코로나 사태 이후 다시 큰 상승을 보여 다시 32를 돌파했다가 하락 후 최근 다시 급등세로 전환해 2024년 말 38을 돌파했습니다.

PER이 40인 주식에 투자한다면 기대할 수 있는 연간 수익률은 1/40, 즉 2.5%입니다. 무위험 미국 국채 10년물의 수익률이 4.6%라는 점을 고려하면 그런 주식에 손대느니 무위험 미국 국채에 투자하는 것이 현명할 것입니다. 물론 미국 기술주를 구성하고 있는 기업들의 미래 수익이 비약적으로 증가한다면 다른 이야기이겠습니다만 그러자면 새로운 모멘텀이 등장해야 할 것입니다.

S&P500 향후 12개월 예상 이익 대비 현재 주가의 비율 S&P500 12month Forward PER도 22배로 10년 내 최고점 수준에 다가가고 있습니다. 나스닥보다는 상황이 낫지만 예상 수익률은 약 4.5%(1/22)로 무위험인 10년물 미국 국채 수익률보다 살짝 낮은 수준이라 역시 미국 국채 투자 대비 장점이 뚜렷하지 않은 상황입니다.

이와 같이 실물경제의 지표들은 금융 시장에 즉각적인 영향을 미치며 연준의 정책 의사결정의 기반이 됩니다. 연준의 정책은 다시 물가와 고용 등 실물경제에 피드백을 주고 아울러 주식, 채권, 외환, 원자재, 부동산 등 시장에 순차적인 영향을 끼칩니다. 또한 시장의 움직임은 다시 실물경제와 연준의 정책 결정에 영향을 미치는 복잡한 움직임을 형성합니다.

지금까지의 설명이 술술 이해되시는 독자도 있겠지만 기초적인 경제와 금융 용어의 뜻부터 시작해 도대체 무슨 이야기인지 알아듣기 어려운 독자도 있을 것입니다. 걱정하지 마세요. 이 책은 바로 그런 분들을 위해 쓰였습니다. 금융경제에 대한 기초가 없으신 분들을 위해 제가 제시한 3단계 프레임워크에 따라 차근차근 기초 개념부터 설명하고 그 기초 위에서 실물경제와 연준의 정책, 그리고 시장이 서로 어떻게 상호작용하는가를 단계적이고 쉽게 설명할 것입니다.

그리고 금융경제에 대한 기초가 있는 분들에게는 기존의 지식과 경험에 더해 체계적으로 실물경제와 시장을 읽을 수 있는 프레임워크를 제공하고자 합니다. 그럼 먼저 연준이 주목하는 실물경제의 핵심 지표 중 가장 중요한 GDP에 관해 알아보도록 하겠습니다.

국가 경제의 총체적 생산 활동을 측정하는 기본 지표, GDP

"경제는 살아있는 생명체와 같다." 이 말은 단순한 비유가 아닙니다. 경제도 사람처럼 건강 상태를 점검할 수 있는 지표들이 있습니다. GDP는 경제의 체력, 물가는 혈압, 실업률은 심박수와도 같습니다. 이 세 가지 핵심 지표는 경제가 지금 어디에 있는지, 그리고 앞으로 어디로 갈지 알려주는 기본적인 나침반이죠. 하지만 이들만으로는 부족합니다. 미래를 예측하려면 선행 지표라는 '망원경'이 필요합니다. ISM 제조업 지수, 소비자신뢰지수 같은 선행 지표들은 연준이 정책을 결정하고 금융 시장이 움직이는 데 중요한 단서를 제공합니다.

지금부터는 실물경제의 기본 지표와 선행 지표들이 무엇을 의미하며, 이들이 금융 시장에 어떤 영향을 미치는지를 살펴보도록 하겠습니다.

GDP 성장률이 말해주는 것

GDP는 경제의 총체적인 생산 활동을 측정하는 가장 기본적인 지표입니다. 좀 더 자세히 설명하면 '한 나라의 영토 내에서 일정 기간(보통 1년) 동안 신규 생산된 모든 최종 재화와 서비스의 시장 가치 총합'입니다. 따라서 GDP는 한 국가의 경제 규모와 성과를 측정하는 가장 대표적인 지표입니다.

연준은 GDP 성장률을 통해 경제가 과열되고 있는지, 아니면 침체에 빠지고 있는지를 판단합니다. GDP는 명목 GDP와 실질 GDP 두 가지 방식으로 계산됩니다. 명목 GDP는 현재 시장 가격을 기준으로 한 경제 활동의 총가치를 나타내며, 실질 GDP는 인플레이션이나 디플레이션의 영향을 제거한 데이터로 경제 성장의 '실질적인' 변화를 반영합니다. 실질 GDP는 인플레이션 조정을 통해 경제 성장을 더 정확히 측정하기 때문에, 정책 결정과 경제 분석에서 더 신뢰할 수 있는 지표로 간주됩니다. 예를 들어 명목 GDP가 상승했더라도 이는 단순히 물가 상승에 의한 것일 수 있으므로, 실제 생산 증가를 확인하려면 실질 GDP를 살펴보아야 합니다.

오른쪽의 표는 2023년 기준, 전 세계 GDP 상위 20개국을 순서대

전 세계 GDP 상위 20개국

순위	국가	조 달러	비중
1	미국	27.72	26.1%
2	중국	17.79	16.8%
3	독일	4.53	4.3%
4	일본	4.2	4.0%
5	인도	3.57	3.4%
6	영국	3.38	3.2%
7	프랑스	3.05	2.9%
8	이탈리아	2.3	2.2%
9	브라질	2.17	2.0%
10	캐나다	2.14	2.0%
11	러시아	2.02	1.9%
12	멕시코	1.79	1.7%
13	호주	1.73	1.6%
14	대한민국	1.71	1.6%
15	스페인	1.62	1.5%
16	인도네시아	1.37	1.3%
17	네덜란드	1.15	1.1%
18	터키	1.12	1.1%
19	사우디아라비아	1.07	1.0%
20	스위스	0.88	0.8%

자료: 세계은행

로 나열해놓은 것입니다. 미국이 단연 부동의 1위를 달리고 있고, 중국이 그 뒤를 바짝 추격하는 모양새입니다. 3위는 독일, 4위는 일본이 차지하고 있습니다. 지난 15년간 중국은 세계 10위권에서 일본과 유럽 선진국을 제치고 2위로 올라왔습니다. 그 성장세가 무섭습니다.

미국과 중국의 GDP를 합쳐 놓으면 전 세계 GDP의 42.9%가 되고, 여기에 독일, 일본, 인도, 영국, 프랑스, 이탈리아 등 상위 8개 국가를 합치면 약 62.9%가 됩니다. 전 세계 180여 개 나라가 있지만 이들 8개 나라가 전체 생산의 60% 이상을 담당하고 있습니다. 엄청난 부의 편중입니다. G7이니 G10이니 하면서 몇몇 선진국들이 자기들끼리 만나서 회의하는 것에는 다 이유가 있습니다.

일본이 4.2조 달러인 데 비해 우리나라는 1.71조 달러로 전 세계 GDP의 1.6%를 차지합니다. 일본의 경제 규모가 우리나라의 2.5배 정도 됩니다. 일본이라는 나라를 무시할 수 없는 이유입니다. 인도가 3.57조 달러(3.4%)로 세계 5위, 브라질이 2.17조 달러(2.0%)로 세계 9위입니다. 우리가 흔히 우리보다 못 산다고 생각하는 이 두 나라의 경제 규모가 사실 우리보다 큽니다. 무시해서는 안 되는 국가들입니다(1인당 GDP를 따지면 물론 우리나라가 약 3만 6,000달러로 더 크고, 이들 나라보다 평균적으로 더 잘사는 나라는 맞습니다). 러시아는 그 큰 땅덩어리에 비해 경제 규모는 우리와 비슷합니다. 인도네시아는 경제 규모가 많이 성장해서 과거 2017년경에는 우리의 2/3정도였는데 최근에는 80%대로 성장했습니다. 그밖에도 관심 있는 나라들의 숫자를 꼼꼼히 살펴보면 재미있는 인사이트를 많이 발견할 수 있습니다.

왜 GDP가 중요한가?

GDP 성장률은 가계 소비, 기업 투자, 정부 지출, 순수출(수출-수입) 등, 한 국가에 속한 경제 활동의 모든 요소를 종합적으로 보여줍니다. GDP 성장률이 지나치게 높아질 경우 인플레이션이 동반 상승하기 마련이고 이럴 때 연준은 금리를 인상해 과열을 억제하고, 반대로 낮아질 경우 금리를 인하해 경기를 부양합니다. GDP는 정책 결정뿐 아니라 기업과 투자자들에게도 중요한 신호를 제공하며, 경제 전반의 건강 상태를 나타냅니다.

시장과의 연결고리

GDP 발표 후 주식 시장은 기업 실적 전망에 따라 반응하고, 채권 시장은 금리 변동 가능성을 반영합니다. 예를 들어 예상보다 낮은 GDP 성장률은 채권 수익률 하락(가격 상승)을 초래할 수 있습니다. 반대로 강력한 GDP 성장률은 주식 시장 상승을 유도하지만, 동시에 금리 인상 우려로 인해 채권 시장에는 부정적인 영향을 미칠 수 있습니다. 금리가 인상된다면 채권 수익률도 동반 상승하는 경향이 크고 채권 수익률과 가격은 역의 관계를 가지므로 채권 가격은 떨어지게 됩니다.

38쪽의 그래프는 미국의 실질 GDP 성장률을 보여주는 차트입니다. 앞에서도 이야기했지만 실질 GDP는 명목 GDP에서 인플레이션 효과를 제거한 데이터입니다. 주요 특징들을 살펴볼까요?

우선 이 그래프의 시간 범위는 2020년 1분기부터 2024년 4분기까

미국 실질 국내총생산(US Real Gross Domain Product)

자료: 미국경제분석국(FRED 제공)

지의 데이터입니다. 측정 단위는 연간 복리 성장률 Compounded Annual Rate of Change 을 계절조정해 나타낸 것입니다. 여기서 '연간 복리 성장률'이란 분기별 성장률을 1년 단위로 환산한 것을 말합니다. 예를 들어 한 분기에 1% 성장했다면, 이를 1년으로 환산해 계산합니다. 마치 은행에서 복리 이자를 계산하는 것처럼, 성장이 누적되는 효과를 반영하기 위해 그렇게 계산하는 것입니다.

'계절조정'이란 계절적 요인을 제거한 것을 의미합니다. 예를 들어 크리스마스 시즌에는 소비가 늘어나고, 여름에는 관광 수입이 늘어나는 등의 그 계절만의 특수한 변동성을 제외하고 계산하는 것입니다.

이렇게 하면 실제 경제의 기본적인 성장 추세를 좀 더 정확하게 볼 수 있습니다. 종합하면 이 그래프가 나타내는 수치는 '계절적 영향을 제외하고, 현재 분기의 성장 속도가 1년 동안 지속된다면 얼마만큼 성장할 것인가'를 보여주는 것이라고 요약할 수 있습니다.

연간 성장률로 변환하는 주된 이유는 '비교의 용이성' 때문입니다. 예를 들어볼까요? 아래 두 수치를 비교해봅시다.

- 2022년 전체 GDP 성장률 3.0%
- 2023년 1분기의 분기별 성장률(전분기 대비 당분기 성장률) 1.0%

어떻습니까? 비교가 쉬운가요? 2022년 전체 대비 2023년 1분기 GDP가 덜 성장한 걸까요? 하나는 연간 성장률이고 하나는 분기별 성장률이라서 이 두 수치를 바로 비교하기가 어렵습니다. 하지만 2023년 1분기의 1.0%를 연간으로 환산해 3.6%로 표시하면, '아, 2023년 1분기의 성장 속도(3.6%)가 작년 전체 성장률(3.0%)보다 더 빠르구나!'라고 쉽게 비교할 수 있습니다. 즉, 서로 다른 기간의 경제 성장을 쉽게 비교하기 위해 분기 데이터를 연간 성상률로 환산해 발표하는 것입니다.

앞의 그래프가 나타내는 주요 특징을 살펴보면, 우선 먼저 보이는 것은 2020년에 코로나19 팬데믹의 영향으로 큰 변동이 있었다는 것입니다. 2020년 2분기에 약 -30%의 급격한 하락이 있었고, 2020년 3분기에 약 35%의 급격한 반등이 있었습니다. 다행스럽게도 코로나 사태 후 2021년 이후로는 변동성이 크게 감소했습니다. 2024년 4분기(Q4) 기준 2.3%의 성장률을 기록했는데, 2022~2024년 기간 동안 대체로 0~5% 사이의 완만한 성장세를 유지하고 있습니다. 이 그래프는 코로나19 위기 이후 미국 경제가 초기의 극심한 변동성에서 벗어나 비교적 안정적인 성장 궤도에 진입했음을 보여주고 있습니다.

물가, 인플레이션과 디플레이션의 신호

물가는 경제의 '혈압'과 같습니다. 너무 높으면(인플레이션) 경제가 과열되고, 너무 낮으면(디플레이션) 경제 활동이 위축됩니다. 물가 안정은 연준의 이중 책무 Dual Mandate 중 하나이고 연준의 가장 큰 관심사 중 하나로서 물가를 면밀히 모니터링합니다. 연준의 이중 책무에 대해서는 2장(78쪽)에서 자세히 설명하겠습니다.

소비자물가지수와 개인소비지출 물가지수: 물가를 파악하는 두 가지 주요 척도

연준이 지켜보는 물가지수는 크게 소비자물가지수와 개인소비지출 물가지수 두 가지입니다. 두 지수 모두 물가 변동을 측정하는 주요 지표로, 각각의 특징과 강점이 다릅니다. 자세히 알아보겠습니다.

소비자물가지수

소비자물가지수는 미국 노동통계국 Bureau of Labor Statistics에서 작성해 매월 중순에 발표됩니다. 소비자물가지수는 도시 소비자들이 직접 지출한 out-of-pocket expenditure 상품과 서비스의 가격 변화를 측정합니다. 소비자물가지수는 소비자가 구매하는 데이터에 대한 조사를 바탕으로 산출됩니다. 이는 약 10만 개의 가격 데이터와 약 8,000건의 주택 임대 가격을 기반으로 하며, 주택 비용, 식료품, 에너지 등 소비자가 체감하는 물가를 반영합니다. 이 중 주택 비용은 전체 소비자물가지수에서 약 35%로 가장 큰 비중을 차지합니다. 소비자물가지수는 고정된 상품 바구니를 사용하며, 가중치는 소비자 설문조사를 통해 결정됩니다. 가구가 직접 지불하는 항목만 포함하지만, 예외적으로 주택 소유자가 자가를 임대한다고 가정했을 때 지불해야 할 월세를 주택 비용으로 포함합니다. 이를 소유자 등가 임대료 Owner's Equivalent Rent라고 합니다.

소비자물가지수는 전반적인 생활비 상승률 계산에 사용되며 사회보장 급여 조정, 물가연동국채 TIPS 및 인플레이션 스와프 Inflation Swap와 같은 금융 계약의 기준금리로 사용됩니다. 일반 대중과 언론에서 가장 널리 알려진 물가 지표가 소비자물가지수입니다.

또, 전체 항목을 포함하는 헤드라인 소비자물가지수 headline CPI 외에, 에너지와 식료품처럼 변동성이 큰 항목을 제외한 근원 소비자물가지수 Core CPI를 별도로 산출합니다. 왜 그럴까요? 에너지 가격은 정치·경제적 위기나 허리케인과 같은 자연재해, 그리고 글로벌 공급망 충격 등 예상치 못한 외부 충격에 취약합니다. 식료품도 마찬가지입니다. 홍수나 가뭄 등 자연재해와 조류독감과 같은 전염병이 농수산물 작황에 예상치 못한 변동성을 가져옵니다.

이러한 일시적 외부 충격에 따른 변동성은 현재 경제 상태의 고유한 체질과는 무관하기 때문에 자칫 왜곡된 정보를 생산할 수 있습니다. 사람도 혈압을 정확하게 측정하기 위해서는 의자에 몇 분간 앉아서 몸 상태가 차분해지기를 기다리죠? 물가도 마찬가지입니다. 정확한 경제의 혈압을 측정하기 위해 필요없는 노이즈를 제거하려고 근원소비자물가지수를 따로 산정하는 것입니다. 따라서 단기적으로 근원지표가 인플레이션 추세를 더 정확히 보여줄 수 있습니다. 다만 헤드라인 지표가 소비자들의 실제 생활비를 더 잘 반영한다고 볼 수 있습니다.

소비자물가지수는 지표의 비교 기준에 따라 전월 대비 MoM와 전년 동월 대비 YoY로 측정할 수 있습니다. 전월 대비는 지난 달에 비해 물가가 얼마나 올랐는 지를 보여주며 전년 동월 대비 YoY는 1년 전 대비 물가가 어떻게 움직였는가를 보여줍니다. 연준이 목표로 삼는 물가의 비교 기준은 후자, 즉 전년 동월 대비 물가입니다.

개인소비지출 물가지수

개인소비지출 물가지수는 미국 경제분석국 Bureau of Economic Analysis 에서 작성해 매월 말에 발표됩니다. 개인소비지출 물가지수는 모든 가구와 가구를 위해 비영리 기관이 소비하는 상품과 서비스 가격의 변화를 측정합니다. 소비자물가지수가 소비자 구매 관점에서 데이터를 수집한다면, 개인소비지출 물가지수는 기업이 판매하는 데이터에 대한 조사를 기반으로 합니다. 따라서 가구가 직접 지출한 비용뿐만 아니라 가구를 대신해 지출된 비용(예: 고용주가 제공하는 보험, 메디케어, 메디케이드에서 지불하는 의료 비용)도 포함합니다.

개인소비지출 물가지수는 소비자의 행동 변화를 더 잘 반영하기 위해 가중치를 분기별로 업데이트하며, 상품 간 대체 효과(예를 들어 가격 상승 시 소비자들이 저렴한 대안으로 전환하는 것)를 고려해 산출됩니다. 또, 주택 비용보다 의료 서비스 항목이 개인소비지출 물가지수에서 더 높은 비중을 차지합니다. 개인소비지출 물가지수는 연준이 선호하는 물가 지표로, 인플레이션 목표(2%)를 설정하고 통화 정책을 조정하는 데 사용되는 중요한 지표입니다.

또, 소비자물가지수와 마찬가지로, 에너지와 식료품처럼 변동성이 큰 항목을 제외한 근원 개인소비지출 물가지수Core PCE를 별도로 산출해 노이즈를 제거한 물가의 정확한 방향을 파악하는 데 활용합니다.

소비자물가지수와 개인소비시출 물가지수는 대체로 비슷한 추세를 따르지만 여러 측면에서 차이가 있으며, 이로 인해 서로 다른 인플레이션율을 보여줍니다. 우선 물가지수를 계산할 때 각 항목에 부여하는 가중치가 다릅니다. 왜냐하면 소비자물가지수가 측정하는 항목이 개인소비지출 물가지수보다 적고, 이에 더해 소비자물가지수는 소비자 기준, 개인소비지출 물가지수는 판매자 기준의 데이터이기 때문입니다. 또, 소비자물가지수는 소비자가 직접 지불하는 비용만 포함하는 반면, 개인소비지출 물가지수는 제3자가 소비자를 대신해 지불하는 비용도 포함합니다. 예를 들어 의료비 지출에서 큰 차이가 나타나는데, 소비자물가지수는 소비자가 병원에서 직접 지불한 의료비 out-of-pocket expenses 만을 포함하지만, 개인소비지출 물가지수는 고용주와 정부가 지불하는 의료 서비스 비용도 포함합니다. 두 지수는 계산 공식도 다릅니다. 개인소비지출 물가지수는 소비자가 가격 변화에 따라 상품을 대체하는 행동을 고려합니다. 예를 들어 빵 가격이 오르면 소비자들은 빵 소비를 줄이고 다른 대체재로 전환할 수 있으며, 개인소비지출 물가지수는 이런 행동 변화를 반영한 새로운 바스켓을 사용합니다. 반면 소비자물가지수는 기본적으로 고정된 바스켓을 사용합니다. 그 밖에 계절적 조정 방식 등 기타 사소한 차이점들도 존재합니다.

결론적으로 소비자물가지수는 소비자가 체감하는 물가를 직관적으로 보여주는 데 강점이 있고, 개인소비지출 물가지수는 경제 전반의 소비 패턴 변화를 더 정확히 반영해 정책 결정에 적합합니다. 두 지표는 서로 보완적인 역할을 하며, 상황에 따라 적합한 지표를 선택해 활용해야 합니다.

45쪽의 그래프는 헤드라인 소비자물가지수와 식품과 에너지를 제외한 근원 소비자물가지수의 추세를 보여줍니다. 시간별 주요 변화를 살펴볼까요? 2015~2019년 사이에는 대체로 2% 내외의 안정적인 물가 상승률을 보였습니다. 그러나 2020년, 코로나19로 인한 급격한 하락를 보여줍니다. 참고로 회색 바는 미국의 경기 침체를 나타냅니다.

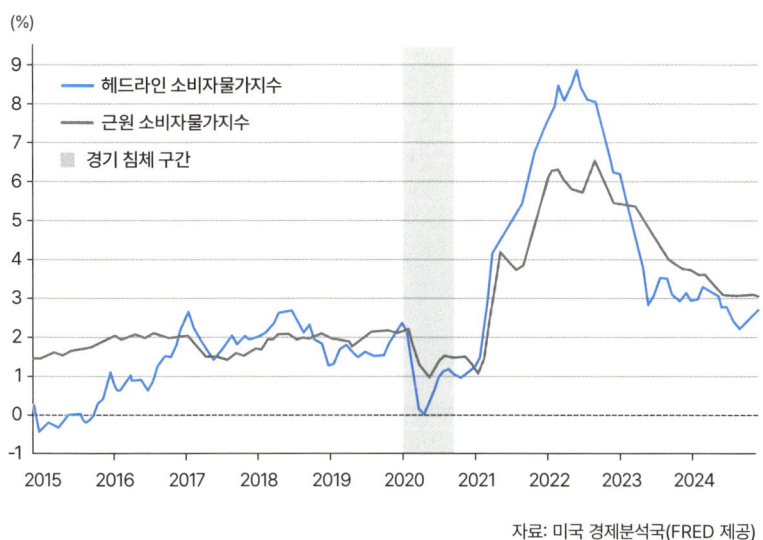

자료: 미국 경제분석국(FRED 제공)

이 기간 코로나로 인한 경기 침체가 있었죠.

2021~2022년에는 다행히 코로나 사태의 충격을 딛고 급격한 물가 상승(최대 8~9%까지 상승)을 경험합니다. 그리고 2023~2024년에는 점진적인 안정화 추세를 보여주고 있습니다. 2024년 12월 기준 전체 소비자물가지수는 2.90%, 식품/에너지 제외한 근원 소비자물가지수는 3.25%로, 2022년 최고점 이후 물가 상승 압력이 점차 완화되고 있지만 아직 연준의 물가 목표인 2%에 다다르지 못하고 있습니다.

한 가지 주목할 점은 근원 소비자물가지수는 상대적으로 안정적인데 반해 헤드라인 소비자물가지수는 최근 오히려 상승 추세에 있다는 것입니다. 이것이 연준의 금리 인하 경로에 어려움을 더하고 있습니다. 이 부분에 대해서는 뒤에서 자세히 살펴보겠습니다.

소비자물가지수를 살펴봤으니 이제 개인소비지출 물가지수를 둘러볼까요? 아래의 그래프는 미국의 개인소비지출 물가지수를 보여주는 데이터입니다. 앞서 본 소비자물가지수와 거의 동일한 패턴을 보여주고 있습니다. 여기서도 전체 개인소비지출 물가지수Headline PCE와 식품과 에너지를 제외한 근원 개인소비지출 물가지수Core PCE 두 가지를 보여주고 있습니다.

주요 특징을 살펴볼까요? 데이터의 범위는 2015년부터 2024년까지입니다. 2015~2019년 기간 동안 대체로 1~2% 사이의 안정적인 물가 상승률을 유지했지만, 2020년 코로나19 영향으로 급격한 하락

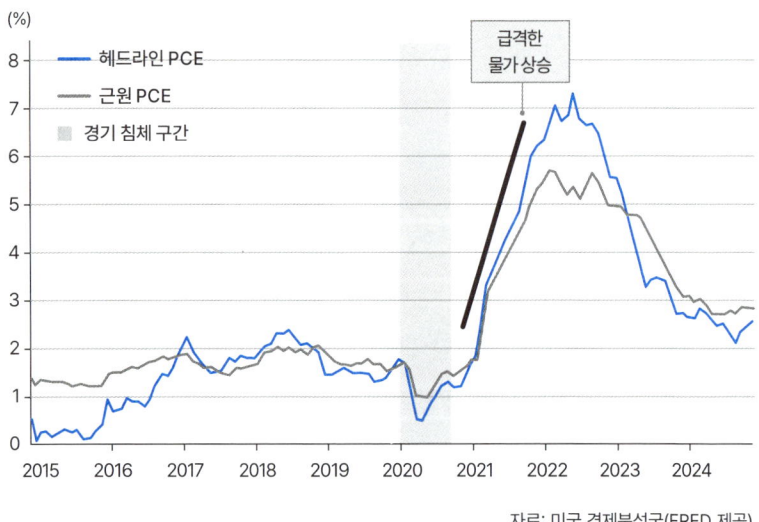

자료: 미국 경제분석국(FRED 제공)

을 경험합니다. 그러나 2021~2022년, 급격한 물가 상승이 발생했고 2022년 최대 7%까지 상승했다가 점차 안정화되는 추세를 보이고 있습니다. 2024년 12월 기준, 헤드라인 개인소비지출 물가지수 상승률은 2.55%이고 식품/에너지를 제외한 근원 개인소비지출 물가지수 상승률은 2.79%입니다.

일반적으로 헤드라인 지수와 근원 지수, 두 선이 비슷한 움직임을 보이지만 식품과 에너지를 제외한 근원 개인소비지출 물가지수가 좀 더 안정적인 흐름을 보입니다. 이는 앞서 설명한 대로 식품과 에너지 가격이 상대적으로 변동성이 크기 때문입니다. 이 그래프는 최근 몇 년간 미국의 인플레이션 추이와 현재 안정화되고 있는 물가 상황을 잘 보여주고 있습니다.

소비자물가지수와 개인소비지출 물가지수 두 데이터를 비교해서 볼까요? 우선 소비자물가지수가 개인소비지출 물가지수보다 전반적으로 변동성이 더 크게 나타난다는 것을 알 수 있습니다. 특히 2022년 급등기에 소비자물가지수는 8~9% 수준까지 상승했으나, 개인소비지출 물가지수는 7% 정도까지만 상승했습니다. 소비자물가지수와 개인소비지출 물가지수가 물가를 측정하는 서로 다른 방식 때문인데 전반적인 추세는 비슷하게 나타납니다.

인플레이션과 금리의 상관관계

인플레이션이 목표치(2%)를 초과하면 연준은 금리를 인상해 물가를 안정시키고, 반대로 디플레이션 우려가 있으면 금리 인하를 통해

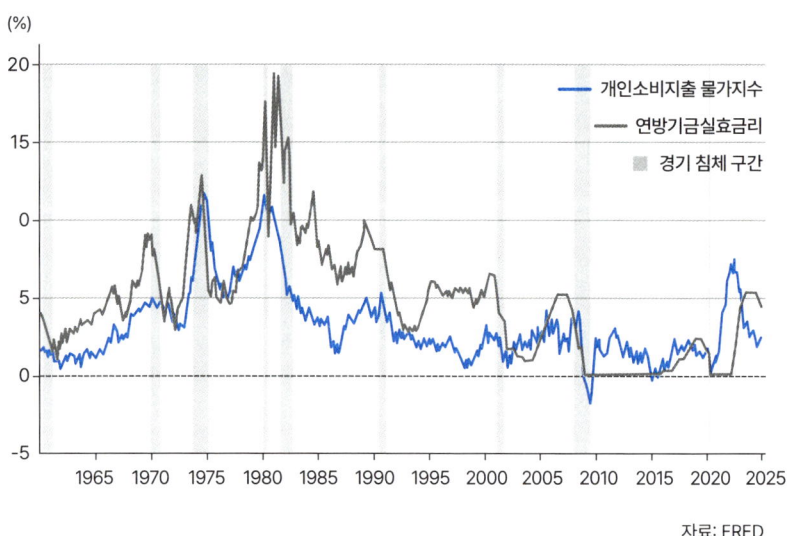

물가를 끌어올립니다. 위의 그래프를 통해 역사적 사례를 살펴보겠습니다.

위의 그래프는 1960년대부터 현재까지의 개인소비지출 물가지수와 연방기금실효금리 Federal Funds Effective Rate 의 추이를 보여주는 '연방준비은행 경제 데이터 Federal Reserve Economic Data, FRED' 차트입니다. 미국 경제분석국은 세인트루이스 연방준비은행이 운영하는 경제 데이터베이스로, GDP, 물가, 금리, 실업률 등 다양한 거시경제 및 금융 데이터를 무료로 제공하는 매우 유용한 사이트입니다. 이 책을 읽으시는 분들은 자주 들어가셔서 다양한 데이터를 마음껏 체크해보시기 바랍니다.

그럼 다시 그래프로 돌아가서, 우선 그래프 구성을 살펴볼까요? 차트의 기간은 1960년대부터 최근까지 약 60여 년 동안의 긴 데이터를 보여주고 있습니다. 파란색 선은 개인소비지출 물가지수 상승률(전년 대비 변화율)을, 회색 선은 연방기금실효금리(연준이 설정한 기준금리 범위 내에서 은행들이 초단기 대출에 실제로 적용한 금리로, 실제 시장 거래를 반영하는 지표)를 나타냅니다. 중간중간 표시된 회색 음영은 미국의 경기 침체 기간을 표시합니다.

이 그래프는 미국 통화 정책의 역사적 변화와 물가 관리를 위한 연준의 대응을 잘 보여주고 있습니다. 주요 시점별로 살펴보겠습니다. 먼저 1980년대 초반, 이란 혁명으로 촉발된 석유 파동과 연준의 긴축 통화 정책으로 인해 개인소비지출 물가지수가 10%를 훌쩍 넘겼습니다. 당시 연준은 높은 인플레이션을 억제하기 위해 기준금리를 20%까지 인상했으며, 이는 경제 전반에 걸쳐 심각한 경기 침체를 초래했습니다.

이후 2008년 금융위기와 2020년 코로나19 팬데믹 시기에는 물가가 급락하며 금리가 제로 수준으로 하락했지만, 2022년부터는 공급망 위기와 수요 증가로 물가가 급등하며 연준이 공격적인 금리 인상을 단행해 연방기금실효금리를 약 5% 수준으로 유지했습니다. 연준은 물가 상승 시 금리를 인상하고, 안정화 시 금리를 인하하는 패턴을 반복하며, 1980년대 이후 전반적으로 물가와 금리를 안정화하는 데 기여했습니다. 이는 연준이 경제 상황에 따라 통화 정책을 유연하게 조정해왔음을 보여줍니다. 연준의 통화 정책은 4장에서 좀 더 자세히 살펴보겠습니다.

고용,
왜 노동 시장을 주목해야 하는가?

매달 발표되는 다양한 고용보고서와 고용 지표에는 실업률, 구인 공고 수Job Openings, 비농업 신규 고용 수Nonfarm payrolls, 신규 실업수당 청구 건수Initial Jobless Claims 등이 있고, 이들 지표는 연준이 노동 시장 과열 여부를 판단하는 데 중요한 자료가 됩니다.

그중 실업률은 경제의 '심박수'로 볼 수 있는데, 이 심박수를 통해 노동 시장의 건강 상태를 체크할 수 있습니다. 노동 시장의 건강 상태는 소비와 투자에 직접적인 영향을 미칩니다. 미국 GDP의 약 70%는 가계 소비가 차지하고 있습니다. 실업률이 낮다는 것은 많은 사람들이 일자리를 가지고 소득을 얻고 있다는 뜻이며, 이는 다시 가계 소비 증가로 이어지고, 곧 기업 실적으로 이어져 전체적인 경기 상승을 유도하게 마련입니다. 실업률에 대해 자세히 살펴보겠습니다.

실업률, 노동 시장을 평가하는 가장 중요한 지표

실업률은 경제 활동 인구 중에서 '일자리를 구하지 못하고 있는 실업자의 비율'을 나타냅니다. 이는 노동 시장의 상태를 평가하는 가장 중요한 경제 지표로 경제 성장, 경기 침체, 고용 정책의 효과 등을 판단하는 데 사용되고 있습니다. 미국의 실업률 데이터는 미국 노동통계국에서 매월 발표되며, FRED와 같은 플랫폼에서도 확인할 수 있습니다. 그럼 실제 미국 실업률 데이터를 살펴볼까요?

미국의 실업률

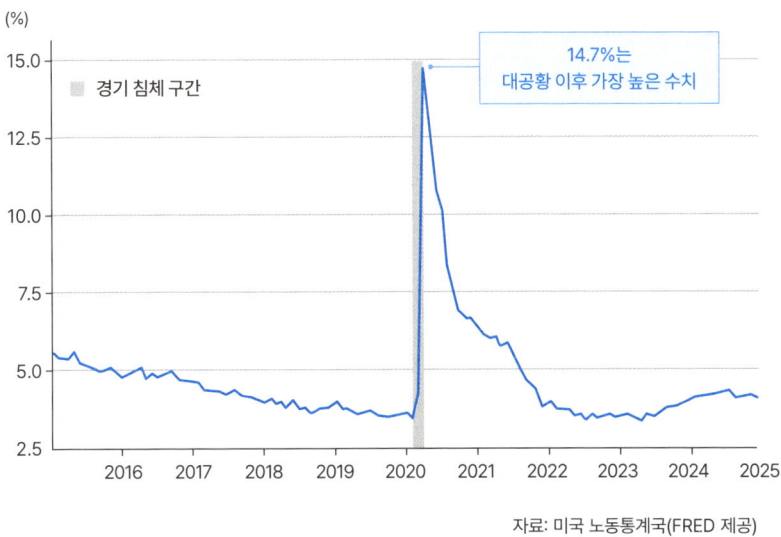

자료: 미국 노동통계국(FRED 제공)

위의 그래프는 2015년부터 2025년 1월까지의 미국 실업률 변화를 보여주고 있습니다. 2015~2019년은 실업률이 지속적인 하락세를 보이는 기간이었습니다. 실업률이 하락세였다는 것은 그만큼 경기가 좋고 노동 시장이 타이트했다(즉, 고용주가 인력을 찾기 어려웠다)는 뜻입니다. 2015년 약 5.5%에서 시작해 지속적으로 감소하다가 2019년 말 코로나19 팬데믹이 터지기 직전에는 약 3.5% 수준으로, 50년 만의 최저치를 기록했습니다. 이는 당시 미국 경제가 안정적 성장세를 유지하며 고용 시장이 강세였음을 의미합니다.

그러나 2020년 초반 코로나19 팬데믹 충격이 미국의 고용 시장을 덮칩니다. 2020년 3월부터 코로나19 팬데믹으로 인해 실업률이 급격히 상승해 14.7%로 정점을 찍게 됩니다. 이는 대규모 해고와 경제 활동 중단의 결과로, 대공황 이후 가장 높은 수준의 실업률로 기록되었습니다.

그러나 연준의 팬데믹 대응 정책(재정 부양책, 실업수당 확대 등)과 경제 재개로 인해 실업률은 빠르게 하락하기 시작했고, 2021년 말에는 약 4%대로 회복했습니다. 이후 2022~2025년 초 현재까지 실업률은 대체로 3.5~4% 사이에서 안정적으로 유지되고 있습니다. 가장 최근 데이터인 2025년 1월 기준 실업률은 4.0%로서 팬데믹 이전 수준을 회복했습니다.

이 실업률 데이터를 종합해보면, 미국의 노동 시장이 코로나19 팬데믹으로 심각한 충격을 받았지만, 이후 빠르게 회복되어 현재는 안정적인 상태를 유지하고 있음을 알 수 있습니다. 현재(2025년 초) 실업률은 약간 상승했지만 여전히 낮은 수준으로, 이는 고용 시장이 견고하게 유지되고 있음을 시사합니다.

실업률은 연준의 금리 정책 결정, 기업의 고용 전략, 경제 성장 전망 등에 중요한 참고 자료로 활용됩니다. 예상보다 낮은 실업률은 임금 상승 압력을 통해 인플레이션 우려를 키우고, 연준의 금리 인상 가능성을 높이기 마련입니다. 반대로 높은 실업률은 경기 둔화 신호로 해석되어 금리 인하를 부르며 그에 따른 채권 가격 상승(수익률 하락)을 유발할 수 있습니다.

'구인 공고 수'로 노동 시장의 역동성을 확인하다

JOLTS 보고서 Job Openings and Labor Turnover Survey는 미국 노동부 산하 노동통계국에서 매월 발표하는 보고서로, 미국 노동 시장의 상태를 평가하기 위한 중요하고도 다양한 데이터를 제공합니다. 이 보고서는 고용주와 근로자의 행동 및 노동 시장의 역동성을 이해하는 데 매우 유용합니다. JOLTS 보고서에 포함된 주요 데이터는 다음과 같습니다.

1. 구인 공고(Job Openings): 매월 해당 시점에서 채워지지 않은 일자리 수를 나타냅니다. 이는 고용주가 채용하려는 의도를 보여주는 지표로, 노동 수요를 평가하는 데 사용되고 있습니다.
2. 고용(Hires): 일정 기간 동안 새로 채용된 근로자 수를 나타냅니다. 이는 노동 시장에서 실제로 이루어진 고용 활동을 반영하고 있습니다.
3. 퇴직(Quits): 자발적으로 직장을 떠난 근로자 수를 나타냅니다. 퇴직률은 근로자들이 얼마나 자신감을 가지고 더 나은 기회를 찾고 있는지를 보여주는 지표로 해석됩니다.
4. 해고 및 비자발적 이직(Layoffs and Discharges): 고용주에 의해 비자발적으로 직장을 떠나게 된 근로자 수를 포함합니다. 이는 경제적 압박이나 기업 구조조정과 같은 요인을 반영하고 있습니다.
5. 기타 이직(Other Separations): 사망, 장애, 은퇴 등 기타 이유로 인한 퇴직 및 이직을 포함합니다.

JOLTS 보고서는 노동 수요와 공급의 균형을 평가하고 경기 순환을 이해하는 데 도움을 줍니다. 그리고 연준과 같은 정책 입안자들이 금리 조정 등 경제 정책을 결정할 때 중요한 참고 자료 중 하나로 활용됩니다. 아울러 이 보고서의 데이터를 통해 기업은 채용 전략을 조정하고, 개인은 취업 가능성과 시장 기회를 파악할 수 있습니다. JOLTS 보고서는 특히 일자리 공고와 퇴직률 데이터를 통해 노동 시장의 건강 상태와 근로자의 신뢰도를 평가하는 데 중요한 역할을 합니다.

JOLTS 보고서가 포함하는 데이터 가운데 가장 주목받는 지표는 뭐니 뭐니 해도 비농업 부문 구인 공고 수 Job Openings:Total Nonfarm 입니다. 다음의 그래프는 2015년부터 2024년까지의 비농업 부문 구인 공고 수를 나타냅니다. 그래프의 주요 특징을 살펴볼까요?

비농업 구인 공고 수

자료: 미국 노동통계국(FRED 제공)

2015~2019년은 완만한 증가세를 보였습니다. 2015년 초반 약 500만 개 수준에서 시작해 2019년까지 꾸준히 증가하며 약 700만 개를 초과했는데, 이런 수치는 이 기간의 미국 경제 성장과 고용 시장의 확장을 반영하고 있습니다. 그러나 2020년 초반, 코로나19 팬데믹으로 인해 구인 공고 수가 급격히 감소해 약 460만 개 수준까지 줄었습니다. 이는 팬데믹으로 인한 경제 충격과 고용 시장 위축을 드라마틱하게 보여줍니다. 다행히도 코로나의 충격은 오래가지 않았습니다. 2021년부터 경제 회복이 시작되면서 구인 공고 수가 급증했으며, 2022년 중반에는 약 1,200만 개로 정점을 찍었습니다. 이는 연준의 긴급 대응으로 경기가 회복되고 노동 수요가 급증했기 때문입니다.

2022년 정점 이후부터는 구인 공고 수가 점진적으로 감소하기 시작했으며, 2024년 말에는 약 760만 개 수준으로 줄어들었습니다. 이는 한편으로는 경제 성장 둔화를 의미하지만, 다른 한편으로는 과열되었던 노동 시장의 균형 회복을 의미한다고도 볼 수 있습니다. JOLTS 보고서의 비농업 부문 구인 공고 수는 미국 노동 시장의 경기 순환 및 팬데믹 이후 회복 과정을 잘 보여주며, 경제 활동 및 고용 동향 분석에 중요한 지표로 활용됩니다.

여기서 잠깐. 왜 농업 부문을 제외하고 비농업 부문의 데이터만 집계할까요? 농업 부문은 계절적 변동이 크고 날씨 등 외부 요인에 민감해 불안정합니다. 반면 비농업 부문 데이터는 이러한 변동성을 배제해 더 안정적인 고용 동향을 보여줍니다. 또한 비농업 부문은 미국 경제의 대부분을 차지하며, 전체 고용의 약 80%를 포괄합니다. 따라서 노이즈를 줄이고 전반적인 노동 시장의 상황을 더 정확하게 반영하기 위해 비농업 부분의 데이터에 주목하는 것입니다.

미국 내 고용 인구 변화의 추이를 파악할 수 있는 '비농업 부문 고용'

비농업 부문 고용 데이터는 미국 노동통계국에서 매월 발표하는 고용보고서의 핵심 지표 중 하나로, 농업 부문을 제외한 민간 및 공공 부문 고용 인력의 월간 변화를 측정합니다. 쉽게 말해 민간 및 공공 부문에서 월급을 받으며 일하고 있는 사람이 전달 대비 얼마나 늘었는지, 또는 얼마나 줄었는지를 알려주는 데이터입니다. 이 데이터를 통해 미국 내 전체적인 고용 인구 변화의 추이를 알 수 있습니다. 전체적인 고용 인구 외에도 각 산업별, 업종별 고용 인구 변화도 함께 발표됩니다. 따라서 이 데이터는 경제 활동, 고용 시장의 건강 상태, 그리고 경제 성장률을 평가하는 데 중요한 역할을 합니다. 특히 연준과 투자자들은 이를 통해 금리 정책과 시장 전망을 예측합니다.

57쪽의 그래프는 2021년부터 2025년까지 월별 비농업 부문 고용 변화(전월 대비 변화, MoM)를 나타낸 막대그래프입니다. 그래프를 살펴보면 2021~2022년 초반까지 코로나19 팬데믹 이후 고용 시장 회복이 활발히 진행되며 월별 신규 고용이 90만 명을 훌쩍 넘기도 했습니다. 그러나 2022년 중반 이후 고용 증가세가 점차 둔화하며 월별 신규 고용 수치는 하락하는 모습을 보였습니다. 2023~2024년 기간에는 월별 신규 고용이 대부분 10~30만 명 수준에 머물렀고, 최근 데이터

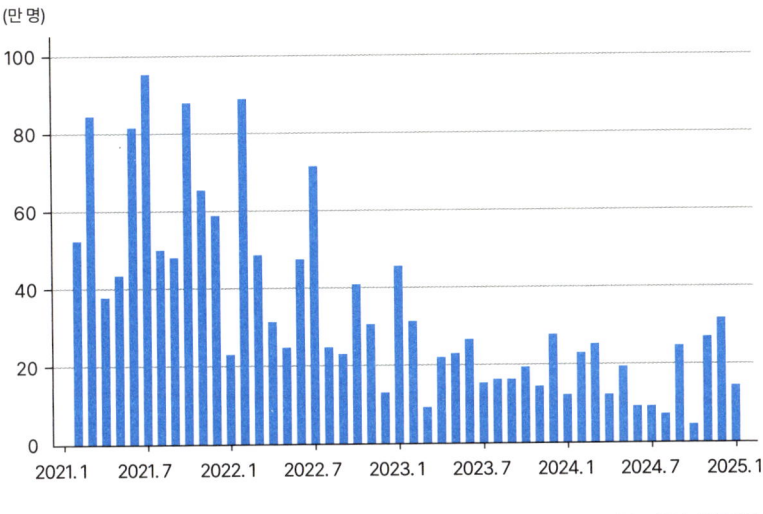

월별 비농업 부문 고용 변화(전월 대비 변화)

자료: 미국 노동통계국

(2025년 1월)는 월별 신규 고용이 약 14만 3,000명으로 낮은 수준을 유지하고 있음을 알 수 있습니다.

앞서 살펴보았던 비농업 부분 구인 공고 수는 노동 수요(일자리 공고)의 변화를, 비농업 부문 고용 그래프는 실제 고용된 근로자 수의 변화를 나타냅니다. 코로나19 팬데믹 이후 회복기(2021~2022)에는 노동 수요와 고용 모두 급격히 증가했으나, 이후 경제 성장 둔화와 함께 고용 시장이 안정화되고 있습니다. 현재는 코로나 직후 과열되었던 노동 시장의 성장 속도가 안정되었으며, 이는 연준의 적극적 긴축 정책에 기인한 것으로 보입니다. 이와 같은 고용 지표들은 앞으로 연준의 경제 정책과 기업의 채용 전략에 중요한 영향을 미칠 수 있습니다.

신규 실업수당 청구 건수, 노동 시장의 건강 상태를 파악하는 지표

신규 실업수당 청구 건수는 미국 노동부 산하, 고용 및 훈련 관리국ETA에서 매주 목요일에 발표하는 경제 지표로, 그 주에 새롭게 실업수당을 신청한 사람들의 수를 측정합니다. 이는 노동 시장의 건강 상태를 빠르게 파악할 수 있는 선행 지표로 간주됩니다. 신규 실업수당 청구 건수가 증가하면 고용 시장이 악화되고 있음을 시사하며, 감소하면 고용 시장이 개선되고 있음을 나타냅니다. 고용 시장을 기반으로 현재 경제 상황을 반영하는 데이터입니다. 또한 매주 발표되므로, 경제 상황의 단기적 변화를 즉각적으로 확인할 수 있는 핵심적인 지표입니다. 따라서 신규 실업수당 청구 건수는 경제학자, 투자자, 정책 입안자들이 경기 침체나 회복의 초기 신호를 파악하는 데 매우 중요한 역할을 합니다. 예를 들어 실업수당 청구 건수가 급증하면 향후 경기 침체 가능성이 높아질 수 있으며, 연준의 금리 정책에도 영향을 미칠 수 있습니다.

59쪽의 그래프는 2015년부터 2025년 2월까지의 신규 실업수당 청구 건수 데이터를 보여주고 있습니다. 2015~2019년 기간 동안 신규 실업수당 청구 건수는 대체로 20만~30만 건 사이에서 안정적으로 유지되었습니다. 이는 당시 미국 고용 시장이 견조한 상태였음을 의미합니다. 그러나 2020년 3월, 코로나19 팬데믹 충격으로 인해 실업률이 급증하면서 신규 실업수당 청구 건수가 600만 건 이상으로 폭발적으로 증가했습니다. 그래프의 중간부가 튀는 것을 보세요. 이는 기록적인 수준으로, 팬데믹으로 인한 경제적 충격이 얼마나 컸는지를

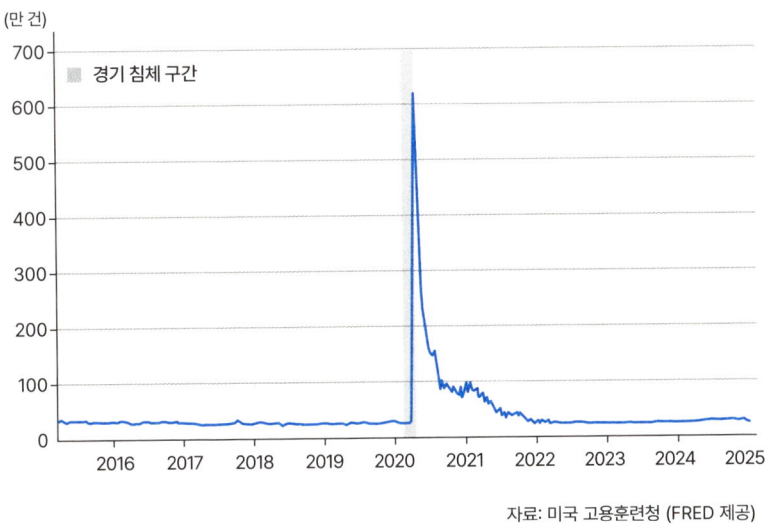

자료: 미국 고용훈련청 (FRED 제공)

극적으로 보여주고 있습니다.

다행인 것은 2020년 후반부터 2021년까지 연준의 빠른 팬데믹 대응 정책으로 경제 회복이 진행되면서 실업수당 청구 건수가 빠르게 감소했습니다. 2021년 중반에는 팬데믹 이전 수준에 가까운 약 20만~40만 건 수준으로 회복되었습니다.

2022년 이후 초 현재까지 신규 실업수당 청구 건수는 대체로 20만~25만 건 수준에서 안정적으로 유지되고 있습니다. 이는 노동 시장이 팬데믹 이전의 정상적인 상태로 돌아갔음을 나타냅니다. 가장 최근 데이터(2025년 2월 1일 기준)에 따르면, 신규 실업수당 청구 건수는 약 21만 9,000건으로 기록되었고, 이는 여전히 안정적인 노동 시장을 반영합니다.

이 데이터 역시 앞서 살펴본 노동 지표들과 마찬가지로 코로나19 팬데믹이 미국 노동 시장에 미친 극단적인 영향을 명확히 보여주고 있습니다. 팬데믹 이후 경제 회복과 함께 신규 실업수당 청구 건수가 정상 수준으로 돌아왔으며, 현재(2025년 초)까지도 안정적인 상태를 유지하고 있습니다. 이 데이터는 노동 시장의 단기적 변화와 경기 상황을 평가하는 데 중요한 선행 지표로 활용됩니다.

노동 수요와 공급 간의 관계를 나타내는 '구인 공고 대비 실업자 수 비율'

구인 공고 대비 실업자 수 비율은 공식적으로 발표되는 지표는 아니지만 노동 시장의 수급 상황을 나타내는 중요한 지표로, 구인 공고 수를 실업자 수로 나눈 값입니다. 이 비율은 노동 시장의 긴장도tightness를 평가하는 데 사용되며, 노동 수요와 공급 간의 관계를 잘 보여줍니다.

이 비율이 1.0 이상일 경우, 구인 공고가 실업자 수보다 많음을 의미하며, 이는 기업들이 노동력을 찾기 어려운 '타이트한' 노동 시장 상황을 나타냅니다. 반대로 이 지표가 1.0 이하라면 실업자 수가 구인 공고보다 많음을 의미하며, 이는 노동 시장에 여유가 있거나 '완화된' 상태임을 시사합니다.

위의 그래프는 2015년부터 2024년 12월까지의 구인 공고 대비 실업자 수 비율의 변화를 보여주고 있습니다. 2015~2019년 동안 이 비율은 약 0.6에서 시작해 2019년 말에는 약 1.2에 이르기까지 점진적

구인 공고 대비 실업자 수 비율

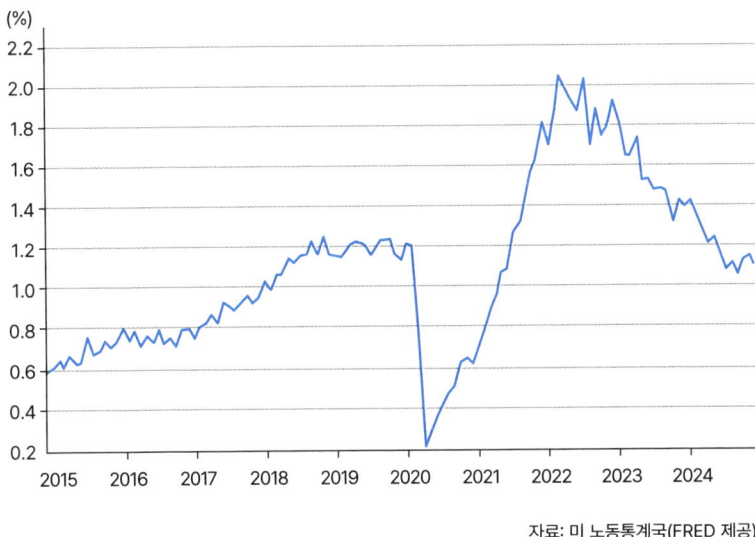

자료: 미 노동통계국(FRED 제공)

으로 상승했습니다. 이는 노동 시장이 점점 타이트해졌음을 보여주며, 구인 공고 수가 실업자 수와 거의 같아졌음을 나타냅니다. 즉, 기업들이 빈 일자리를 채우기가 점점 어려워졌다는 의미입니다.

그런데 2020년 초반 코로나19 팬데믹 충격으로 인해 이 비율이 급격히 하락해 약 0.2 수준까지 떨어졌습니다. 이는 앞서 다양한 노동 지표들에서 이미 살펴봤듯, 대규모 실업 발생과 동시에 구인 공고가 급감했기 때문입니다.

다른 노동 지표들과 마찬가지로 2021~2022년 경제 회복과 함께 비율이 빠르게 상승해 2022년에는 약 2.0에 도달했습니다. 이는 구인 공고가 실업자 수의 두 배에 달했음을 의미하며, 노동 시장이 매우 타이트한 상태였음을 나타냅니다. 이후 비율은 점차 하락해 2024년 12월에는 약 1.1로 감소했습니다. 이는 실업자 1명당 약 1개 이상의 구인 공고가 있음을 의미하며, 노동 시장이 팬데믹 이후의 과열 상태에서 벗어나 균형을 찾아가는 과정으로 해석됩니다.

이 데이터 역시 다른 노동 지표들과 마찬가지로 팬데믹 이전의 안정적 상승세, 팬데믹 기간의 급격한 하락, 그리고 이후 회복 및 안정화 과정을 명확히 보여주고 있습니다. 이 데이터는 고용주와 정책 입안자들이 노동 시장의 수급 상황을 이해하고 전략을 조정하는 데 매우 유용하게 활용됩니다.

미래 경제 상황을 예측하는 선행 지표 읽기

경제 지표는 크게 과거 데이터를 기반으로 한 후행 지표와 미래 경제 상황을 예측하는 데 활용되는 선행 지표로 나눌 수 있습니다. GDP, 물가, 실업률 같은 지표들은 중요한 경제 상태를 보여주지만, 이미 발생한 데이터를 바탕으로 하기 때문에 경제의 미래 방향성을 예측하는 데는 한계가 있습니다. 반면 선행 지표는 경제 활동의 초기 신호를 포착해 경기 확장 또는 수축 가능성을 예측하는 데 유용한 도구입니다. 지금부터는 이와 같은 몇 가지 선행 지표들을 살펴보도록 하겠습니다.

ISM 구매관리자지수

ISM 구매관리자지수 Purchasing Managers' Index, PMI 는 미국 공급관리협회 Institute for Supply Management, ISM 가 매달 발표하는 대표적인 선행 지표로, 제조업과 서비스업 부문의 경기 동향을 측정합니다. 쉽게 말하면 미국 공급관리협회가 미국 기업의 구매 담당자들을 대상으로 인터뷰를 진행해 앞으로의 경제 전망에 대해 묻고, 그 답변을 바탕으로 산출한 지표입니다.

구매 담당자들은 기업의 생산과 판매를 직접적으로 연결하는 중요한 역할을 맡고 있습니다. 잘못된 구매 판단은 곧바로 재고 증가 및 제조업 활동에 영향을 미치고, 이는 기업 실적에도 직결되기 때문에 이들은 경기 변화를 누구보다 민감하게 체감합니다. 따라서 이들에게 경제 상황에 대한 예감을 묻는 것은 매우 신뢰도 높은 데이터 소스를 확보하는 과정이라 할 수 있습니다.

구매관리자지수는 설문조사 데이터를 기반으로 계산됩니다. 설문 항목에 대해 응답자들은 긍정적 변화, 변화 없음, 부정적 변화 중 하나를 선택하며, 이를 바탕으로 각 항목별 가중치를 반영해 최종 지수가 산출됩니다. 구매관리자지수는 50을 기준으로 해석되는데, 50보다 크면 해당 산업이 확장 국면에 있다는 뜻이고, 50보다 작으면 축소 국면임을 나타냅니다. 정확히 50이라면 경제 활동에 변화가 없음을 의미합니다. ISM 구매관리자지수는 크게 제조업 구매관리자지수와 서비스업 구매관리자지수로 나뉘며, 각각 해당 부문의 경기 흐름을 보여줍니다. 이제 이 두 가지를 하나씩 살펴보겠습니다.

ISM 제조업 구매자관리지수

ISM 제조업 구매관리자지수는 미국 제조업 부문의 경기 동향을 측정합니다. 이 지수는 제조업 활동의 확장 여부를 판단하는 데 사용되며, 특히 신규 주문, 생산, 고용 등 경제 활동의 초기 단계에서 변화를 포착할 수 있는 특징이 있습니다.

ISM 제조업 구매관리자지수가 50 이상이라면 제조업 부문이 확장 국면에 있음을 의미합니다. 기업들이 더 많은 생산과 투자를 계획하고 있으며, 고용 증가 가능성이 높아집니다. 이는 경제가 성장하고 있다는 신호로 해석되어 주식 시장에 긍정적인 영향을 미칠 수 있습니다. 그러나 반대로 지표가 50 이하라면 제조업 부문이 수축 국면에 있음을 나타냅니다. 이때는 생산과 투자가 줄어들고, 고용 감소 가능성이 커집니다. 이는 경기 둔화 또는 침체 우려를 반영하며, 안전 자산인 채권 가격 상승(채권 수익률 하락)으로 이어질 수 있습니다.

ISM 제조업 구매관리자지수는 다섯 가지 주요 구성 요소를 기반으로 계산되며, 각 구성 요소에 동일한 가중치(20%)를 부여해 종합 지수를 산출합니다. 주요 구성 요소는 다음과 같습니다.

- **신규 주문**: 기업이 받은 신규 주문량을 측정하며, 이는 제조업 부문의 미래 수요를 예측하는 중요한 선행 지표입니다.
- **생산**: 기업의 실제 생산 활동 수준을 나타내며, 경제 성장 및 제조업 경기의 현재 상태를 반영합니다.
- **고용**: 제조업 부문에서 고용이 증가하거나 감소하는지를 측정하며, 노동

시장과 소비자 구매력을 평가하는 데 활용됩니다.
- 공급업체 배송: 공급망의 원활성 여부를 평가하며, 공급망 병목 현상이나 경제 과열 여부를 판단하는 데 중요한 역할을 합니다(다만 이 항목은 다른 구성 요소와 달리 50 이상일 때 공급망 병목 현상을 의미하며, 50 이하일 때 더 빠른 배송을 나타냅니다. 경기가 좋아 수요가 늘수록 배송이 늦어진다고 생각하면 자연스럽습니다).
- 제조업체 재고: 기업이 보유하고 있는 재고 수준을 측정하며, 이는 수요와 공급 간 균형 상태를 파악하는 데 유용합니다.

신규 주문과 생산은 특히 미래 경제 활동과 성장 가능성을 예측하는 데 중요한 역할을 합니다. 고용은 소비자 구매력과 경제 전반에 영향을 미치며, 공급업체 배송은 공급망 상황 및 인플레이션 압력을 평가하는 데 활용됩니다. 재고 수준은 수요 변화와 제조업체의 생산 조정을 이해하는 데 도움을 줍니다.

선행 지표로서의 ISM 제조업 구매관리자지수의 중요성은 강조해 둘 필요가 있습니다. 제조업 구매관리자지수는 실물경제보다 앞서 움직이는 경향이 있어, 경기 침체나 회복의 초기 신호를 포착하는 데 유용합니다. 특히 미국은 제조업이 GDP에서 차지하는 비중이 약 20%로 상대적으로 낮지만, 제조업은 다른 산업(서비스업 등)에 파급 효과를 미치기 때문에 여전히 중요한 역할을 합니다.

ISM 서비스업 구매관리자지수

　ISM 서비스업 구매관리자지수는 서비스 부문의 경제 활동을 측정하는 지표로, 다음 네 가지 주요 구성 요소를 포함합니다. 이 지표는 서비스 부문의 확장 또는 축소를 나타내며, ISM 제조업 구매관리자지수와 마찬가지로 50을 기준으로 그 이상은 확장, 이하는 축소라고 해석됩니다.

- 사업 활동: 서비스 제공량의 증가 또는 감소를 측정하며, 서비스업 경기의 현재 상태를 반영합니다.
- 신규 주문: 신규 계약 또는 주문량의 변화를 나타내며, 서비스 부문의 미래 수요를 예측하는 데 중요한 역할을 합니다.
- 고용: 서비스 부문에서 고용이 증가하거나 감소하는지를 평가하며, 노동 시장과 소비자 구매력을 반영합니다.
- 공급업체 배송: 공급망의 효율성을 측정합니다. 제조업 구매관리자지수와 마찬가지로 이 항목은 다른 구성 요소와 달리 50 이상일 때 공급망 병목 현상을 의미하며, 50 이하일 때 더 빠른 배송을 나타냅니다.

　ISM 서비스업 구매관리자지수는 미국 GDP의 약 80%를 차지하는 서비스 부문의 상태를 반영합니다. 이는 경제 성장과 소비자 수요를 평가하는 데 매우 유용한 선행 지표로 간주됩니다.
　이상 살펴본 ISM 제조업 구매관리자지수와 서비스업 구매관리자지수를 비교하면 다음의 표와 같이 정리할 수 있습니다.

ISM 제조업과 서비스업 구매관리자지수 비교

특징	ISM 제조업	ISM 서비스업
대상 산업	제조업 부문 (공장 생산, 재고, 공급망 등)	서비스업 부문 (금융, 의료, IT, 숙박 등)
구성 요소	신규 주문, 생산, 고용, 공급업체 배송, 재고	사업 활동, 신규 주문, 고용, 공급업체 배송
경제 기여도	미국의 GDP의 약 20%	미국의 GDP의 약 80%
발표 주기	매월 첫 번째 영업일	매월 세 번째 영업일
확장/위축 기준	50이상 확장 50이하 수축	50이상 확장 50이하 수축

ISM 지수가 상승할 경우 기업 투자와 고용 증가 가능성이 높아져 경제 성장 기대감이 커집니다. 주식 시장은 긍정적으로 반응하며, 이럴 경우 연준은 경기 과열 가능성을 고려해 금리 인상을 검토할 수 있습니다.

반면 ISM 지수가 하락할 경우 경기 둔화 우려가 커지고 기업들의 투자 및 고용 축소 가능성이 제기됩니다. 채권 시장에서는 안전 자산 선호 심리가 강화되어 채권 가격이 상승하고 채권 수익률은 하락할 수 있습니다. 연준은 경기 부양을 위해 금리 인하를 검토할 가능성이 높아집니다. 따라서 구매관리자지수는 단순한 숫자 이상으로, 경제와 금융 시장의 방향성을 이해하는 데 중요한 역할을 합니다.

컨퍼런스보드 소비자신뢰지수

위에서 살펴본 ISM 구매관리자지수가 기업 활동과 투자 전망에 초점을 맞춘다면, 지금부터 살펴볼 두 가지 소비자지수는 가계의 소비 성향과 구매 의사 그리고 소비자의 기대를 평가해 소비 중심 미국 경제의 건강 상태를 보여줍니다. 특히 소비자신뢰지수Consumer Confidence Index, CCI는 미국 GDP에서 소비가 차지하는 비중(약 70%)을 고려할 때 매우 중요한 역할을 합니다.

소비자신뢰지수는 미국 컨퍼런스보드The Conference Board에서 매월 발표하는 경제 지표로, 소비자들이 현재와 미래의 경제 상황에 대해 얼마나 낙관적 또는 비관적인지를 측정합니다. 이 지수는 소비자들의 구매 의향, 소비 성향, 경제 전망 등을 반영하며, 미국 경제의 주요 구성 요소인 소비 활동을 예측하는 데 중요한 역할을 합니다.

소비자신뢰지수는 설문조사를 통해 수집된 데이터를 기반으로 계산되며, 다음 두 가지 카테고리에 총 다섯 개의 질문으로 구성됩니다.

1. 현재상황지수: 현재의 경제 및 고용 상태에 대한 평가
   - 현재 비즈니스 상황에 대한 평가.
   - 현재 고용 시장에 대한 평가.
2. 기대지수: 향후 6개월간의 경제 및 고용 전망에 대한 기대
   - 향후 비즈니스 상황에 대한 기대.
   - 향후 고용 시장에 대한 기대.
   - 향후 가계 소득에 대한 기대.

각 질문에 대해 응답자들은 '긍정적', '부정적', '중립적' 중 하나를 선택하며, 긍정적 응답 비율과 부정적 응답 비율을 비교해 상대값(relative value)을 계산합니다. 이 상대값은 1985년(기준값 100)과 비교해 각 질문의 지수를 산출하고, 모든 질문의 평균값을 계산해 최종 소비자신뢰지수를 도출합니다.

소비자신뢰지수가 100 이상이면 소비자들이 1985년 기준보다 더 낙관적임을 의미하고, 반대로 100 이하면 더 비관적임을 나타냅니다. 세부적으로 '현재 상황 지수'가 높으면 소비자들이 현재 경제와 고용 상태를 긍정적으로 평가하고 있음을 의미하고, 낮으면 현재를 부정적으로 평가하고 있다는 뜻입니다. 또, '기대 지수'가 높다면 향후 경제 및 고용 전망에 대해 기대감을 느끼고 있음을 나타내고, 낮다면 미래에 대해 불안감을 가지고 있음을 의미합니다.

소비자신뢰지수가 중요한 이유는 몇 가지가 있습니다.

첫째, 소비 활동과 경제 성장 예측에 활용될 수 있기 때문입니다. 예를 들어 소비자신뢰지수가 상승하면 소비자들은 더 많은 지출을 할 가능성이 높아지고, 이는 경제 성장을 촉진합니다. 반대로 지수가 하락하면 소비자들은 지출을 줄이고 저축을 늘리기 때문에, 이는 경기 둔화로 이어질 수 있습니다.

둘째, 금융 시장에 영향을 끼칩니다. 소비자신뢰지수가 높으면 주식 시장이 긍정적으로 반응할 가능성이 크며, 기업 투자와 매출 증가가 기대됩니다. 반면 소비자신뢰지수가 낮으면 안전 자산(채권, 금 등)으로 자금이 이동하고, 주식 시장은 하락할 가능성이 있습니다.

셋째, 연준은 소비자신뢰지수를 참고해 금리 정책과 경기 부양책을 조정하기 때문에 정책 결정의 참고 자료가 됩니다.

소비자신뢰지수는 미국 가계의 심리를 반영하는 중요한 선행 지표로, 소비 활동과 경제 성장률을 예측하는 데 유용합니다. 특히 GDP에서 소비가 차지하는 비중이 높은 미국 경제에서는 이 지수가 금융 시장과 정책 결정에 큰 영향을 미칩니다.

미시간대학교 소비자심리지수

미시간대학교 소비자심리지수Michigan Consumer Sentiment Index,MCSI는 미국 경제에서 소비자 심리를 측정하는 대표적인 지표 중 하나로, 매월 미시간대학교에서 발표합니다. 이 지수는 소비자들의 현재 재정 상태, 경제 전망, 구매 의향 등을 평가해 소비 중심 경제의 건강 상태를 나타냅니다.

미시간대학교 소비자심리지수는 매월 중순에 예비 지수Preliminary Index가 발표되고, 말일에 최종 지수Final Index가 발표됩니다. 매월 약 500~1,000명의 미국 가구를 대상으로 설문조사를 실시하는데, 설문은 전화 또는 온라인 인터뷰를 통해 진행되며 응답자들은 재정 상태, 경제 전망, 구매 의향에 대한 50개의 핵심 질문에 답변합니다.

미시간대학교 소비자심리지수는 다음 두 가지 주요 하위 지수로 구성됩니다.

- 현재 경제 상황 지수(Current Economic Conditions Index): 현재 재정 상태와 경제 환경에 대한 평가.
- 소비자 기대 지수(Consumer Expectations Index): 향후 12개월 및 5년간의 경제 전망과 재정 상태에 대한 기대.

지수 산출은 각 질문에 대해 긍정적 응답 비율에서 부정적 응답 비율을 뺀 뒤 100을 더해 상대 점수를 계산하며, 이를 기준 연도(1966년 1분기=100)로 정규화해 최종 지수를 산출합니다.

미시간대학교 소비자심리지수가 100 이상이면 소비자들이 경제 및 재정 상태에 대해 낙관적임을 의미하고, 반대로 100 이하면 경제 및 재정 상태에 대해 비관적임을 의미합니다. 세부적으로 현재 경제 상황 지수는 소비자들이 현재의 경제 환경과 개인 재정을 어떻게 평가하는지를 반영하고, 소비자 기대 지수는 향후 경제와 재정 상태에 대한 소비자의 기대를 반영합니다. 특히 소비자 기대 지수는 선행 지표로 중요한 역할을 합니다.

미시간대학교 소비자심리지수는 전반적인 소비자의 심리뿐만 아니라 장단기 인플레이션 기대치에 대한 질문도 포함하고 있습니다. 이는 소비자가 단기 및 장기적으로 가격 변화를 어떻게 예상하는지를 보여주는 중요한 지표입니다.

- 1년 인플레이션 기대치: 소비자가 향후 12개월 동안 물가가 얼마나 변할 것으로 예상하는지를 측정합니다. 이는 단기적으로 인플레이션이 구매력

에 미칠 영향을 반영합니다.
- 5년 인플레이션 기대치: 소비자가 향후 5년 동안 물가가 얼마나 변할 것으로 예상하는지를 측정합니다. 이는 장기적으로 인플레이션이 안정될 것인지 지속될 것인지에 대한 소비자의 신뢰를 보여줍니다.

이러한 인플레이션 기대치는 특히 연준과 같은 정책 입안자들에게 매우 중요합니다. 만약 높은 인플레이션 기대치가 지속된다면, 연준은 금리를 조정해 인플레이션 압력을 통제하려 할 수 있습니다.

다시 강조하지만, 소비 중심 경제인 미국에서 미시간대학교 소비자심리지수는 매우 중요합니다. 미국 GDP는 약 70%는 가계 소비가 차지하므로 소비자 심리는 경제 성장과 경기 변동을 예측하는 데 중요한 역할을 합니다. 미시간대학교 소비자심리지수가 상승하면 소비 증가 가능성이 커져 주식 시장이 긍정적으로 반응할 수 있고, 반대로 하락하면 경기 둔화 우려로 인해 안전 자산(채권, 금 등)으로 자금이 이동할 가능성이 높습니다. 연준은 이 데이터를 참고해 금리 정책과 경기 부양책을 조정합니다. 미시간대학교 소비자심리지수는 특히 인플레이션 압력과 내구재 구매 의향을 평가하는 데 유용하게 사용될 수 있습니다.

다음의 표는 두 개의 중요한 소비자 선행 지수를 비교한 것입니다. 미시간대학교 소비자심리지수는 미국 가계의 심리를 반영하는 중요한 선행 지표로, 특히 개인 재정 상태와 구매 의향을 평가하는 데 중점을 둡니다. 이는 고용 시장 및 경제 전반에 대한 신뢰를 측정하는 컨퍼

미시간대학교 소비자심리지수와 컨퍼런스보드 소비자신뢰지수(CCI)의 비교

특징	미시간대학교 소비자심리지수	컨퍼런스보드 소비자신뢰지수
조사 기관	미시간대학교	컨퍼런스보드
조사 대상	약 500~1,000 가구	약 3,000 가구
주요 초점	개인 재정 상태 및 구매 의향	고용 시장 및 경제 전반
발표 주기	매월 중순(예비), 매월 말일(최종)	매월 마지막 화요일
주요 하위 지수	현재 경제 상황 지수, 기대 지수	현재 상황 지수, 기대 지수

런스보드의 소비자신뢰지수와 상호 보완적으로 사용되며, 정책 입안자와 투자자들에게 필수적인 참고 자료가 됩니다.

결론:
숫자를 넘어 흐름을 읽어라

선행 지표는 경제의 미래 방향성을 예측하는 데 중요한 역할을 하며, 금융 시장 참가자들에게 중요한 힌트를 제공합니다. 특히 주식 시장, 채권 시장, 외환 시장은 이러한 지표의 결과에 따라 민감하게 반응합니다. 앞서 우리는 ISM 제조업 및 서비스업 지수, 소비자신뢰지수,

미시간대학교 소비자심리지수 등을 살펴봤으며 이들 지표는 각각 경제의 특정 측면을 반영합니다.

주식 시장

ISM 제조업 지수나 소비자심리지수가 긍정적으로 발표되면 기업 실적 개선과 경제 성장 기대감이 커집니다. 이는 기업의 매출 증가와 고용 확대 가능성을 높이며, 주식 시장에 긍정적인 영향을 미칠 수 있습니다. 특히 제조업 지수가 강세를 보이면 산업재, 기술주 등 제조업 관련 주식이 상승할 가능성이 큽니다.

반대로 선행 지표가 악화되면 경기 둔화 우려가 커지고 기업 실적 악화 가능성이 제기됩니다. 이는 투자 심리를 위축시키며 주식 시장 하락으로 이어질 수 있습니다.

채권 시장

긍정적인 선행 지표는 경제가 확장 국면에 있다는 신호로서 인플레이션 압력을 높이고, 중앙은행(연준)이 금리 인상을 고려하게 만듭니다. 이러한 금리 상승 기대는 채권 가격 하락(채권 수익률 상승)을 유발할 수 있습니다.

반면 선행 지표가 악화되면 경기 둔화나 침체 가능성이 커지고, 안전 자산인 채권에 대한 수요가 증가할 수 있습니다. 이는 채권 가격 상승(채권 수익률 하락)으로 이어집니다. 예를 들어 소비자심리지수가 낮아져 소비 감소 우려가 커질 경우, 투자자들은 위험 회피 심리로 채권을 선호하게 됩니다.

외환 시장

선행 지표가 강세를 보이면 달러화 강세로 이어질 가능성이 높습니다. 이는 미국 경제가 다른 국가들보다 더 빠르게 성장하고 있다는 신호로 해석되어 외국인 투자자들이 달러 자산을 매입하게 만들기 때문입니다.

반면 미국 선행 경제 지표가 약세를 보이면 달러화 약세로 작용할 수 있습니다. 이는 연준이 금리 인하를 고려하거나 경기 부양책을 시행할 가능성을 높이며, 달러 자산의 매력이 감소하기 때문입니다.

이와 같이 선행 지표는 금융 시장의 모든 주요 부문에 영향을 미칠 수 있습니다. 주식 시장은 경제 성장과 기업 실적에 대한 기대감에 따라 움직이며, 긍정적인 지표는 상승 요인으로 작용합니다. 채권 시장은 경기 둔화 또는 확장 신호에 따라 안전 자산 선호 심리에 영향받으며 부정적 지표는 채권 시장 상승으로 연결됩니다. 외환 시장은 미국 경제의 상대적 강약과 연준의 통화 정책 방향성에 민감하게 반응합니다. 따라서 투자자와 정책 입안자들은 이러한 지표를 면밀히 분석해 시장 변동성을 예측하고 전략을 조정해야 합니다.

GDP, 물가, 실업률 같은 핵심 지표는 경제의 현재 상태를 보여주는 '사진'입니다. 하지만 미래를 예측하려면 ISM 제조업 지수나 소비자 심리지수 같은 선행 지표라는 '동영상'을 함께 분석해야 합니다. 연준은 이러한 데이터를 바탕으로 정책 방향을 결정하며, 금융 시장은 이에 따라 움직입니다. 투자자와 경영인은 이 흐름을 이해하고 자신의 전략에 적용해야만 변화무쌍한 시장에서 성공할 수 있을 것입니다.

"숫자를 넘어 흐름을 읽어라."

이것이 바로 실물경제 지표들을 활용하는 첫걸음입니다.

실물경제와
연준의 관계

02

　연준은 단순히 금리를 조정하는 기관이 아닙니다. 실물경제의 맥박을 측정하고, 경제의 건강 상태를 진단하며, 필요한 처방전을 내리는 '의사'와도 같습니다. 연준이 발표하는 금리 결정은 단순한 숫자 이상의 의미를 가집니다. 그것은 실물경제의 변화에 대한 반응이며, 동시에 금융 시장과 세계 경제에 강력한 메시지를 전달합니다.

　이 장에서는 연준의 정책 결정이 실물경제 데이터를 기반으로 이루어진다는 점을 중심으로, 연준의 이중 책무와 실물경제 변화가 연준 정책에 미치는 영향을 살펴보겠습니다. 이를 통해 독자들은 연준과 실물경제 간의 상호작용을 이해하고, 투자와 경영 전략에 적용할 수 있는 통찰을 얻을 것입니다.

연준의 이중 책무란 무엇인가?

연준의 가장 중요한 목표는 물가 안정Price Stability과 고용 극대화 Maximum Employment 두 가지로 요약됩니다. 이를 연준의 이중 책무라고 부릅니다. 연준은 1977년 연방준비법Federal Reserve Act의 개정을 통해 이 두 가지 목표를 명확히 부여받았습니다. 이 두 목표는 경제 안정과 지속 가능한 성장을 위한 핵심 요소로 작용하며, 연준 정책의 중심에 자리 잡고 있습니다. 이 두 가지 목표는 종종 상충하기도 하지만, 연준은 이를 균형 있게 달성하기 위해 끊임없이 노력하고 있습니다.

물가 안정과 고용 극대화

물가 안정은 경제의 지속 가능한 성장을 위한 필수 조건입니다. 앞서 물가는 우리 몸의 '혈압'과 같다고 했습니다. 혈압이 너무 높은 고혈압도 문제지만 낮은 저혈압도 문제가 됩니다. 물가도 마찬가지입니다. 물가가 지나치게 빠르게 상승하면(인플레이션) 소비자와 기업의 구매력이 감소하고 경제 불안정성이 커지지만, 물가가 하락하면(디플레이션) 소비와 투자가 위축되어 경기 침체로 이어질 수 있습니다.

따라서 우리 몸에 적정 혈압 수준이 있듯이, 경제에도 적정한 물가 수준이 있습니다. 연준은 일반적으로 '2% 인플레이션 목표'를 이상적인 물가 수준으로 설정하고 이를 기준으로 정책을 조정합니다. 여기서 2%는 전년 대비 2%의 물가 성장을 의미하는 것입니다. 요컨대 매년 물가가 2%씩 꾸준히 상승하는 것이 이상적인 경제 성장을 동반하는 물가 수준이 된다는 뜻입니다. 연준이 이와 같은 기준에 기반해 통화 정책을 조정하는 것은 개인과 기업이 장기적인 재정 계획을 세울 때 물가 변동에 대한 우려를 줄이고 경제 활동을 촉진하는 데 기여합니다.

연준은 금리 조정, 양적 완화, 양적 긴축 등의 정책 수단을 통해 물가를 조절합니다. 이들 정책 수단에 대한 자세한 내용은 4장에서 다시 설명하기로 하겠습니다.

반면 고용 극대화는 노동 시장에서 가능한 한 많은 사람들이 일자리를 가질 수 있는 상태를 유지하는 것입니다. 이를 통해 노동 시장이 건강한 상태를 유지하도록 하는 것을 목표로 합니다. 이와 같은 목표는 사람들이 일자리를 통해 소득을 얻고 소비를 지속할 수 있도록 돕습니다. 고용 극대화는 '완전 고용'과 동일하지 않습니다. 구조적 실업이나 계절적 실업 등 일정 수준의 자연 실업률은 불가피하며, 연준은 이를 고려해 정책을 설계합니다.

앞서 고용은 우리 몸의 '심박수'와 같다고 했습니다. 건강한 몸에 맞는 심박수가 존재하듯, 경제의 건강한 성장을 위한 적정 실업률도 존재합니다. 지나치게 높은 실업률은 경기 불황을 의미하지만, 지나치게 낮은 실업률 역시 임금 상승 압력을 유발해 인플레이션을 촉진할 수 있으므로, 연준은 고용과 물가 사이에서 균형점을 찾으려고 항상 노력합니다.

'물가 안정'과 '고용 극대화' 간의 균형 맞추기

연준의 이중 책무는 종종 상충하는 상황에 놓이게 됩니다. 예를 들어 경기가 과열되어 높은 인플레이션 속에서 낮은 실업률이 유지되면, 연준은 물가 안정을 위해 금리를 빠르게 올려야 하지만 이는 고용 시장에 부정적인 영향을 미칠 수 있습니다. 반대로 경기 침체 상황에서는 고용 회복을 위해 금리를 낮추지만, 이는 장기적으로 인플레이션 상승 위험을 동반할 수 있습니다. 이러한 균형 과제는 1970년대 스태그플레이션(높은 인플레이션과 높은 실업률)이나 2020년 팬데믹 이후의 급격한 통화 정책 전환 사례에서 잘 드러납니다. 이 두 사례를 하나씩 살펴볼까요?

1. 1970년대 스태그플레이션

경기가 과열되어 물가가 급등하고 고용이 급증해 실업률이 내려가는 것을 우리는 인플레이션이라고 부릅니다. 인플레이션이 발생하면 고물가로 인해 서민들의 삶이 팍팍해지고 소비가 줄어 기업 실적이 하락하고 경기 침체로 이어집니다. 통화 가치가 하락해 환율에도 좋지 않은 영향을 끼칩니다. 반대로 경기가 침체되어 물가가 지나치게 하락하고 실업이 늘어나는 것을 우리는 디플레이션이라고 부릅니다. 디플레이션이 발생하면 사람들은 가격이 떨어질 것을 예상해 소비를 미루게 되고 그에 따라 기업 실적은 하락하고 실업이 급증합니다.

이와 같이 일반적으로 인플레이션과 실업률은 서로 역의 상관관계를 갖는 게 정상인데(이를 필립스 곡선이라 합니다), 스태그플레이션은 높은 인플레이션과 높은 실업률, 그리고 경제 성장의 정체가 동시에 나타나는 현상을 말합니다. 이는 1970년대 미국 경제를 특징짓는 주요 문제였고, 기존 경제 이론이 예측하지 못한 상황으로서 정책 결정자들에게 큰 혼란을 야기했습니다.

1970년대 스태그플레이션의 원인은 석유 가격 급상승과 확장적 통화 정책, 그리고 닉슨 행정부의 정책 실패가 불러온 결과였습니다. 1973년과 1979년 두 차례의 석유 파동이 있었습니다. 석유수출국기구 Organization of the Petroleum Exporting Countries, OPEC 의 석유 공급 제한으로 에너지 가격이 급등하며 생산 비용이 상승했습니다. 여기에 이전 시기의 과도한 통화 공급과 낮은 금리가 인플레이션 압력을 가중시켰습니다. 닉슨 행정부는 이에 대응해 임금 및 가격 통제 정책과 달러 평가 절하 등을 통해 단기적 효과를 보았지만, 장기적으로 인플레이션을 억제하지 못하고 경제 혼란을 초래했습니다.

그 결과 1974년 인플레이션율은 12%에 달했고, 실업률도 9%까지 상승했습니다. 이후 폴 볼커 Paul Volcker 가 연준 의장으로 취임하며 금리를 20% 이상으로 대폭 인상해 인플레이션을 억제했지만, 이는 심각한 경기 침체와 높은 실업률(1982년 실업률 10.8%)을 부추겼습니다. 연준의 두 가지 책무를 동시에 실현한다는 것이 쉽지 않음을 보여주는 사례였습니다.

아울러 스태그플레이션은 단순히 수요를 조절하는 정책으로 해결되지 않으며, 공급 측면의 문제(예: 에너지 비용 상승)와 기대 인플레이션 관리가 중요하다는 점을 보여주었습니다.

2. 2020년 코로나19 팬데믹 이후 통화 정책

코로나19 팬데믹은 글로벌 경제에 전례 없는 충격을 주었고, 연준은 이를 완화하기 위해 신속한 대규모의 통화 정책을 시행했습니다. 팬데믹 초기에 연준은 금리 인하와 양적 완화, 긴급 대출 프로그램 등 할 수 있는 모든 정책 수단을 동원해서 경기 충격을 방어했습니다. 연방기금실효금리를 제로 수준(0~0.25%)으로 낮추어 차입 비용을 최소화하고 소비와 투자를 촉진하는 데 모든 역량을 쏟아부었습니다.

무제한 양적 완화를 통해 국채와 모기지담보증권MBS은 물론 기업어음CP까지 대규모로 매입해 금융 시장 유동성을 확보하고 시장 기능을 안정시키기 위해 노력했습니다. 이뿐만 아니라 기업과 지방 정부에 자금을 지원하기 위해 2조 3,000억 달러(약 3,340조 원)에 달하는 특별 대출 프로그램을 도입하며 직접 지원에 나서기도 했습니다.

이와 같은 다각적인 노력으로 경기는 V자 곡선을 그리며 곧 회복되었지만 부작용도 만만치 않았습니다. 팬데믹 초기에는 디플레이션 우려가 있었으나, 시장에 급격하게 풀린 유동성이 경제 회복에 따른 수요 급증 및 글로벌 공급망 병목 현상과 맞물리면서 물가가 급등했습니다. 연준은 인플레이션 초기에 이를 일시적인 것으로 오판해 대응 시기를 놓치고, 뒤늦게 긴축적 통화 정책으로 전환해 2022년부터 급격하게 금리를 인상(총 425bp)하며 인플레이션 억제를 시도했습니다. 하지만 이는 다시 경기 둔화와 금융 시장 변동성을 초래했습니다.

팬데믹 이후의 연준은 경제 회복 지원과 인플레이션 억제라는 상충되는 목표 사이에서 균형을 찾는 데 어려움을 겪었습니다. 특히 초기의 과도한 완화 정책이 이후 고인플레이션 상황을 초래했고 그에 대한 대응도 늦었다는 비판이 제기되며, 정책 타이밍과 규모 조절의 중요성이 부각되었습니다.

지금까지 살펴본 두 사례는 연준이 물가 안정과 고용 극대화라는 이중 책무를 달성하는 데 있어 직면하는 어려움과 딜레마를 극적으로 보여줍니다. 1970년대에는 공급 충격(석유 위기)과 정책 실패가 스태그플레이션을 악화시켰으며, 이를 해결하기 위해 극단적인 긴축 정책이 필요했습니다. 반면 팬데믹 이후에는 초기 완화적 정책이 회복을 지원했으나, 이후 급격한 긴축 전환이 경제에 부담을 주었습니다.

중앙은행의 정책 결정 과정은 종종 '자동차 앞 유리를 가리고 백미러를 보면서 운전하는 것'에 비유됩니다. 이는 중앙은행이 과거 데이터를 기반으로 미래 경제 상황을 예측해야 하는 한계를 빗댄 말입니다. 그만큼 연준의 두 가지 책무가 어렵다는 뜻입니다.

실물경제 변화는 연준의 통화 정책에 어떻게 영향을 미치는가?

연준의 정책 결정은 단순히 이론적 모델에 근거하지 않습니다. 그것은 1장에서 살펴본 다양한 실물경제 데이터를 면밀하게 분석한 결과입니다. 물론 1장에서 거론한 데이터들이 연준의 테이블 위에 올려져 있는 데이터의 전부는 아닙니다. 하지만 여러 데이터 중에서도 GDP 성장률, 물가 상승률, 실업률 등 주요 지표들은 연준이 정책 방향을 설정하는 데 있어 가장 중요한 참고 자료가 됩니다. 지금부터는 이러한 지표들이 연준의 정책 결정에 미치는 영향을 더 심도 있게 살펴보겠습니다.

GDP 성장률과 통화 정책

GDP 성장률은 경제 활동의 전반적인 수준을 나타내며, 연준이 경제 과열 또는 둔화 여부를 판단하는 중요한 지표가 됩니다. 기본적으로 GDP가 성장하는 것은 좋은 일입니다. 그러나 과유불급. GDP 성장률이 경제의 잠재 성장률을 초과해 높아지면 경제가 과열될 가능성이 커지고, 이는 인플레이션을 유발할 수 있습니다. 잠재 성장률은 한 국가가 노동력, 자본, 기술 등 생산 요소를 최대한 활용하면서 인플레이션을 유발하지 않는 범위 내에서 달성할 수 있는 최대 경제 성장률을 의미합니다. 이는 완전 고용 상태에서 물가 안정을 유지하며 성장할 수 있는 한계치로, 장기적 성장 잠재력을 반영합니다. 사람으로 말하면 체력 좋은 사람의 정상 심박수에 비유할 수 있을 것입니다. 건강한 성인의 정상 심박수는 분당 60~100회로, 이는 장시간 유지 가능한 생리적 한계치입니다. 과도한 운동으로 심박수가 급상승하면 체내 에너지 소모가 급증하고 근육 피로와 호흡 곤란이 생기는 것처럼 경제도 마찬가지입니다.

이와 같이 경제 과열과 인플레이션 상황이 발생하면 연준은 금리를 인상합니다. 금리 상승은 기업의 자본 투자와 소비자들의 대출 의존 소비를 줄이며, 이를 통해 가계 소비와 기업 투자를 억제함으로써 과열을 방지하고 경제를 안정시키게 됩니다.

반대로 GDP 성장률이 잠재 성장률을 밑돌게 되면 연준은 금리를 인하하거나 양적 완화를 통해 유동성을 공급해 경기 회복을 지원합니다. 낮은 금리는 기업의 대출 비용을 줄여 투자를 촉진하고 가계 소비를 늘려 경제 활동을 활성화시킵니다. 이와 같은 투자와 소비 촉진을 통해 위축되었던 경기는 다시 살아나게 됩니다.

물가 변화와 통화 정책

앞에서도 이야기했지만 물가 상승률은 연준의 물가 안정 목표(2%) 달성 여부를 판단하는 핵심 지표입니다. 물가 변화는 통화 정책 방향에 직접적인 영향을 미칩니다. 예를 들어 물가가 상승하면 소비자와 기업의 구매력을 감소시키고, 경제 불안정을 초래할 수 있는 위험이 있습니다. 특히 지나친 인플레이션은 임금 상승 압력과 생산 비용 증가를 통해 경제 전반에 부담을 가중시키며 통화 가치 하락으로 이어질 수 있습니다.

물가 상승률이 2% 목표치를 초과하면 연준은 금리를 인상하거나 양적 긴축을 통해 유동성을 축소합니다. 이는 소비와 투자를 억제하고, 수요 감소를 유발해 물가 상승 압력을 완화하게 됩니다. 또한 금리 인상은 자산 가격을 하락시키는 경향이 있어 음의 부의 효과 Negative Wealth Effect를 통해 소비와 투자를 억제합니다. 아울러 금리 인상은 달러 강세를 초래하며 이는 수출 감소와 수입 증가로 이어져 무역수지에 영향을 미칠 수 있습니다.

반대로 디플레이션은 물가가 지속적으로 하락하는 현상으로, 경제에 심각한 부정적 영향을 미칠 수 있습니다. 소비자와 기업은 물가가 더 하락할 것을 기대하며 지출과 투자를 미루게 되고, 이는 경제 활동을 위축시키며 경기 침체로 이어질 수 있습니다. 또한 디플레이션은 판매 부진으로 기업의 수익성을 악화시키고, 고용 감소를 초래하며, 부채의 실질 가치를 증가시켜 가계와 기업의 금융 부담을 가중시킵니다.

물가 하락은 왜 부채의 실질 가치를 증가시킬까요? 디플레이션이 발생하면 화폐의 구매력이 증가해 실질적 가치가 커집니다. 즉, 같은 1만 원이라도 구매할 수 있는 상품과 서비스가 늘어납니다. 반면 부채는 명목 금액으로 고정되어 있습니다. 예를 들어 부채가 1억 원이라고 하면, 이 1억 원이라는 돈으로 구매할 수 있는 상품과 서비스가 디플레이션에 의해 늘어나기 때문에 실질 가치가 증가했다고 말할 수 있는 것입니다. 가계 소비 하락, 기업의 수익성 하락, 고용 감소로 이어지는 악순환에 기업 부채의 실질 가치 하락은 경제 전반에 걸쳐 장기적인 침체를 유발할 수 있습니다.

디플레이션이 발생하면 연준은 금리를 낮추고 양적 완화를 통해 시장에 유동성을 공급해 디플레이션 위험을 완화하고 경제 활동을 촉진합니다. 금리가 낮아지면 대출 비용이 줄어들어 기업은 투자를 늘리고, 가계는 소비를 증가시킬 가능성이 높아집니다. 이로 인해 경제 활동이 촉진되고 고용이 증가하며, 경기 회복에 기여할 수 있습니다. 또한 금리 인하는 자산 가격(예: 주식 및 부동산)을 상승시키는 경향이 있어 부의 효과를 통해 추가적인 소비와 투자를 유도합니다. 그러나 금리 인하가 지나치게 지속되면 자산 버블이나 과도한 부채 축적과 같은 부작용을 초래할 수 있으므로 신중한 운용이 필요하다고 하겠습니다.

실업률과 통화 정책

실업률은 노동 시장의 건강 상태를 나타내며, 연준의 고용 극대화 목표 달성 여부를 평가하는 주요 지표입니다. 실업률의 변화는 경제 상황을 반영하며, 연준의 통화 정책 결정에 직접적인 영향을 미칩니다.

실업률이 낮으면 노동 시장이 과열되고 있다는 신호일 수 있습니다. 이는 기업들이 노동자를 확보하기 위해 더 높은 임금을 제시해야 하는 상황을 초래하며, 결과적으로 임금 상승 압력이 커지게 됩니다. 임금 상승은 기업의 생산 비용 증가로 이어지고, 이는 제품 및 서비스 가격 상승(즉, 인플레이션)을 유발할 가능성을 높입니다. 특히 실업률이 **나이루** NAIRU 이하로 떨어질 경우, 인플레이션이 가속화될 위험이 커지게 됩니다.

낮은 실업률 상황에서 기업은 필요한 인력을 고용하기 어려워집니다. 연준은 타이트한 노동 시장과 인플레이션 압력을 완화하기 위해 금리를 인상하는 긴축적 통화 정책을 시행할 가능성이 높습니다. 이러한 긴축적 정책은 노동 시장 과열을 완화하고, 경제를 보다 안정적인 성장 궤도로 되돌리는 데 기여할 수 있습니다.

반대로 높은 실업률은 경기 침체나 경제 활동 둔화를 나타내는 핵

경제학 플러스

나이루(Non-Accelerating Inflation Rate of Unemployment)란?

나이루는 경제학에서 중요한 개념으로, 쉽게 말해 '물가 상승을 유발하지 않는 가장 낮은 실업률'을 의미합니다. 이는 경제가 안정적으로 유지될 수 있는 실업률 수준을 나타내며, 실제 실업률이 나이루보다 낮아지면 임금 상승 압력이 생기고, 이는 결국 물가 상승(인플레이션)으로 이어집니다. 반대로 실제 실업률이 나이루보다 높으면 임금 하락 압력이 생기고, 이는 물가 하락(디플레이션)으로 이어질 수 있습니다.

나이루는 경제의 '여유 생산 능력'을 판단하는 데 도움이 됩니다. 여유 생산 능력이란 현재 사용되지 않고 있는 노동력과 생산 설비를 의미합니다. 실제 실업률이 나이루보다 높다면, 이는 경제에 여유 생산 능력이 있다는 뜻입니다. 나이루는 직접 관측할 수 없는 이론적 개념이며, 경제학자들은 다양한 경제 지표와 모델을 사용해 나이루를 추정합니다. 또한 나이루는 시간에 따라 변할 수 있으며, 경제 구조의 변화에 따라 조정됩니다.

중앙은행과 정책 입안자들은 나이루를 참고해 통화 정책과 고용 정책을 수립합니다. 예를 들어 실제 실업률이 나이루보다 낮다면 인플레이션 압력이 높아질 수 있으므로, 중앙은행은 금리 인상을 고려할 수 있습니다. 나이루는 종종 자연 실업률과 비슷한 개념으로 사용되기도 합니다. 자연 실업률은 경제의 정상 상태에서의 실업률을 의미하며, 나이루는 이를 인플레이션과 연관 지어 설명하는 개념입니다. 나이루는 복잡한 경제 현상을 단순화한 개념이지만, 경제 정책을 수립하고 경제 상황을 판단하는 데 중요한 지표로 활용됩니다. 그러나 정확한 나이루를 측정하는 것은 어려우며, 경제 상황에 따라 변동될 수 있다는 점은 유의해야 합니다.

심적 신호가 됩니다. 이는 기업이 수요 감소로 인해 고용을 줄이고 있다는 것을 의미하며, 소비와 투자가 위축되는 악순환을 초래할 수 있습니다. 특히 실업률이 급격히 상승하면 샘 룰 Sahm Rule 에 따라 경기 침체의 시작으로 간주되기도 합니다. 이 규칙에 따르면 실업률의 3개월 이동 평균이 최근 12개월 최저치보다 0.5%포인트 이상 상승하면 경기 침체가 발생할 가능성이 높아집니다. 이럴 경우 연준은 높은 실업률에 대응하기 위해 금리를 인하하거나 양적 완화와 같은 완화적 통화 정책을 시행하게 됩니다. 금리 인하는 차입 비용을 낮추어 기업의 투자와 가계의 소비를 촉진하며, 이를 통해 경제 활동과 고용을 회복시키는 데 기여합니다. 또한 연준은 대출 프로그램이나 긴급 유동성 공급 등을 통해 기업과 가계에 자금을 지원해 고용 창출과 경제 회복을 도모합니다.

연준은 고용 극대화와 물가 안정이라는 이중 책무를 달성하기 위해 항상 균형점을 찾아야 합니다. 낮은 실업률이 인플레이션 압력을 가중시키는 경우, 금리 인상을 통해 물가 안정을 도모하지만 이는 고용에 부정적인 영향을 미칠 수 있습니다. 반대로 높은 실업률 상황에서는 금리 인하를 통해 고용을 지원하지만, 이는 장기적으로 인플레이션 상승 위험을 동반할 수 있습니다. 이러한 상황에서 연준은 고용과 물가 사이에서 균형을 유지하며 지속 가능한 경제 성장을 도모해야 하는 복잡한 과제에 직면하게 됩니다.

경제학 플러스

샘 룰

아래 그래프는 샘 룰을 시각화한 것으로, 실업률의 3개월 이동 평균이 최근 12개월 최저치보다 0.5%포인트 이상 상승했을 때 경기 침체가 발생할 가능성을 나타냅니다. 이 규칙은 경기 침체를 조기에 감지하는 데 유용한 지표로 평가받습니다.

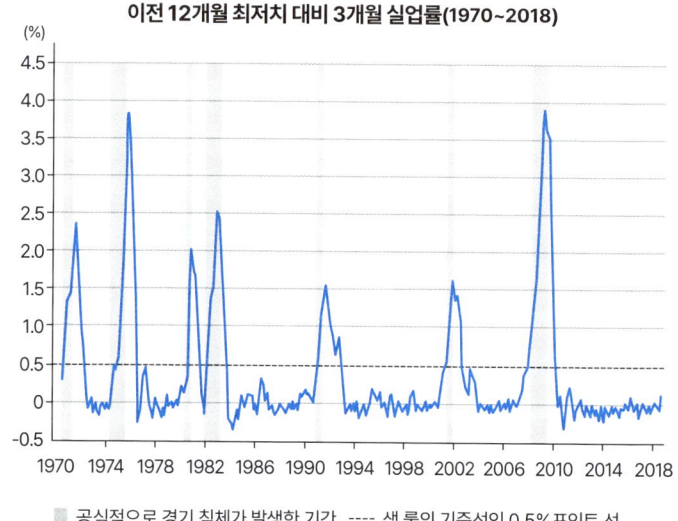

위 그래프에서 파란색 선은 실업률의 변화율을 보여주며, 점선을 초과하는 순간들이 경기 침체와 밀접하게 연관되어 있습니다. 대부분의 경우, 파란색 선이 점선을 초과한 직후 경기 침체가 나타납니다. 이는 샘 룰이 경기 침체를 예측하는 데 높은 신뢰도를 가지고 있음을 시사합니다.

그래프에서 볼 수 있듯이, 실업률이 12개월 최저치 대비 0.5%포인트 이상 상승하면 거의 항상 경기 침체가 뒤따랐습니다. 예를 들어 1974년, 1980년대 초반, 1990년대 초반, 2001년, 그리고 2008년 금융위기 시기에 이 규칙이 잘 작동했습니다. 경기 침체가 시작되면 기업들은 수요 감소에 대응해 고용을 줄이고, 이는 실업률 상승으로 이어집니다. 샘 룰은 이러한 실업률 상승 패턴을 조기에 포착해 경기 침체를 빠르게 감지할 수 있도록 돕습니다.

그러나 2024년 7~9월 기간 동안 이 지표가 0.5%포인트 기준선을 초과했음에도 경기 침체가 공식적으로 선언되지 않았습니다. 샘 룰은 경기 침체 신호를 보내고 있었지만 소비자 지출, 고용 창출, 가계 자산 등 다른 주요 지표들은 여전히 견조한 상태를 유지하고 있었기 때문입니다. 당시 실업률 상승은 경기 하강 때문이 아니라 노동 공급 증가(예: 해외 이민자 증가 등 노동 시장으로의 신규 진입자 증가) 때문이라는 분석이 있습니다. 이번 경우는 과거와 달리 실업률 상승이 경기 둔화나 대규모 해고가 아닌, 경제 활동의 확장으로 인해 발생했음을 시사합니다. 이렇게 최근 사례에서 보듯, 노동 시장 동향과 팬데믹 이후 경제 구조 변화로 인해 샘 룰이 '거짓 양성(False Positive)' 신호를 보낼 가능성도 존재합니다. 따라서 거시경제 지표를 해석할 때에는 샘 룰과 같은 단일 지표에만 의존하기보다는 GDP 성장률, 소비 지출, 기업 투자 등 다양한 경제 데이터를 종합적으로 분석해야 합니다. 이를 통해 보다 신뢰성 높은 경제 전망을 도출하고, 정책 결정의 정확성을 높일 수 있을 것입니다.

연준 정책이 금융 시장과
한국 경제에 미치는 영향

연준의 금리 정책 변화는 미국 경제뿐 아니라 글로벌 금융 시장과 한국 경제에도 직접적이고 광범위한 영향을 미칩니다. 금리 변동은 금융 시장의 자산 가격, 투자 심리, 자본 흐름, 그리고 환율에 영향을 미치며, 이는 한국 경제와 같은 개방 경제에 특히 중요합니다.

연준의 통화 정책과 금융 시장

금리가 상승하면 일반적으로 주식 시장에 부정적 영향을 미칩니다. 특히 기술주와 같은 고성장 주식은 미래 현금 흐름의 할인율이 상승하면서 더 큰 타격을 받을 가능성이 높아집니다. 또한 금리 상승은 기존 채권의 가격을 하락시키고, 신규 발행 채권의 수익률을 상승시킵니다. 이는 투자자들이 기존 채권보다 신규 채권을 선호하게 만들고, 채권 시장의 약세를 유발할 수 있습니다.

한편 미국이 금리를 인상하면 달러 강세를 유발하며, 글로벌 자본이 미국으로 유입되는 결과를 초래합니다. 이는 신흥국 통화 가치 하락과 자본 유출을 유발할 수 있어 신흥국 경제에는 좋지 않은 영향을 끼칠 수 있습니다. 미국의 통화 정책은 단지 미국 내 시장과 경제에만 영향을 미치는 것이 아니라 국경을 넘어 복잡하게 연결되어 있는 세계 금융 시장과 경제에 다양한 파급 효과를 미칩니다.

반대로 금리가 하락하면 주식 시장은 유동성 증가로 상승세를 보일 가능성이 높고, 채권 가격은 상승하며 수익률은 하락합니다. 또한 차입 비용을 낮추어 기업의 투자와 가계 소비를 촉진하고, 이에 따라 자산 시장에 긍정적인 영향을 끼칩니다. 특히 위험 자산(예: 신흥국 주식)으로의 자금 유입이 증가하며 전반적인 시장 상승세를 견인할 수 있습니다.

아울러 금리 인하는 기존 채권 가격을 상승시키고, 신규 발행 채권의 수익률을 낮춥니다. 이는 채권 시장에서 강세장을 형성할 가능성을 높입니다. 또한 미국이 금리를 인하하면 달러 약세를 초래해 글로벌 투자자들이 더 높은 수익률을 찾아 신흥국 등 다른 시장으로 이동하게 만듭니다. 이는 신흥국 통화 가치 상승과 자본 유입을 유발할 수 있어 신흥국 경제에는 기회로 작용할 수 있습니다.

연준의 통화 정책과 한국 경제

한국은 상대적으로 인구와 영토가 작아 내수 시장만으로는 성장이 어렵고 무역에 의존해야 하는 '작은 열린 경제 Small Open Economy' 국가로 분류됩니다. 작은 열린 경제는 국제 무역에 크게 의존하며, 내수 시장의 규모가 제한적이기 때문에 수출입을 통한 경제 활동이 GDP에서 차지하는 비중이 큽니다. 이러한 경제 구조는 국제 금융 시장의 영향을 많이 받으며, 외국인 투자나 국제 금리 변동 등 글로벌 금융 환경 변화에 민감합니다. 또한 환율 변동의 영향이 크며, 수출입 의존도가 높아 환율이 경제 전반에 미치는 영향이 큽니다.

작은 열린 경제는 외부 경제 충격에도 취약합니다. 세계 경제의 변화나 주요 교역국의 경제 상황 변화가 자국 경제에 큰 영향을 미칠 수 있습니다. 이러한 이유로 한국은 미국 연준의 통화 정책 변화에 특히 민감하게 반응합니다. 연준의 금리 결정이나 통화 정책 변화는 환율, 금리, 투자 흐름 등을 통해 한국 경제에 상당한 영향을 미칠 수 있습니다.

연준이 금리를 인상하면 달러 강세, 즉 원화 약세 현상이 나타납니다. 원화가 약해지면 한국 기업의 가격 경쟁력이 좋아져 수출이 늘어날 수 있으나 동시에 수입 비용이 증가해 그에 따른 물가 상승 압력을 초래할 수 있습니다. 반대로 연준이 금리를 인하하면 달러 약세(원화 강세)가 되어, 한국 기업의 수출 경쟁력을 약화시키지만 대신 수입 물가는 하락해 인플레이션 우려는 덜게 됩니다.

2022년 7월부터 현재까지 미국보다 한국의 기준금리가 낮은 상황이 연출되고 있습니다. 사실 이런 상황은 예외적입니다. 보통은 미국의 경제력과 국가 신용도가 한국보다 높기 때문에 미국의 기준금리가 한국보다 낮지만 지난 코로나 팬데믹 대응을 위해 연준이 기록적으로 금리를 인상하면서 금리 역전 현상이 벌어지고 있습니다. 그런데 이런 상황에서 연준이 금리를 올려 한미 간 금리 차이가 더 확대된다면 투자자들은 더 안정적이면서도 높은 수익률을 찾아 미국으로 자금을 이동시키며, 이는 한국에서 자본 유출과 환율 상승(원화 약세)을 유발합니다. 이럴 경우 한국 기업들의 수입 원가 증가와 국내 물가 상승으로 이어질 수 있습니다.

반대로 연준이 금리를 인하하면 신흥국 시장으로 자금 유입을 촉진해 한국 금융 시장 역시 안정화될 수 있습니다. 그러나 미국 금리 하락이 원화 강세로 이어진다면 한국 수출 기업들의 가격 경쟁력이 약화될 가능성도 있다는 것은 앞서 설명한 바와 같습니다.

따라서 한국은행의 정책 딜레마는 한국의 경제 상황만이 아니라 연준의 통화 정책도 함께 고려해야 한다는 점에 있습니다. 한국 경기 상황상 금리를 낮춰야 하는 상황임에도 미국이 긴축 정책(금리 인상과 통화량 축소)을 유지할 경우 고환율, 고물가로 인해 마음대로 금리를 낮추지 못하게 되는 경우가 발생하기 때문입니다. 지금(2025년 초)이 바로 그러한 상황입니다. 2024년부터 한국은 내수 침체로 인한 GDP 성장률 하락 경로에 들어서 있지만 한국은행은 적극적으로 금리 인하에 나서지 못했습니다. 연준이 완화적 정책으로 전환해야 한국은행도 기준금리를 낮추어 경기 부양에 나설 여지가 생깁니다. 따라서 우리 정부와 기업은 늘 환율 변동성과 글로벌 경기 상황을 면밀히 모니터링하며 적절한 대응 전략을 마련해야 하는 쉽지 않은 상황에 놓여 있습니다.

결론:
데이터를 넘어 행동을 읽어라

연준의 정책 결정은 단순히 경제 지표에 대한 반응으로 끝나지 않습니다. 그것은 실물경제와 금융 시장 간의 복잡한 '동역학Dynamics'을 만들어냅니다. 실물경제 지표(GDP, 물가, 실업률 등)는 연준 정책의 출발점이 되며, 연준의 금리 조정이나 유동성 공급 같은 정책은 다시 실물경제에 영향을 미치게 됩니다. 이 상호작용은 단순히 선형적이지 않습니다. 금융 시장은 연준 정책에 반응하면서도, 그 반응이 다시 연준의 정책 방향에 피드백을 주는 역동적인 순환 구조를 형성하기 때문입니다.

예를 들어 연준이 금리를 인상하면 소비와 투자가 위축되고 실물경제가 둔화할 수 있습니다. 동시에 금융 시장은 금리 인상을 반영해 채권 수익률을 높이고, 주식 시장은 조정을 겪습니다. 이러한 시장의 움직임은 연준이 다음 정책 결정을 내리는 데 중요한 단서로 작용합니다. 이처럼 실물경제와 금융 시장, 그리고 연준 정책은 서로 얽히고설킨 복합적인 네트워크를 형성합니다.

투자자와 경영인에게 중요한 것은 이 복잡한 동역학을 이해하고, 데이터를 넘어 행동을 읽는 능력을 갖추는 것입니다. 연준의 발표를 단순히 금리를 '올렸다' 또는 '내렸다'로 받아들이는 것이 아니라, 그 결정이 어떤 경제적 배경에서 나왔고, 앞으로 어떤 흐름을 만들어낼지를 올바로 해석해야 합니다.

"연준이 무엇을 했는지가 아니라 왜 그렇게 했는지를 이해하라."

이것이 바로 실물경제와 연준 간 관계를 읽는 핵심입니다.

The Fed's way of thinking

— 2부 —

POLICY

연준은 어떻게 시장과 소통하는가

The Fed's way of thinking

연준의 핵심 통화 정책 결정 기구
FOMC

03

    연준이 금리를 올리거나 내린다는 뉴스는 투자자와 경제 전문가들에게는 대단히 중요한 사건이 됩니다. 하지만 그 결정이 어디에서, 어떻게 이루어지는지에 대해 정확히 알고 있는 사람은 그리 많지 않습니다. 연준의 정책 방향을 결정하는 핵심 기구는 바로 FOMC(연방공개시장위원회)입니다. FOMC는 연준의 두뇌 역할을 하며, 미국 경제뿐 아니라 전 세계 금융 시장에 영향을 미치는 중요한 결정을 내립니다.

    FOMC의 구성과 역할, 회의 진행 방식, 그리고 발표되는 성명서와 의사록은 연준 정책을 이해하는 데 필수적인 요소입니다. 이 장에서는 FOMC가 어떻게 운영되고, 그들의 결정이 시장과 경제에 어떤 영향을 미치는지 살펴보겠습니다.

연준은 어떻게 작동하는가?

연방준비제도이사회와 12개의 연방준비은행

연방준비제도이사회는 워싱턴 D.C.의 컨스티튜션 애비뉴Constitution Avenue에 위치해 있습니다. 이곳에서 일곱 명의 이사들이 미국의 통화 정책을 결정합니다. 이들은 대통령이 지명하고 상원의 인준을 받아 선출되며, 14년이라는 긴 임기를 보장받습니다. 이렇게 긴 임기를 부여하는 이유는 정치적 독립성을 확보하기 위해서입니다. 대통령의 임기(4년)보다 훨씬 길게 설정함으로써, 행정부의 직접적인 영향력을 차단하고자 한 것입니다.

이사들은 각자 전문 분야가 다릅니다. 통화 정책, 금융 감독, 지급 결제, 소비자 보호 등 다양한 영역을 담당합니다. 특히 이사회 의장은 사실상 세계에서 가장 영향력 있는 경제 인물로 평가받습니다. 의장의 발언 한마디에 글로벌 금융 시장이 출렁이는 것은 바로 이 때문입니다.

한편 미국 전역에는 12개의 연방준비은행이 있습니다. 보스턴, 뉴욕, 필라델피아, 클리블랜드, 리치먼드, 애틀랜타, 시카고, 세인트루이스, 미니애폴리스, 캔자스시티, 댈러스, 샌프란시스코에 있습니다. 각 연방은행은 해당 지역의 경제 상황을 모니터링하고, 관할 구역 내 은행들을 감독합니다.

이 중에서도 뉴욕 연준은 특별한 위치를 차지합니다. 월스트리트를 관할하는 뉴욕 연준 총재는 FOMC에서 유일하게 상시 투표권을 가집니다. 또한 뉴욕 연준은 연준의 공개시장 조작을 실제로 수행하는 역할을 합니다. 글로벌 금융의 중심지인 뉴욕에서 금융 시장과 직접 소통하는 창구인 셈입니다.

연방공개시장위원회의 구성과 역할

연방공개시장위원회, 즉 FOMC는 미국 연준의 핵심 통화 정책 결정 기구로, 금리 조정과 통화 정책 방향을 설정합니다. 이 위원회의 구성과 역할을 이해하면 연준 정책의 작동 원리를 보다 명확하게 파악할 수 있습니다. FOMC는 총 12명의 위원으로 이루어져 있는데, 우선 연방준비제도이사회 멤버 7명에 뉴욕 연방준비은행 총재 1명(상시적), 나머지 4명의 투표권은 11개 지역 연방은행 총재들 간에 순환제로 돌아갑니다. 지역 은행들은 다음 네 그룹으로 나뉘어 순환하며, 각 그룹에서 매년 한 명씩 투표권을 행사합니다.

- A그룹: 보스턴, 필라델피아, 리치먼드
- B그룹: 클리블랜드, 시카고
- C그룹: 애틀랜타, 세인트루이스, 댈러스
- D그룹: 미니애폴리스, 캔자스시티, 샌프란시스코

투표권이 없는 총재들도 회의에는 참석해 경제 상황에 대한 의견을 제시하고 정책 논의에 참여합니다.

FOMC는 미국 경제의 안정과 성장을 위해 다양한 통화 정책 도구를 활용하며, 주요 역할은 다음과 같습니다.

1. 기준금리(연방기금목표금리) 결정

연방기금목표금리의 상단과 하단의 목표 범위를 설정해 금융 시스템 내 자금의 흐름과 차입 비용을 조율합니다. 금리 인상은 인플레이션 억제와 경제 과열 방지에 사용되며, 금리 인하는 경기 부양과 고용 창출을 촉진합니다.

2. 공개 시장 조작(Open Market Operations, OMO)

국채 및 기타 금융 자산의 매입과 매도를 통해 시장 유동성을 조절합니다. 이러한 조작은 뉴욕 연방준비은행의 거래 데스크를 통해 실행되며, 금융 시장 안정성과 통화 정책 목표 달성에 기여합니다.

3. 양적 완화 및 양적 긴축 결정

경제 위기 시에는 양적 완화를 통해 대규모로 자산을 매입해 시장 유동성을 공급하며, 반대로 경제 과열 시에는 양적 긴축을 통해 자산 매각으로 유동성을 축소합니다. 이러한 비전통적 정책 도구는 특히 금리가 제로 수준에 가까울 때 유용하게 사용됩니다.

4. 포워드 가이던스

미래 통화 정책 방향에 대한 신호를 제공해 금융 시장과 경제 주체들의 기대를 관리합니다. 이를 통해 시장 변동성을 줄이고 정책 효과를 극대화할 수 있습니다.

5. 경제 데이터 분석 및 정책 평가

실시간 경제 데이터를 분석하고 지역별 보고서를 검토해 현재 경제 상황과 미래 전망을 평가합니다. 이를 바탕으로 정책 결정을 내리고 장기적인 물가 안정 및 고용 극대화를 목표로 합니다.

이상에서 간략히 살펴본 내용 중 기준금리 결정, 양적 완화/양적 긴축, 포워드 가이던스는 특히 연준의 중요한 정책 도구로 작동합니다. 이에 대해서는 4장의 '연준 정책의 주요 도구'에서 자세히 살펴보겠습니다.

연준의 중요 의사결정 기구, 연방공개시장위원회

FOMC 회의는 정교하게 설계된 절차를 통해 진행됩니다. 이를 이해하면 연준이 왜 특정 정책을 선택했는지 더 명확히 알 수 있습니다.

FOMC 회의 일정

FOMC는 보통 연 8회(1, 3, 4, 6, 7, 9, 10, 12월) 정기 회의를 개최하며,

필요할 경우 긴급 회의도 소집합니다. 예를 들어 코로나 팬데믹이 뉴욕을 덮치던 지난 2020년 3월 15일 일요일, 연준은 FOMC 긴급 회의를 열어 기준금리를 1.00%포인트 전격 인하하고 최소 7,000억 달러(약 1,015조 원) 규모의 양적 완화를 발표했습니다.

일반적으로 정기 회의에서는 경제 상황을 점검하고 기준금리와 자산 매입 규모 등 주요 정책을 결정합니다. 회의 결과는 전 세계 시장이 주목하는 이벤트로, 발표 직후 금융 시장은 즉각 반응합니다. 특히 FOMC 성명서와 의장의 기자회견은 시장에 강력한 영향을 미칩니다.

FOMC 회의 진행 방식

FOMC 회의 첫째 날은 경제 상황 분석이 이루어집니다. 각 지역 연방은행 총재들이 자신들의 관할 지역 경제 상황을 보고하고 이를 바탕으로 미국 전체 경제 상태를 논의합니다. 둘째 날에는 정책에 대한 논의와 결정이 이루어집니다. 연준 이사회와 총재들이 통화 정책 옵션을 제시하고 토론하며, 최종적으로 투표를 통해 정책 방향을 결정합니다. 회의 후에는 성명서를 통해 정책 결정 내용을 발표하며, 의장은 기자회견을 통해 추가적인 설명을 제공합니다. 그리고 회의에서 논의되었던 구체적인 내용은 회의 3주 후 회의록 형태로 공개되며, 5년 후에는 전체 회의 대화가 담긴 기록이 공개됩니다.

합의 기반 의사결정

FOMC는 투표를 통해 정책 결정을 내리지만, 최대한 합의를 도출하려 합니다. 이는 시장에 혼란을 주지 않고 예측 가능성을 높이기 위한 전략입니다. FOMC는 미국 통화 정책의 중심축으로서 금리 조정, 유동성 관리, 그리고 시장 신호 전달 등을 통해 경제 안정과 성장을 도모합니다. 특히 다양한 지역 은행 대표들이 참여하는 구조는 미국 전역의 경제적 다양성을 반영하며 균형 잡힌 정책 결정을 가능하게 합니다. FOMC가 수행하는 역할은 단순히 미국 경제에 국한되지 않고 글로벌 금융 시장에도 광범위한 영향을 미치므로, 그 정책 방향은 전 세계적으로 주목받고 있습니다.

FOMC의 스피커:
성명서, 점도표, 기자회견, 의사록

연방공개시장위원회는 회의 이후 발표되는 성명서, 의사록, 그리고 의장의 기자회견을 통해 통화 정책 방향과 경제 전망에 대한 정보를 시장에 전달합니다. 이러한 문서와 발표는 연준의 정책 신호를 명확히 하고 시장 참여자들이 미래 정책을 예측할 수 있도록 돕는 중요한 가이던스 역할을 합니다. 이러한 연준의 메시지 전달을 '포워드 가이던스'라고 하며, 연준의 통화 정책에서 핵심적인 도구로 사용됩니다. 자세한 내용은 133쪽을 참조하시기를 바랍니다.

FOMC 성명서

FOMC 성명서는 회의 종료 직후, 보통 동부 표준시ET 기준 오후 2시에 발표됩니다. 주요 내용은 연방기금실효금리의 목표 범위, 경제 상황(고용, 물가 등)에 대한 평가, 통화 정책 방향(긴축/완화 또는 중립)에 대한 시사점 등입니다.

시장과 투자자들은 성명서에서 사용된 단어와 문구를 세밀히 분석해 연준의 정책 신호를 해석합니다. 예를 들어 '인내심patience'이라는 단어가 삭제되면 금리 인상이 임박했다고 해석될 수 있고, '추가 조정additional adjustments'이라는 표현은 추가 금리 인상(혹은 인하) 가능성을 시사합니다. 성명서는 즉각적으로 금융 시장에 영향을 미치며, 주식, 채권, 외환 시장에서 변동성을 유발할 수 있습니다.

FOMC 성명서는 시장의 바이블과도 같습니다. 시장의 성명서 해석은 다음 세 가지 차원에서 이루어집니다.

첫 번째로는 이전 성명서와의 문구 비교, 새로운 단어나 문구의 추가/삭제, 어조tone의 변화를 포착합니다. 예를 들어볼까요?

- "risks are roughly balanced" → "risks are tilted to the downside"
  (위험이 하방으로 기울었다는 신호)
- "closely monitoring" → "carefully monitoring"
  (더 신중한 관찰이 필요하다는 의미)

두 번째로는 '맥락 이해'입니다. 즉, 성명서의 문장 구조, 단어 선택 등이 최신 경제 데이터와의 연계, 최근 연준 인사들의 발언과 비교, 시장 기대와의 갭 분석 등 여러 맥락을 고려해 세세하게 해석됩니다.

세 번째로 시장은 성명서를 통해 '정책 방향성 파악 Policy Direction', 즉 향후 연준의 통화 정책 경로에 대한 힌트를 얻고자 합니다. 또한 조건부 표현의 의미를 통해 정책 수단의 우선순위를 파악할 수 있습니다.

특히 주목해야 할 키워드들은 다음과 같습니다. 경기 관련해서는 'moderate', 'solid', 'strong' 등의 단어들 가운데 어떤 단어가 선택되었는지 주목합니다. 위험 평가의 관점에서는 'closely', 'carefully', 'monitoring' 등의 단어들을 통해 연준의 관점과 태도를 읽을 수 있습니다. 정책 시점과 관련해서는 'extended period', 'patient', 'appropriate' 등의 단어 중 어떤 것을 선택했느냐를 보고 대강의 정책 실행 시점을 유추해볼 수 있습니다.

위에서 언급한 용어의 의미를 풀어보면, moderate(완만한, 보통의)는 경제가 지나치게 뜨겁지도 않고 침체되지도 않은 적정한 속도로 성장함을 의미합니다. solid(견조한, 탄탄한)는 경제가 안정적이고 꾸준한 성장세를 보이고 있음을 나타냅니다. 또, strong(강한, 견실한)은 경제가 빠르게 성장하고 활력이 넘치는 상태를 의미합니다.

위험 평가 관련 용어를 풀어보면, closely(면밀히, 세심하게)는 연준이 상황을 주의 깊게 살피고 있으며 중요한 변화를 놓치지 않겠다는 의지를 나타냅니다. carefully(신중하게, 주의 깊게)는 위험 요소에 대해 세심한 주의를 기울이고 있음을 강조합니다. monitoring(모니터링, 관찰)은 연준이 경제 지표와 시장 상황을 지속적으로 관찰하고 있다는 의미입니다.

정책 시점 관련 용어의 의미를 살펴보면, extended period(장기간, 연장된 기간)는 현재의 정책 기조가 상당 기간 유지될 것임을 시사하며, patient(인내심을 가진, 참을성 있는)는 연준이 성급하게 정책을 변경하지 않고 더 많은 데이터와 증거를 기다리겠다는 의미입니다. 마지막으로 appropriate(적절한, 타당한)는 현재 상황에 맞는 정책을 펼치겠다는 의미로, 상황에 따라 유연하게 대응할 수 있음을 시사합니다. 이러한 단어 선택은 연준의 미묘한 정책 변화와 향후 방향성을 예측하는 데 중요한 단서가 됩니다.

연준의 커뮤니케이션은 점점 더 정교해지고 있습니다. 이제 연준은 단순히 금리 결정을 발표하는 것을 넘어, 시장과의 쌍방향 대화를 통해 정책 효과를 극대화하려 합니다. 이러한 변화는 투자자들에게 더 많은 정보를 제공하지만, 동시에 더 세밀한 분석을 요구하기도 합니다.

앞서 설명했듯, 1년에 여덟 차례 열리는 FOMC 회의 가운데 네 차례(보통 3월, 6월, 9월, 12월)에서는 FOMC 성명서와 함께 경제 전망 요약 Summary of Economic Projections, SEP도 함께 발표합니다. 경제 전망 요약에는 미국의 실질 국내총생산 Real GDP 성장률, 실업률, 개인소비지출 물가지수 및 근원 개인소비지출 물가지수 등 인플레이션에 대한 연준 위원들의 장기 전망치가 공개됩니다. 그 밖에 경제 전망 요약에서 월스트리트와 이코노미스트들의 관심은 점도표 Dot Plot에 모입니다. 연준의 점도표는 FOMC 참가자들이 향후 연방기금실효금리에 대한 개별 전망을 시각적으로 나타낸 차트로서 금리 정책에 대한 연준 위원들의 기대치를 보여줍니다. 각 점은 특정 연도 또는 장기 전망에 대해 개별 위원이 예상하는 금리 수준을 나타내며, 이를 통해 시장은 연준의 금리 정책 방향과 경제 상황에 대한 시각을 보다 구체적으로 이해할 수 있습니다. 지금부터는 점도표 읽는 법과 연준 성명서 해석의 기술에 대해 알아보겠습니다.

점도표

점도표는 FOMC 위원들의 금리 전망을 점으로 표시한 그래프입니다. 각 점은 개별 위원의 전망을 나타내지만, 누구의 전망인지는 공개되지 않습니다. 점도표에는 연방준비제도이사회의 멤버 7명과 지역 연방준비은행 총재 12명을 합친 19명의 전망이 포함되어 있습니다. 앞서 설명했듯 점도표는 분기마다 발표되는 '경제 전망 요약' 보고서의 일부이며, 이 보고서에는 점도표 외에도 GDP, 실업률, 인플레이션 등 주요 경제 지표에 대한 전망도 포함됩니다. 연준의 현재 경기 상황에 대한 평가를 일목요연하게 살필 수 있는 중요한 자료입니다.

112쪽의 그림은 2024년 12월 발표된 경제 전망 요약에 포함된 점도표입니다. 점도표 해석의 핵심은 다음과 같습니다.

1. **중앙값 확인**: 각 연도별로 점들의 중앙값이 연준의 기본 시나리오이며 점의 분포가 넓을수록 불확실성이 크다는 것을 의미합니다.
2. **분포 분석**: 점도표의 분포를 통해 상하방 위험을 평가하고 극단치의 존재 여부를 체크합니다. 그리고 분포의 크고 작음을 통해 연준 위원들 간의

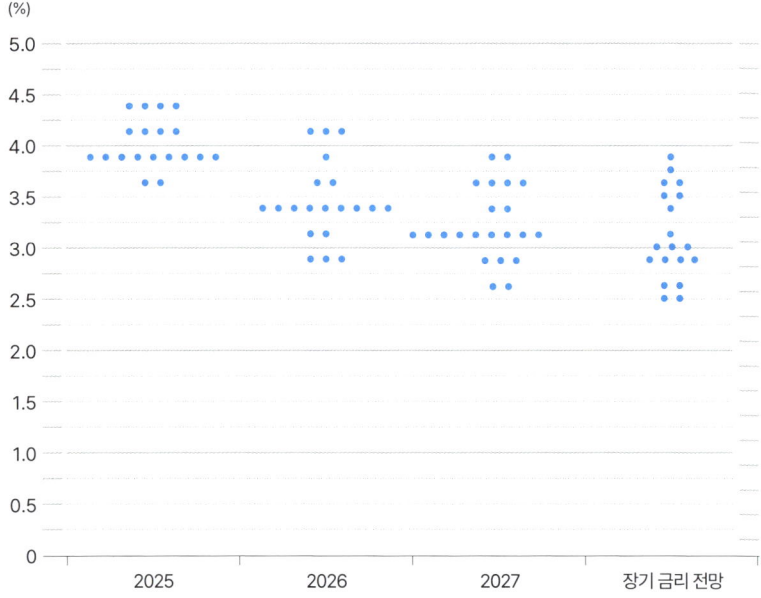

자료: 연방준비제도(2025.3.19)

컨센서스의 형성 정도를 짐작할 수 있습니다.

3. 시간 경로 파악: 점도표의 전체적인 추세선과 기울기를 통해 금리 경로의 기울기(속도)와 최종 금리 수준을 짐작할 수 있으며 정책 사이클의 지속 기간에 대한 추정도 가능합니다.

주의할 점은 점도표가 '예측'이 아닌 '전망'이라는 것입니다. 따라서 경제 상황에 따라 얼마든지 변할 수 있으며, 실제로 자주 변하기도 합니다.

기자회견과 의사록

    FOMC 의장은 성명서 발표 후 약 30분 뒤 기자회견을 열어 정책 결정 배경과 경제 전망에 대해 설명하는 것이 관례입니다. 기자회견에서는 정책 결정의 이유 및 경제 데이터 분석과 향후 통화 정책 방향에 대한 추가적인 힌트가 제공되며, 연준 의장은 기자들과의 질의응답을 통해 정책 의도를 명확히 전달합니다. 기자회견은 성명서와 의사록에서 다루지 않은 세부적인 내용을 보완할 수 있는 기회이며, 연준의 정책 기조를 보다 명확히 이해할 수 있도록 돕습니다. 특히 기자들의 질문에 대한 답변에서 연준 의장의 태도와 언급은 시장 참여자들에게 중요한 신호로 작용합니다.

    FOMC 의사록은 회의 종료 후 약 3주 뒤에 공개됩니다. 의사록에서 다루어지는 주요 내용은 회의 중 논의된 세부 사항과 위원들의 다양한 의견, 정책 결정의 배경 및 경제 전망에 대한 심층적인 분석, 위원들 간 합의와 이견에 대한 구체적인 설명 등입니다. 의사록은 성명서보다 더 깊은 통찰을 제공하며, 시장 참여자들에게 연준 내부의 분위기를 이해하는 데 도움을 줍니다. 예를 들어 의사록에서 금리 인상에 대한 강한 지지가 드러나면 채권 수익률이 상승하고 주식 시장이 하락할 수 있습니다.

결론:
FOMC를 이해하면 시장이 보인다

FOMC는 단순히 금리를 조정하는 기구가 아닙니다. 그것은 실물경제 데이터를 분석하고, 정책 방향을 설정하며, 금융 시장에 메시지를 전달하는 복잡한 시스템이라고 할 수 있습니다. 이런 면에서 FOMC의 구성과 역할, 회의 진행 방식, 그리고 발표되는 성명서와 의사록은 투자자와 경영인들이 연준 정책을 예측하고 대응하는 데 필수적인 도구가 됩니다.

"연준 정책을 읽고 싶다면 먼저 FOMC를 이해하라."

이는 단순한 지식 습득이 아니라, 시장 흐름을 예측하고 기회를 포착하기 위한 첫걸음입니다.

연준 정책의
주요 도구

04

연준이 경제를 조정하고 금융 시장과 소통하는 방식은 단순하지 않습니다. 금리를 올리고 내리는 것만으로 모든 문제가 해결되지는 않습니다. 연준은 다양한 도구를 활용해 경제의 방향을 조정하고, 시장 참여자들에게 신호를 보냅니다. 이 도구들은 경제의 혈류를 조절하는 정교한 메커니즘과 같습니다.

기준금리, 양적 완화 또는 긴축, 그리고 포워드 가이던스는 연준이 사용하는 대표적인 정책 도구들입니다. 이 도구들의 작동 원리를 이해하면 연준이 시장에 보내는 신호를 해석할 수 있을 뿐 아니라, 투자와 경영에 필요한 전략적 통찰을 얻을 수 있습니다.

기준금리와
통화 정책의 방향성

기준금리는 연준의 가장 기본적이고 중요한 정책 도구로, 금융 시장과 실물경제에 직접적인 영향을 미치는 핵심 중 하나입니다. 연준은 기준금리를 통해 연준의 이중 책무(물가 안정과 고용 극대화)를 달성하고자 하며, 이 과정에서 통화 정책의 방향성을 명확히 제시하게 됩니다.

기준금리란 무엇인가?

미국에서 기준금리는 은행 간 초단기 대출 금리인 연방기금금리를 말합니다. 연방기금금리는 미국의 대표적인 단기 금리로, 예금 취급 금융 기관들이 연방준비은행에 예치한 지급준비금을 금융 기관 간에 하룻밤 동안 빌려주고 받을 때 적용되는 금리를 말합니다. 쉽게 말해 '초단기 은행 간 대출 금리'입니다. FOMC가 실제로 결정하는 것은 연방기금목표금리 Federal Funds Target Rate 이며, 이는 달러화로 된 대출 및 조달 금리의 중요한 기준이 됩니다.

기준금리는 다른 모든 금리의 '닻' 역할을 합니다. 이 금리의 영향력은 은행 간 거래에 그치지 않습니다. 시중 은행의 예금 및 대출 금리, 기업 대출, 모기지 대출, 신용카드 이자율 등 다양한 금리의 기준이 되며, 더 나아가 주가와 환율에도 영향을 미칩니다. 동시에 고용, 경제 성장, 물가 상승 등 미국 경제 전반에 큰 영향을 미치는 중요한 경제 지표입니다. 이 관계를 이해하기 위해서는 '금리 전달 경로'를 살펴볼 필요가 있습니다.

기준금리의 변화는 가장 먼저 단기 금리에 영향을 끼칩니다. RP(환매조건부채권), CP(기업어음), CD(양도성예금증서) 등 단기 금융 시장이 이에 해당합니다. 이러한 단기 금융 시장에는 기준금리 변동이 거의 즉각적으로 반영됩니다. 다음으로 기준금리는 미국 국채 5년물, 10년물 등 중장기 금리에 영향을 끼칩니다. 이들 중장기 금리는 기준금리 외에도 경제 전망, 인플레이션 기대 등 다양한 요인의 영향을 받습니다. 특히 장기 금리는 미래 단기 금리의 기대 경로를 반영합니다.

이들 장단기 금리 외에도 기준금리는 은행의 대출 금리에 영향을 줍니다. 은행의 대출 금리는 일반적으로 기준금리에 신용 스프레드를 더해 결정됩니다. 특히 모기지 금리의 경우, 통상 10년물 국채 금리와 밀접한 관계를 보입니다. 또한 회사채 금리도 영향을 받습니다. 기업의 자금 조달 비용은 국채 금리에 개별 회사의 신용 등급에 따른 가산 금리를 더해 결정됩니다.

금리 인상과 인하의 효과

연준의 기준금리 변화는 118쪽의 표처럼 복잡한 경로를 통해 실물경제에 영향을 미칩니다.

금리가 인상되면 가계 소비 위축, 기업 투자 감소, 자산 가격 하락, 수출 감소 등으로 인해 경기가 하강하고 인플레이션이 줄어듭니다. 금리가 인하되면 그 반대의 효과가 생깁니다. 특히 주목할 점은 금리 정책의 '시차 효과'입니다. 금리 변화가 실물경제에 영향을 미치기까

연준의 기준금리 변화

소비 경로	금리 인상 → 대출 비용 증가 → 가계 가처분소득 감소 → 소비 위축
	특히 자동차 할부, 모기지 등 내구재 소비에 큰 영향
투자 경로	금리 인상 → 기업 자금 조달 비용 증가 → 설비 투자 감소
	부동산 개발 사업 등 레버리지가 높은 부문이 특히 민감
자산 가격 경로	금리 인상 → 할인율 상승 → 주식·부동산 등 자산 가격 하락
	자산의 부의 효과를 통한 소비 위축
환율 경로	금리 인상 → 통화 가치 상승 → 수출 경쟁력 약화
	다만 환율은 금리 외에도 다양한 요인의 영향을 받음
기대 경로	금리 인상 → 경기 하강 기대 → 소비/투자 심리 위축
	중앙은행의 신뢰성과 커뮤니케이션이 중요

지는 통상 6~18개월이 걸립니다. 이는 마치 긴 호스로 정원에 물을 주는 것과 비슷합니다. 호스의 밸브를 돌리고 나서 물이 나오기까지 시간이 걸리는 것처럼, 금리 정책의 효과도 시차를 두고 나타나기 마련입니다.

2022~2023년의 급격한 금리 인상 사이클은 이러한 영향을 극명하게 보여주었습니다. 처음에는 자산 시장이 가장 먼저 반응했고, 이어서 부동산 시장이 조정을 받았으며, 마지막으로 실물경제가 영향을 받기 시작했습니다. 실리콘밸리 은행 사태와 같은 금융 스트레스도

이러한 급격한 금리 인상의 부작용이었습니다.

양적 완화와 양적 긴축: 연준 대차대조표의 비밀

양적 완화 도입의 배경

2008년 글로벌 금융위기는 연준의 정책 도구를 완전히 바꿔 놓았습니다. 위기 대응 과정에서 연준의 기준금리가 제로(0~0.25%) 수준까지 떨어지자, 전통적인 금리 정책만으로는 한계에 봉착하게 되었습니다. 여기에서 더 내린다면 마이너스 금리까지 가야 합니다. 일본은행이나 유럽중앙은행ECB는 실제로 **마이너스 금리** 도입이라는 강력한 수단을 실행하기도 했었습니다(120쪽의 〈경제학 플러스〉 박스 참조).

그러나 연준은 마이너스 금리 대신 양적 완화, 포워드 가이던스, 긴급 대출 프로그램 등 비전통적 통화 정책 도구를 활용했습니다. 양적 완화는 중앙은행이 대규모로 자산(주로 국채와 주택저당증권)을 매입하는 정책입니다. 이는 마치 경제라는 환자에게 강력한 진통제를 투여하는 것과 같습니다. 실제로 금융위기 이후 연준은 세 차례의 양적 완화(QE1, QE2, QE3)를 통해 금융 시장에 막대한 유동성을 공급했습니다.

코로나19 팬데믹 시기에는 더욱 과감한 조치가 이루어졌습니다. 2020년 3월, 연준은 '무제한 양적 완화'를 선언했습니다. 보통 양적 완화를 실행할 때 중앙은행의 매입 대상 증권은 국채 및 주택저당증권

경제학 플러스

유럽과 일본의 마이너스 금리 도입

유럽중앙은행은 2014년 6월에 마이너스 금리 정책(Negative Interest Rate Policy, NIRP)을 도입했습니다. 이는 글로벌 금융위기와 유럽 재정위기 이후 디플레이션 위험에 대응하기 위해 전통적 금리 정책의 한계를 넘어서고자 한 비전통적 통화 정책의 일환이었습니다.

일본도 2016년 1월, 중앙은행인 일본은행(Bank of Japan)이 마이너스 금리 정책을 도입했습니다. 이는 수십 년간 지속된 일본 경제의 디플레이션과 저성장 문제를 해결하기 위한 비전통적 통화 정책의 일환이었습니다.

유럽과 일본은 왜 마이너스 금리를 시행했는가?

2010년대 초반 유로존은 낮은 인플레이션과 경제 성장 둔화에 직면했습니다. 기존의 금리 인하가 한계에 도달하자 전통적인 금리 정책으로는 경기 부양 효과가 충분하지 않았습니다. 마이너스 금리는 이 한계를 넘어서기 위한 시도로 도입되었습니다. 특히 유럽은 은행 중심의 금융 시스템을 가지고 있기 때문에, 은행 대출 활성화가 경제 회복의 핵심 과제로 여겨졌기에 전격적으로 마이너스 금리를 통해 대출 활성화에 나선 것입니다.

2014년 6월, 유럽중앙은행은 예금금리를 -0.10%로 설정하며 마이너스 금리를 도입했습니다. 이후 예금금리는 여러 차례 추가로 인하되어 2019년 9월에는 -0.50%까지 내려갔습니다. -0.50% 금리하에서라면 은행들이 유럽중앙은행에 돈을 100만 유로 맡긴다면 5,000유로의 이자를 받는 것이 아니라 내야 하는 것입니다. 예금의 유인이 사라지는 것입니다.

이와 같이 마이너스 금리의 목표는 은행들이 유럽중앙은행에 초과 준비금을 예치하는 대신 대출을 늘려 실물경제를 활성화하도록 유도하는 것이었습니다. 이는 자산 가격 상승과 소비 및 투자를 촉진해 인플레이션 목표(2% 이하지만 가까운 수준)를 달성하는 데 기여할 수 있었습니다.

한편 일본은 1990년대 초 버블 붕괴 이후 장기적인 저성장과 디플레이션에 시달렸습니다. 물가 하락은 소비와 투자를 억제하며 경제 회복을 지연시키고 있었습니다. 이에 대응해 일본은행은 2013년부터 2% 인플레이션 목표를 설정하고, 양적 완화와 질적 완화를 통해 대규모 자산 매입을 시행했으나, 기대했던 만큼의 물가 상승 효과를 얻지 못했습니다. 기준금리를 제로 수준으로 유지했음에도 불구하고 경기 부양 효과가 제한적이어서 추가적인 정책 도구가 절실한 상황이었습니다.

결국 2014년 유럽중앙은행이 마이너스 금리를 도입하자 일본은행도 이를 참고해 유사한 정책을 채택하게 됩니다. 일본은행은 2016년 1월, 금융 기관이 중앙은행에 예치하는 일부 초과준비금에 대해 -0.1%의 금리를 부과했습니다. 이 정책 역시 유럽중앙은행과 마찬가지로 은행들이 자금을 중앙은행에 보유하는 대신 대출이나 투자를 늘리도록 유도하는 것이 목적이었습니다. 따라서 마이너스 금리는 일반 소비자 예금에는 적용되지 않았으며, 주로 금융 기관 간 거래와 중앙은행 예치금에 한정되었습니다.

마이너스 금리의 작동 원리와 장단점

마이너스 금리의 작동 원리를 좀 더 자세히 알아볼까요? 은행들이 중앙은행에 초과준비금을 예치하면, 예치된 자금에 대해 이자를 지불해야 합니다(즉, 손실이 발생합니다). 그러니 은행들은 자금을 보유하는 대신 대출이나 투자에 활용해 유동성을 늘려야 합니다. 이렇게 시장에 풀린 단기 유동성은 단기 시장 금리를 낮추고, 장기 금리에도 하락 압력을 가하게 됩니다. 이는 기업과 가계가 더 낮은 비용으로 자금을 조달할 수 있도록 돕습니다. 그뿐 아니라 환율 효과도 발생합니다. 마이너스 금리는 해당 국가 통화를 약세로 만들어 해당국 수출품의 가격 경쟁력을 높이고, 해외 수요를 증가시키는 부수 효과도 낳게 됩니다.

그러나 마이너스 금리에는 그 효과만큼 부작용도 있었습니다. 우선 은행의 수익성이 감소됩니다. 낮은 예금 이자로 인해 은행의 순이자 마진(Net Interest Margin)이 축소되기 때문입니다. 또, 저축자의 부담이 증가합니다. 저축을 할수록 이자를 받는 것이 아니라 내는 구조이기 때문에 일부 국가에서는 고액 저축자들이 실질적인 손실을 경험하게 되었습니다.

마이너스 금리는 비전통적 통화 정책 도구로 자리 잡았지만 근본적인 경제 구조 문제를 해결하지 못했다는 한계도 있습니다. 여기에 더해 마이너스 금리가 자산 버블이나 금융 불균형을 초래할 가능성도 제기됩니다. 따라서 마이너스 금리라는 정책의 장기적인 효율성과 지속 가능성에 대해서는 여전히 논쟁의 여지가 있습니다.

유럽중앙은행은 2014년부터 2022년까지 약 8년간 마이너스 금리를 유지했습니다. 일본은행은 2024년 3월이 되어서야 마이너스 금리를 종료하고 단기 금리를 0~0.1%로 인상했습니다. 일본의 경우, 물가 상승률이 목표치인 2%를 초과하며 안정적인 수준을 유지했고, 임금 상승과 소비 증가로 인해 디플레이션 위험이 완화되었기 때문이었습니다. 아울러 글로벌 경제 환경 변화와 함께 통화 정책 정상화를 위한 단계적 조치의 일환이기도 했습니다. 마이너스 금리의 명암에 대해서는 여전히 논쟁거리가 남아 있습니다.

> **연준이 마이너스 금리를 도입하지 않은 이유**
>
> 연준은 2008년 글로벌 금융위기와 이후의 경제적 어려움 속에서도 마이너스 금리를 도입하지 않았습니다. 여기에는 몇 가지 이유가 있었습니다.
>
> 첫째, 금융 시스템의 안정성 우려 때문입니다. 마이너스 금리는 은행들이 예금에 대해 고객들에게 수수료를 부과하거나, 대출을 줄이는 등 금융 시스템에 예상치 못한 부작용을 초래할 수 있습니다. 특히 미국에서는 MMF(Money Market Funds)와 같은 금융 상품이 중요한 역할을 하는데, 마이너스 금리는 이들 금융 상품의 수익성을 약화시켜 시장 혼란을 초래할 가능성이 있었습니다.
>
> 둘째, 미국 경제의 상대적 강점이 이유이기도 했습니다. 일본과 유럽은 장기적인 디플레이션 압력과 구조적 문제(예: 고령화, 낮은 생산성 증가율)에 직면했지만, 미국 경제는 상대적으로 더 강력한 회복력을 보여주었습니다. 따라서 연준은 마이너스 금리가 필요하지 않다고 판단했던 것입니다.
>
> 셋째, 마이너스 금리가 심화되면 개인과 기업들이 은행 예금을 줄이고 현금을 직접 보유하려는 경향이 생길 수 있습니다. 이는 통화 정책의 효과를 제한할 수 있기 때문에 연준에게 마이너스 금리는 정책 효과를 반감시키는 악수가 될 수 있었습니다.

이었습니다. 그러나 당시 연준은 여기에서 더 나아가 회사채, 기업어음까지로 매입 대상을 확대했습니다. 이는 중앙은행 역사상 전례 없는 조치였습니다.

양적 완화, 유동성 공급 메커니즘

 양적 완화는 중앙은행이 국채나 주택저당증권과 같은 금융 자산을 대규모로 매입해 시장에 유동성을 공급하는 비전통적 통화 정책입니다. 이를 이해하기 쉽게 설명해 보겠습니다.

 우선 연준은 국채나 주택저당증권을 프라이머리 딜러Primary dealer로 알려진 대형 금융 기관들(예: JP모건체이스, 골드만삭스, 모건스탠리 등)로부터 매입합니다. 연준은 미국 재무부로부터 직접 국채를 구매할 수 없으며, 반드시 이러한 프라이머리 딜러를 통해 거래해야 합니다. 이 과정에서 연준은 매입 대금으로 새로운 준비금을 창출해 해당 금융 기관의 계좌에 입금하게 됩니다.

 이렇게 되면 은행 시스템 내 유동성이 증가합니다. 즉, 중앙은행의 자산 매입으로 인해 시중 은행의 준비금이 증가하고, 준비금은 은행 간 대출이나 새로운 대출 발행에 사용될 수 있는 유동성 자원으로 활용됩니다. 이와 같이 시장에 유동성이 공급되면 금리 하락 효과를 볼 수 있습니다. 중앙은행이 국채와 같은 자산을 매입하면 해당 자산의 가격이 상승하게 됩니다. 채권의 경우는 가격이 오르니 수익률(금리)은 낮아집니다. 장기 금리가 낮아지면 기업과 가계가 더 저렴한 비용으로 자금을 조달할 수 있어 소비와 투자가 촉진되고 경제에 숨통이 트이는 것입니다. 은행들이 추가적인 유동성을 활용해 기업과 가계에 대출을 늘리면, 소비와 투자가 증가하게 됩니다. 또한 낮아진 금리는 주식 및 부동산 가격 상승을 유도해 부의 효과를 통해 경제 활동을 더욱 활성화합니다.

- 양적 완화의 작동 메커니즘 요약

  1. 연준이 국채와 주택저당증권을 매입해 금융 시장에 유동성 공급.
  2. 이 과정에서 은행 시스템 내 준비금이 증가하며, 자금 조달 비용이 낮아지고 대출 여건이 완화.
  3. 연준이 국채 등 자산을 매입하면 국채 가격은 상승하고 수익률은 하락.
  4. 결과적으로 장단기 금리가 하락하고, 주식 및 부동산 같은 자산 가격이 상승해 소비와 투자를 촉진.

- 시장 영향 요약

  - 채권 시장: 장기 국채 수요 증가 → 채권 가격 상승(금리 하락).
  - 주식 시장: 유동성 증가 → 위험 자산 선호 강화 → 주가 상승.
  - 외환 시장: 금리 하락 → 달러 약세 → 수출 경쟁력 강화.

양적 긴축, 유동성 축소 메커니즘

양적 긴축은 양적 완화와 반대로, 연준이 보유 자산의 만기를 허용하거나 재투자하지 않음으로써 시장에서 유동성을 흡수하는 정책입니다. 이는 연준의 대차대조표를 축소하고 시장의 통화 공급을 줄이는 방식으로 이루어집니다. 양적 긴축의 메커니즘은 양적 완화와 정반대로 움직입니다.

연준은 만기가 도래한 국채와 주택저당증권을 재투자하지 않고 그대로 만기 상환을 허용하거나, 경우에 따라 자산을 시장에 매도합니다. 이 과정에서 중앙은행의 대차대조표는 축소되고, 금융 시스템으로

부터 유동성이 흡수됩니다. 이는 시장에 공급된 자금의 양을 줄이는 역할을 합니다.

중앙은행이 보유 자산을 축소하면 시중 은행의 준비금 또한 감소합니다. 준비금이 줄어들면 은행 간 대출 여력이 감소하고, 새로운 대출 발행이나 투자가 제한됩니다. 이는 금융 조건을 긴축시키고 경제 활동을 둔화시키는 효과를 낳습니다.

양적 긴축은 유동성을 줄여서 채권 시장에서 공급을 증가시키고 채권 가격을 하락시키며, 이에 따라 수익률(금리)이 상승하게 됩니다. 금리가 상승하면 기업과 가계의 차입 비용이 증가해 소비와 투자가 감소하게 됩니다.

높아진 금리와 감소된 유동성은 경제 활동을 둔화시키고, 과열된 경제를 안정화하며 인플레이션을 억제하는 데 기여합니다. 그러나 과도한 긴축은 금융 시장의 변동성을 증가시키고 경기 침체를 초래할 위험도 있습니다.

- 양적 긴축 작동 메커니즘 요약
  - 양적 긴축 작동 원리
    1. 연준은 만기가 도래한 국채와 주택저당증권을 재투자하지 않고 그대로 상환받아 대차대조표를 축소.
    2. 이로 인해 은행 시스템 내 준비금이 감소하고, 자금 조달 비용이 증가.
    3. 연준이 국채 등 자산을 매도하면 국채 가격은 하락하고 수익률은 상승.
    4. 결과적으로 장기 금리가 상승하며, 소비와 투자가 위축.

- 시장 영향 요약

  채권 시장: 장기 국채 공급 증가 → 채권 가격 하락(금리 상승).

  주식 시장: 유동성 축소 → 위험 자산 선호 감소 → 주가 하락.

  외환 시장: 금리 상승 → 달러 강세 → 수출 경쟁력 약화.

양적 완화와 양적 긴축의 비교: 대차대조표 변화 차트

이와 같은 양적 완화와 양적 긴축은 연준의 대차대조표에 영향을 미치게 됩니다. 따라서 연준의 대차대조표는 통화 정책의 거울과도 같습니다. 자세히 살펴보겠습니다.

128쪽 그림은 2004년부터 2024년까지 연준의 총자산 규모 변화를 보여주는 FRED(세인트루이스 연방준비은행 경제데이터) 차트입니다. 세로축은 미국 달러 기준 연준 총자산 규모(계절조정 하지 않은 수치)입니다. 회색 음영은 미국의 경기 침체 구간을 나타냅니다.

2008년 금융위기 이전, 연준의 총자산은 약 1조 달러 미만의 안정적인 규모를 유지했으나 2008년 금융위기 대응으로 급격한 자산 확대(약 2조 달러로 증가)가 일어납니다. 이후 완만하게 증가하다가 2020년 코로나19 대응으로 가장 극적인 자산 규모 확대(약 9조 달러까지 증가)가 일어나게 됩니다. 이는 팬데믹 대응을 위한 연준의 공격적인 양적 완화 정책이 반영된 것입니다. 최근(2022년 이후)에는 정상화의 일환으로 약 6.9조 달러 수준으로 감소했으며 이는 급격히 높아진 인플레이션 대응을 위한 양적 긴축 정책의 결과입니다.

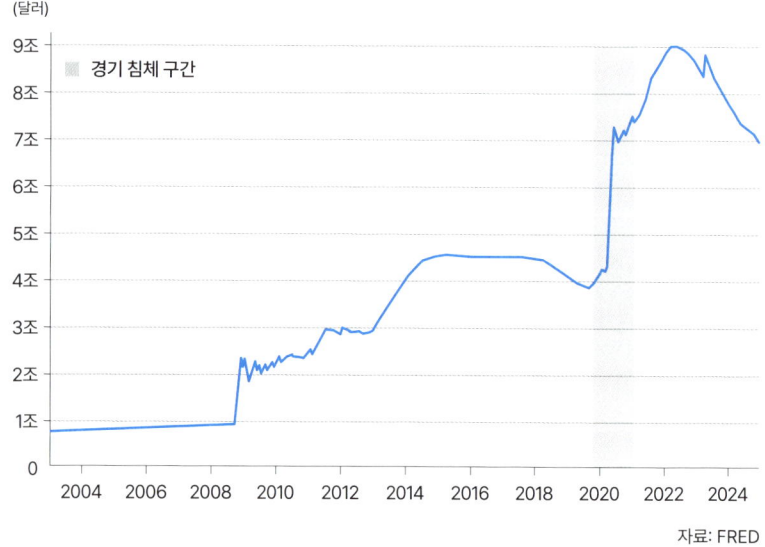

- 2008~2014년: 글로벌 금융위기 이후 양적 완화로 인해 대차대조표가 급격히 확대됨.
- 2017~2019년: 첫 번째 양적 긴축으로 대차대조표가 축소되었으나, 속도는 완만함.
- 2020년 이후: 팬데믹 대응을 위한 무제한 양적 완화로 대차대조표가 사상 최고치에 도달.
- 2022년 이후: 두 번째 양적 긴축으로 대차대조표가 다시 축소되기 시작했으나, 여전히 높은 수준 유지.

이러한 대차대조표 확대는 시장에 두 가지 효과를 미칩니다. 첫 번째는 포트폴리오 재조정 효과입니다. 다시 말해 투자자들이 더 위험한 자산으로 이동하게 됩니다. 왜 그럴까요? 연준이 국채나 주택저당증권을 대규모로 매입하면 이런 안전 자산의 가격이 오르고 따라서 수익률이 하락합니다. 투자자들은 낮아진 수익률에 만족할 수 없어 더 높은 수익을 찾아 나서게 됩니다. 결과적으로 주식, 회사채, 부동산 등 상대적으로 위험한 자산으로 자금이 이동하게 됩니다. 이러한 자금 이동은 위험 자산의 가격을 상승시키고 수익률을 낮추는 효과를 발생시킵니다. 결론적으로 전반적인 금융 시장의 위험 선호도가 증가하며 자산 가격이 상승하게 됩니다.

두 번째는 신호 효과입니다. 연준이 한번 불린 대차대조표는 쉽게 줄이기 어렵습니다. 한번 찐 살을 다시 빼기 어려운 것과 똑같습니다. 따라서 연준이 의도적으로 대차대조표를 급격히 늘린다는 것은 그만큼 연준의 완화적 통화 정책 의지를 시장에 전달하는 강력한 신호가 됩니다. 이와 같이 연준이 장기간 완화적 통화 정책을 유지하겠다는 의지를 보여주면, 시장 참가자들의 기대인플레이션이 상승하게 됩니다. 그에 따라 기업과 가계는 미래 경제 상황이 개선될 것이라는 기대를 형성하게 되고, 이러한 기대는 자연스럽게 현재의 소비와 투자 결정에 영향을 미치게 됩니다. 따라서 결과적으로 실물경제 활성화로 이어지게 되는 것입니다.

연준의 대차대조표는 단순한 숫자가 아니라, 경제와 금융 시장을 조율하는 중요한 도구입니다. 양적 완화는 경제에 유동성을 주입해 성장과 회복을 촉진하고, 양적 긴축은 과잉 유동성을 제거해 안정성을 되찾으려는 것입니다. 이 두 정책의 메커니즘을 이해하면 연준의 신호를 더 명확히 해석할 수 있습니다. 이제부터는 연준의 대차대조표를 이해하기 위한 방법들에 대해 알아보겠습니다.

"연준의 대차대조표를 읽는 것은 경제의 혈류를 이해하는 것이다."

연방준비제도 대차대조표 살펴보기

연준의 대차대조표가 미국 경제의 금융 안정성과 통화 정책 운영에 중요한 역할을 한다는 것은 앞서 충분히 설명했습니다. 여기에서는 연준 대차대조표에 대해 조금 더 살펴보겠습니다. 131쪽의 표는 연준 대차대조표의 자산과 부채 구조를 간략히 보여줍니다. 하나씩 살펴보겠습니다.

- 자산
  - 연준의 주요 자산은 국채(4.8조 달러)와 주택저당증권(2.4조 달러)로 구성되어 있습니다. 이는 연준이 양적 완화 정책을 통해 시장에서 매입한 증권들입니다.
  - 대출/긴급 시설(0.2조 달러)은 금융 기관에 유동성을 공급하기 위한 대출을 나타냅니다.
  - 기타 자산에는 소규모의 유동성 스와프와 기타 금융 상품이 포함됩니다.

연방준비제도 대차대조표(2024년 1월 3일, 단위: 조 달러)

자산	부채 및 자본
국채: 4.8	통화: 2.3
주택저당증권: 2.1	은행 준비금: 3.5
대출/긴급 시설: 0.2	재무부 일반 계정: 0.7
환매조건부 채권: 0	역환매조건부 채권: 1.1
통화 스와프: <0.1	재무부에 대한 송금: -0.1
기타: 0.3	기타: 0.2
	총부채: 7.6
	납입 자본금:: <0.1
	잉여금: : <0.1
	총계: 7.7

자료: 연방준비제도이사회

- 부채 및 자본
  - 주요 부채 항목은 은행 준비금(3.5조 달러)과 통화(2.3조 달러)입니다. 은행 준비금은 상업 은행들이 연준에 예치한 금액이고, 통화는 유통 중인 현금을 의미합니다.
  - 재무부 일반 계정(TGA)은 미국 정부가 재정 운영을 위해 보유하는 계좌입니다.

- 역환매조건부 채권(Reverse Repos)은 연준이 금융 기관으로부터 단기적으로 자금을 조달하는 수단입니다.
- '재무부에 대한 송금' 항목은 당시 연준이 손실을 기록하며 재무부에 송금할 금액이 음수(-0.1조 달러)가 된 상황을 반영합니다.

양적 완화와 양적 긴축은 연준 대차대조표에 어떻게 반영될까?

양적 완화는 중앙은행이 국채와 주택저당증권 같은 금융 자산을 매입해 시장에 유동성을 공급하는 통화 정책입니다. 연준의 대차대조표에 양적 완화가 반영되는 방식은 다음과 같습니다.

1. 자산: 연준이 국채와 주택저당증권을 매입하면 '국채'와 '주택저당증권' 항목의 금액이 증가합니다. 예를 들어 연준이 1조 달러 규모의 국채를 매입하면, 해당 항목은 기존 4.8조 달러에서 5.8조 달러로 증가합니다. 이는 연준이 금융 기관(상업 은행 등)으로부터 직접 자산을 사들였음을 의미합니다.
2. 부채: 연준이 자산을 매입할 때, 대가로 지급한 금액은 주로 상업 은행의 준비금 계좌에 예치됩니다. 따라서 '은행 준비금' 항목의 금액이 증가합니다. 예를 들어 1조 달러의 국채를 매입했다면, 은행 준비금은 기존 3.5조 달러에서 4.5조 달러로 증가합니다. 이 과정에서 연준은 새로운 돈을 창출(통화 발행)해 은행 계좌에 입금하는 것이므로, 이는 시장 유동성을 증가시키는 효과를 내게 됩니다.

반대로 양적 긴축은 연방준비제도(연준)가 대차대조표를 축소하기 위해 보유 자산(주로 국채와 주택저당증권)을 매각하거나 만기 도래 시 재투자하지 않는 통화 정책입니다. 이는 대차대조표에 다음과 같이 반영됩니다.

1. 자산: 국채와 주택저당증권 항목의 금액이 감소합니다. 연준이 보유한 국채나 주택저당증권이 만기 도래하면 이를 재투자하지 않거나, 시장에 직접 매각합니다. 예를 들어 연준이 1조 달러의 국채를 만기 도래로 소멸시키면, 국채 항목은 기존 4.8조 달러에서 3.8조 달러로 줄어듭니다.
2. 부채: 양적 축소로 인해 금융 기관(상업 은행 등)의 준비금이 감소합니다. 연준이 국채나 주택저당증권을 매각하면 금융 기관은 이를 구매하기 위해 준비금 계좌에서 자금을 인출합니다. 따라서 대차대조표의 '은행 준비금' 항목이 감소합니다. 예를 들어 1조 달러의 국채가 매각되면 은행 준비금은 기존 3.5조 달러에서 2.5조 달러로 줄어듭니다.

포워드 가이던스: 시장과 소통하는 연준

포워드 가이던스란?

포워드 가이던스는 연준이 미래 정책 방향에 대한 힌트를 제공하는 소통 전략입니다. 이는 시장 참여자들의 기대를 관리하고, 경제 주체들이 더 나은 의사결정을 내릴 수 있도록 돕는 역할을 합니다.

연준 의장들은 오랫동안 불명확하고 불가해한 소통을 선호해왔습니다. 1987년부터 2006년까지 연준 의장을 지낸 앨런 그린스펀Alan Greenspan은 금융 시장을 동요시키기 않기 위해 통화 정책에 대한 자신의 발언을 모호하고 불분명하게 만드는 '연준어Fedspeak' 기술을 완성했을 정도였습니다. 하지만 그의 임기가 끝날 무렵부터 연준은 더 투명한 소통으로 전환하기 시작했습니다. 2000년 2월, 그린스펀 시절에 위원회는 처음으로 정책 성명서에 초기 형태의 포워드 가이던스를 정기적으로 포함하기 시작했습니다. 그리고 2003년부터는 통화 정책의 예상 경로에 대한 지침을 추가했습니다. 이러한 투명성 강화 노력은 그린스펀의 후임 의장들, 특히 벤 버냉키Ben Bernanke 시대에 더욱 두드러졌습니다. 버냉키는 미래 통화 정책 방향에 대한 보다 명확한 신호를 시장에 전달하기 위해 '포워드 가이던스' 전략을 적극적으로 활용했습니다.

이와 같은 포워드 가이던스는 정책 금리가 제로금리 하한에 도달했을 때 효과적인 정책 수단으로 활용되었습니다. 일본은행과 연준은 저금리 정책 시기에 포워드 가이던스를 실제 활용하기 시작했고, '상당 기간' 등의 모호한 표현에서 시작해 점차 구체화하기에 이르렀습니다.

2008년 금융위기 이후 포워드 가이던스는 더욱 중요한 정책 수단으로 부상했습니다. 시간 기반 가이던스date-based Forward Guidance(특정 기간 명시) 또는 상태 기반 가이던스State-based Forward Guidance(특정 경제 지표 달성 조건 제시)를 통해 점차 구체적이고 명확한 커뮤니케이션으로 발전하기 시작한 것입니다.

아래는 주요 시기별 FOMC 성명서에 나타난 포워드 가이던스의 예시들입니다. 한 번 살펴볼까요?

- 2000년 2월 2일 "…… 위원회는 예측 가능한 미래에 높은 인플레이션 압력을 유발할 수 있는 상황으로 위험이 주로 기울어져 있다고 믿는다."
- 2003년 8월 12일 "…… 위원회는 정책적 완화가 상당 기간 유지될 수 있다고 믿는다."
- 2004년 1월 28일 "인플레이션이 매우 낮고 자원 활용도가 부진한 상황에서, 위원회는 정책적 완화를 제거하는 데 있어 인내할 수 있다고 믿는다."
- 2008년 12월 16일 "…… 위원회는 취약한 경제 상황이 한동안 연방기금 실효금리의 예외적으로 낮은 수준을 정당화할 것으로 예상한다."
- 2011년 8월 9일 "위원회는 현재 경제 상황이 …… 적어도 2013년 중반까지 연방기금실효금리의 예외적으로 낮은 수준을 정당화할 것으로 예상한다."
- 2012년 12월 12일 " …… 위원회는 …… 실업률이 6.5% 이상을 유지하고, 1~2년 후의 인플레이션 전망이 위원회의 2% 장기 목표를 0.5%포인트 이상 초과하지 않으며, 장기 인플레이션 기대가 잘 안착되어 있는 한, 이러한 예외적으로 낮은 연방기금실효금리 범위가 적절할 것으로 현재 예상한다."

2000년대 초반에는 포워드 가이던스가 다소 모호하고 불명확하게 제공되었으나, 2011년에는 특정 시점을 명시하는 방식(시간 기반 가이던스)으로 발전하였고, 2012년에는 구체적인 경제 조건과 상태를 명시하는 형태(상태 기반 가이던스)로 더욱 정교해졌습니다.

포워드 가이던스, 왜 중요한가?

포워드 가이던스는 시장의 불확실성을 줄이고, 투자자와 기업들이 더 안정적으로 계획을 세울 수 있도록 합니다. 이는 특히 양적 완화나 양적 긴축 같은 비전통적 정책과 함께 사용될 때 효과가 극대화됩니다.

2020년 미국경제학회의 회장 연설에서, 전 연준 의장 벤 버냉키는 포워드 가이던스를 "강력한 정책 도구"라고 선언했습니다. 버냉키는 연준 재임 중 포워드 가이던스와 양적 완화를 비전통적 통화 정책 도구에서 전통적 통화 정책 도구로 격상시키는 데 핵심적인 역할을 했던 인물입니다. 양적 완화와 결합해, 포워드 가이던스는 연준이 제로 하한에 갇혀 탄약이 없는 상황에서 정책적 운신의 폭을 크게 늘려주었습니다.

포워드 가이던스의 효과는 많은 이론적 연구를 통해 증명되었습니다. 2021년 〈통화경제학 저널 Journal of Monetary Economics〉에서, 캘리포니아 어바인 대학교의 에릭 스완슨 Eric Swanson은 1991년 7월부터 2019년 6월까지의 FOMC 발표를 조사해 연방기금실효금리 변화, 포워드 가이던스, 양적 완화의 개별적 효과를 측정했습니다. 이 연구에 따르면, 포워드 가이던스는 1년에서 5년 사이의 단기 국채와 자산에 가장 큰 영향을 미쳤고, 양적 완화는 10년 만기의 장기 국채와 회사채를 움직이는 데 더 효과적이었던 것으로 나타났습니다.

포워드 가이던스, 시장 반응은?

포워드 가이던스는 단어 선택 하나로도 시장을 움직일 수 있습니다. 예를 들어 FOMC 성명서 중, '인내심_{Patience}'이라는 단어가 삭제되면 금리 인상이 임박했다는 신호로 해석됩니다. 아래는 2025년 1월에 열린 FOMC 성명서의 변경 사항 분석입니다. 시장은 성명서의 자구 변화, 문장 구조의 변경은 물론 그 미묘한 뉘앙스 차이까지도 예민하게 분석합니다. FOMC 성명서에서 주요 변경 사항과 그 의미에 대한 분석은 다음과 같습니다.

For release at 2:00 p.m. EST January 29, 2025December 18, 2024

Recent indicators suggest that economic activity has continued to expand at a solid pace. The unemployment rate has stabilized at a low levelSince earlier in recent months, and the year, labor market conditions remain solid.have generally eased, and the unemployment rate has moved up but remains low. Inflation has made progress toward the Committee's 2 percent objective but remains somewhat elevated.

The Committee seeks to achieve maximum employment and inflation at the rate of 2 percent over the longer run. The Committee judges that the risks to achieving its employment and inflation goals are roughly in balance. The economic outlook is uncertain, and the Committee is attentive to the risks to both sides of its dual mandate.

In support of its goals, the Committee decided to maintain~~lower~~ the target range for the federal funds rate at 4 ~~by~~ 1/4 ~~percentage point to 4-1/4~~ to 4-1/2 percent. In considering the extent and timing of additional adjustments to the target range for the federal funds rate, the Committee will carefully assess incoming data, the evolving outlook, and the balance of risks. The Committee will continue reducing its holdings of Treasury securities and agency debt and agency mortgage-backed securities. The Committee is strongly committed to supporting maximum employment and returning inflation to its 2 percent objective.

In assessing the appropriate stance of monetary policy, the Committee will continue to monitor the implications of incoming information for the economic outlook. The Committee would be prepared to adjust the stance of monetary policy as appropriate if risks emerge that could impede the attainment of the Committee's goals. The Committee's assessments will take into account a wide range of information, including readings on labor market conditions, inflation pressures and inflation expectations, and financial and international developments.

Voting for the monetary policy action were Jerome H. Powell, Chair; John C. Williams, Vice Chair; ~~Thomas I. Barkin;~~ Michael S. Barr; ~~Raphael W. Bostic;~~ Michelle W. Bowman; ~~Susan M. Collins;~~ Lisa D. Cook; <u>Austan D. Goolsbee</u>~~Mary C. Daly;~~ Philip N. Jefferson; Adriana D. Kugler; Alberto G. Musalem; Jeffrey R. Schmid; and Christopher J. Waller. ~~Voting against the action was Beth M. Hammack, who preferred to maintain the target range for the federal funds rate at 4-1/2 to 4-3/4 percent.~~

1. 경제 활동 및 노동 시장 평가

경제 활동: "경제 활동이 견실한 속도로 확장되고 있다"는 기존 문구가 유지되었습니다.

노동 시장: 실업률에 대해 "최근 몇 달 동안 낮은 수준에서 안정화되었다"는 표현으로 변경되었으며, 노동 시장 조건도 "견조함을 유지 remain solid 하고 있다"로 바뀌었습니다. 이전 문구였던 "노동 시장 조건이 대체로 완화되었고, 실업률도 상승했지만 낮은 수준을 유지하고

있다"는 삭제되었습니다. 이는 노동 시장에 대한 평가가 더 긍정적으로 변화했음을 시사합니다.

2. 인플레이션 평가

기존 문구였던 "인플레이션이 2% 목표를 향해 진전을 이루었다"는 표현이 삭제되고, "인플레이션은 다소 높은 수준을 유지하고 있다"는 표현으로 대체되었습니다. 이는 연준이 인플레이션 압력을 여전히 경계하고 있음을 나타냅니다.

3. 금리 정책

연방기금실효금리는 4.25%~4.5%로 유지하기로 결정했습니다. 이는 금리를 동결한 것으로, 이전 성명서에서 금리를 인하했던 것과 대조됩니다. 앞서 살펴보았듯이 경제 활동과 노동 시장이 견고하고 인플레이션 압력이 여전한 상황에서 추가 금리 인하는 자칫 경기 과열과 인플레이션 상승으로 연결될 수 있기 때문입니다.

4. 정책 방향

연준은 향후 정책 조정 시 "노동 시장 조건, 인플레이션 압력, 기대치, 금융 및 국제적 상황을 포함한 광범위한 정보를 고려할 것"이라고 명시했습니다. 이는 데이터 의존적 접근 방식을 지속하겠다는 의지를 보여주는 것으로 해석됩니다.

5. 투표 결과

금리 동결 결정에 대해 어느 위원들이 찬성했고 어느 위원이 반대했으며 의견을 바꾼 의원은 누구인지까지 상세히 분석합니다.

포워드 가이던스의 역할 변화

2022년 이후 인플레이션 대응 과정에서 포워드 가이던스는 점차 축소되기 시작했습니다. 포워드 가이던스가 연준의 유연성에 제약으로 작용한다는 지적 때문입니다. 연준의 가이던스가 절대적인 약속은 아니지만 실제로는 연준이 가이던스를 지키려 노력해왔고 이것이 급격한 상황 변화에 대한 연준의 유연성에 제약을 가하고 있다는 지적이 일기 시작했던 것입니다.

중앙은행이 이전의 포워드 가이던스를 저버린다면, 그것은 중앙은행의 신뢰성을 약화시킬 것이고, 대중이 중앙은행의 약속을 믿지 않기 때문에 미래의 포워드 가이던스 효과는 급격히 줄어들 것입니다. 그러나 신뢰성을 유지하기 위해 이전 가이던스를 고수하는 것은 예상치 못한 경제 상황 변화에 대한 연준의 대응을 지연시킬 수 있습니다.

실제로 2020년과 2021년은 코로나로 인한 경제 불확실성과 글로벌 공급망Supply Chain 붕괴로 미국 내 인플레이션이 급등하던 시절이었습니다. 그러나 연준은 한동안 기준금리를 인상하지 않겠다는 매우 명시적인 입장을 취했고, 연준의 금리 인상은 한참 뒤에나 이뤄졌습니다. 금리 인상이 늦은 이유가 연준이 자신들이 제시했던 가이던스를 따르고 싶어 했기 때문일 것으로 많은 경제학자들은 판단하고 있습니다. 이에 많은 사람들이 이제는 유연성과 신뢰성 사이의 균형이 필요한 시점이 되었다고 생각하게 되었습니다. 이제 포워드 가이던스는 완전한 폐지가 아닌, 상황에 따른 조정으로 변화하기에 이르렀고 일반적인 정책 방향 제시는 계속 유지되고 있습니다.

따라서 포워드 가이던스는 매우 강력한 정책 수단이지만 신중하게 사용해야 합니다. 왜냐하면 한 번 발표된 가이던스가 연준의 발목을 잡아 적절하고 순발력이 있는 대응을 방해할 수 있기 때문입니다. 그러므로 중앙은행의 신뢰성과 정책 유연성 사이의 균형이 중요하며 투명성은 유지하되 구체적인 약속은 신중하게 제시되어야 합니다. 포워드 가이던스의 위상 변화는 중앙은행의 커뮤니케이션 정책이 경제 상황과 정책 필요성에 따라 계속 진화하고 있음을 보여주는 좋은 사례입니다.

결론:
연준 도구의 작동 원리를 이해하라

연준의 각 정책 도구는 금융 시장 전반에 걸쳐 다양한 영향을 미칩니다. 이를 이해하면 투자자와 경영인은 더 나은 결정을 내릴 수 있습니다. 간략히 살펴보겠습니다.

채권 시장

완화적 통화 정책(금리 인하, 양적 완화 또는 완화적 포워드 가이던스)이 발표되면 채권의 가격은 상승합니다. 단기 채권은 금리 변화에 더 민감하게 반응하며, 장기 채권은 상대적으로 더 큰 가격 변동성을 보입니다. 반대로 긴축적 정책이 나오면 금리가 상승하면서 채권의 수익률은 상승하고 가격은 하락합니다.

주식 시장

완화적 통화 정책은 금리 하락 및 유동성 증가로 인해 위험 자산 선호 현상이 나타나고 그에 따라 주식 시장 상승을 견인할 수 있습니다. 반대로 긴축 정책은 금리 상승에 따라 기업의 차입 비용 증가와 미래 현금 흐름 할인율 상승으로 인해 주가 하락 압력을 가합니다. 특히 성장주(예: 기술주)는 금리 상승기에 더 큰 타격을 받을 수 있으며, 가치주는 상대적으로 안정적인 성과를 보일 가능성이 큽니다.

외환 시장

완화적 통화 정책으로 금리가 하락하면 달러 약세가 나타나고 신흥국으로 자본이 유입될 가능성이 높아집니다. 반대로 긴축 정책으로 금리가 상승하면 달러가 강세를 보이는 경향이 있으며, 이는 신흥국으로부터 자금 이탈을 촉진할 수 있습니다.

연준의 기준금리, 양적 완화/양적 긴축, 그리고 포워드 가이던스는 단순한 정책 수단이 아니라 경제와 금융 시장을 조율하며 돈의 흐름을 결정짓는 강력한 메커니즘입니다. 이 도구들은 각각 다른 방식으로 경제에 영향을 미치지만, 상호 보완적으로 작동해 연준의 목표인 물가 안정과 최대 고용을 달성하는 데 기여합니다.

기준금리는 금융 시스템의 전반적인 자금 조달 비용을 결정하며, 소비와 투자에 직접적인 영향을 미칩니다. 양적 완화와 양적 긴축은 연준의 대차대조표를 확대하거나 축소함으로써 시장 유동성과 금리에 영향을 주며, 특히 장기 금리와 자산 가격에 중요한 역할을 합니다. 포워드 가이던스는 시장 참여자들에게 정책 방향에 대한 신호를 제공해 불확실성을 줄이고, 기대를 관리함으로써 경제적 의사결정을 안정화합니다.

이러한 도구들의 작동 원리를 이해하면 투자자와 경영인은 시장에서 발생하는 변화를 더 잘 예측하고 대응할 수 있게 됩니다.

> "연준의 도구를 이해하는 것은 곧 돈의 흐름을 읽고 경제적 기회를 포착하는 법을 배우는 것이다."

경제와 금융 시장의 복잡한 상호작용 속에서 이러한 통찰은 개인과 기업 모두에게 중요한 경쟁 우위를 제공할 것입니다.

연준 정책과
실물경제 간의 동역학

05

　연준의 금리 정책은 단순히 금융 시장의 숫자 놀이로 끝나지 않습니다. 금리가 오르거나 내리는 순간, 그 여파는 소비자의 지갑에서 기업의 투자 계획, 그리고 노동 시장의 고용 상황까지 실물경제 전반에 걸쳐 파급됩니다. 하지만 이 영향은 즉각적으로 나타나지 않으며, 정책이 실물경제에 작용하기까지는 시차가 존재합니다. 이 시차는 연준 정책의 효과를 이해하고 예측하는 데 있어 가장 중요한 변수 중 하나입니다.

　이 장에서는 연준의 금리 인상 및 인하가 소비와 투자, 고용과 물가에 미치는 영향을 단계적으로 살펴보고, 이러한 변화들이 상호작용하며 경제의 방향성을 형성하는 과정을 분석합니다. 이를 통해 독자들은 연준의 정책과 실물경제 간의 복잡한 동역학을 이해하고, 경제 변화의 흐름을 예측할 수 있는 통찰을 얻게 될 것입니다.

금리 인상이 소비와 투자에 미치는 영향

금리 인상은 과열된 경제 활동을 안정시키기 위해 연준이 사용하는 가장 강력한 도구 중 하나입니다. 이는 소비와 투자라는 두 축을 통해 실물경제에 직접적인 영향을 미칩니다.

소비 위축

앞에서 금리가 상승하면 대출 이자율(예: 모기지, 자동차 대출, 신용카드 금리)이 높아져 가계의 차입 비용이 증가하고, 이는 가처분 소득을 줄여 소비를 위축시키는 결과로 이어진다고 이야기했습니다. 특히 주택 구매와 같은 고가의 소비는 급격히 감소하게 마련입니다. 몇 가지 예를 들어보겠습니다.

우리는 살면서 좋든 싫든 빚을 안고 살아가게 됩니다. 크게는 주택담보대출부터 작게는 신용카드 할부에 이르기까지 빚과 대출은 우리 생활 여기저기에 자리 잡고 있습니다. 중앙은행의 기준금리 인상은 이런 대출 금리에 직접 영향을 끼칩니다. 예를 들어 내가 지금 살고 있는 집에 주택담보대출이 3억 원이 있다고 합시다. 만일 금리가 3%에서 6%로 오르면 월 상환액이 약 75만 원에서 150만 원으로 75만 원이나 증가합니다. 이는 평균적인 가계 소득을 고려할 때 상당한 부담을 가중시킵니다. 결과적으로 다른 소비를 줄일 수밖에 없게 됩니다. 주말 가족 외식 메뉴가 소고기에서 삼겹살로 바뀌는 것은 이런 이유 때문입니다.

신용카드 이자율 상승도 무시할 수 없습니다. 할부 구매나 현금서비스 이용 비용이 증가하면서 소비자들은 불필요한 지출을 자제하게 됩니다. 백화점에서 할부로 쉽게 물건을 사던 습관도 자연스럽게 줄어들게 됩니다.

또한 금리 상승은 자동차, 가전제품 등 고가 소비재 시장에 큰 영향을 미칩니다. 예를 들어볼까요? 우선 자동차 시장에 영향이 있습니다. 자동차 구매 시 많이 활용되는 할부 금융의 금리가 오르면 신차 구매 부담이 커집니다. 실제로 2022년 미국에서는 금리 인상 후 자동차 판매량이 전년 대비 8% 감소했습니다.

냉장고, TV 등 대형 가전제품 구매도 영향을 받습니다. 이런 제품들은 보통 카드 할부로 많이 구매하는데, 할부 이자가 오르면 이런 고가의 내구재 구매가 줄어듭니다. 이전이라면 '에이, 돈이 없으면 할부로 사면 되지!' 하고 쉽게 지갑을 열었다면, 이제는 '꼭 필요한 걸까?' 하고 한 번 더 생각하게 됩니다.

금리 상승은 단순히 금전적인 부담 증가에만 그치지 않습니다. 소비자들의 심리에도 큰 영향을 미칩니다. 금리가 오르면 경기가 나빠질 것이라는 우려가 커집니다. 이는 소비자심리지수 하락으로 이어지고, 결과적으로 소비를 줄이게 만듭니다. 실제로 통화 정책 불확실성 확대는 소비자심리지수를 하락시키는 것으로 나타났습니다.

이처럼 금리 인상은 우리의 일상 경제 생활에 다양한 방식으로 영향을 미칩니다. 대출 이자 부담 증가, 고가 소비재 구매 감소, 그리고 심리적 위축 효과 등이 복합적으로 작용해 전반적인 소비 위축으로 이어지는 것입니다.

투자 감소

금리 상승은 기업의 투자 의욕도 꺾습니다. 즉, 금리가 오르면 기업들은 투자에 대해 한 번 더 고민하게 됩니다. 왜 그럴까요? 돈을 빌리는 비용이 늘어나기 때문입니다. 이는 기업 활동 전반에 영향을 미치며, 결국 경제 성장에도 제동을 걸게 됩니다. 구체적으로 살펴보겠습니다.

금리가 오르면 우선 기업의 자금 조달 비용이 증가합니다. 다시 말해, 기업이 은행에서 대출을 받거나 회사채를 발행할 때 더 높은 이자를 부담해야 합니다. 예를 들어 기준금리 인상 효과로 3년 만기 AA-등급 회사채의 금리가 따라 올라가면 기업들은 자금 조달에 더 많은 비용을 써야 합니다. 이는 프로젝트의 수익성을 떨어뜨리고, 결과적으로 기업이 투자를 주저하게 만듭니다.

또한 기업의 설비 투자 축소도 일어날 수 있습니다. 다시 말해 제조업체나 기술 기업들은 새로운 공장을 짓거나 최신 장비를 도입하는 데 신중해집니다. 투자 비용이 늘어나는 데 비해 미래의 수익은 불확실하기 때문입니다. 이는 장기적으로 기업의 생산성 향상 속도를 늦추고, 결국 경제 성장률 둔화로 이어질 수 있습니다.

미래를 위한 연구개발 투자도 줄어듭니다. 기업들은 당장의 비용 부담 때문에 장기적인 연구개발 프로젝트를 연기하거나 축소할 수 있습니다. 이는 기업의 혁신 능력을 떨어뜨리고, 경쟁력을 약화시킵니다.

특히 자본 접근성이 낮은 스타트업이나 중소기업은 고금리 환경에서 더 큰 타격을 받습니다. 벤처캐피탈의 투자가 줄어들고, 은행 대출도 까다로워져 혁신적인 아이디어가 사업화되기 어려워질 수 있습니다.

금리 상승으로 인한 차입 비용 증가와 투자 위축으로 인해 기업의 수익성이 악화할 가능성이 커집니다. 이는 주식 시장 전반에 부정적인 영향을 미칠 수 있으며, 특히 성장주에서 더 큰 하락세가 나타날 수 있습니다. 게다가 투자 감소는 단순히 기업 차원의 문제로만 끝나지 않습니다. 생산성 향상이 둔화되고 새로운 일자리 창출도 줄어들어 결국 경제 성장률 둔화로 이어집니다.

결론적으로 금리가 상승하면 기업의 투자 의사 결정에 큰 영향을 미치며, 이는 개별 기업을 넘어 경제 전반에 파급 효과를 가져오게 됩니다. 따라서 기업들은 금리 변화에 따른 투자 전략 조정이 필요하며, 정책 입안자들도 이러한 영향을 고려한 균형 잡힌 접근이 요구됩니다.

통화 정책이 실물경제에 반영되려면 시차가 필요하다

연준의 통화 정책 변화는 경제 전반에 걸쳐 중요한 영향을 미칩니다. 금리 인상이나 인하 같은 정책 결정은 소비와 투자뿐만 아니라 고용과 물가에도 직접적인 파급 효과를 가져옵니다. 그러나 이러한 변화는 즉각적으로 나타나지 않고, 일정한 시차를 두고 점진적으로 실물경제에 반영됩니다. 이러한 시차는 통화 정책의 복잡성을 더하며, 정책의 효과를 정확히 예측하고 평가하는 데 중요한 변수로 작용합니다.

고용 시장에 대한 영향

금리 변화는 기업의 비용 구조와 투자 결정을 바꾸면서 고용 시장에도 영향을 미칩니다. 금리가 인상되어 기업들이 자금 조달 비용이 증가하고, 소비 위축으로 매출 전망이 악화되면 기업을 운영하는 경영자 입장에서는 신규 채용을 줄일 수밖에 없고, 더 나아가 경우에 따라서는 인건비를 절감하기 위해 구조조정을 단행할 수도 있습니다. 예를 들어 2022년 연준의 급격한 금리 인상 이후 미국 주요 기술 기업 대다수가 채용 동결을 발표했고, 2023년에는 일부 기업에서 해고를 시작했습니다. 기업 입장에서는 살아 남기 위한 어쩔 수 없는 선택일 수 있습니다.

그러나 금리 변화에 따른 고용 시장 영향은 산업별 차이가 있습니다. 부동산, 자동차, 기술 스타트업과 같이 금리에 민감한 산업은 금리 변화에 더 빠르게 반응합니다. 반면 내구재 제조업이나 필수소비재 산업은 상대적으로 느리게 영향을 받습니다. 예를 들어 부동산 개발 회사는 금리 인상 직후 프로젝트를 중단하거나 축소하지만, 식료품 제조업체는 소비자 수요 감소가 나타날 때까지 비교적 안정적인 고용을 유지합니다.

이러한 고용 시장의 변화 역시 즉각적으로 나타나지는 않습니다. 신규 채용 축소는 금리 인상 후 몇 달 내에 시작되지만, 구조조정이나 실업률 상승은 보통 6개월에서 1년 이상의 시차를 두고 발생합니다. 이는 기업들이 먼저 비용 절감을 위한 내부 조정을 거친 뒤 외부적인 조치를 취하기 때문입니다. 2022년 연준의 급격한 금리 인상 이후 미국 기업들은 6개월간 채용 계획을 30% 이상 줄였지만, 실업률 상승은 2023년 중반에야 본격화되었습니다.

이와 같이 금리 인상의 여파는 고용 시장에서 단계적으로 전개됩니다. 먼저 신규 채용이 동결되고, 이어서 비정규직이 감소하며, 결국에는 정규직 구조조정으로 이어지는 연쇄 효과를 보입니다. 이러한 고용 시장의 단계적 냉각은 경제 전반의 불확실성이 증가하는 중요한 신호입니다.

물가에 미치는 영향

금리 인상이 물가에 영향을 미치는 데에도 역시 시차가 존재합니다. 2021~2023년 미국의 인플레이션 대응 사례를 보면, 금리 인상 시작 후 물가 상승률이 정점을 찍고 하락하는 데에 3개월이 걸렸습니다. 2025년 1월 기준 소비자물가지수는 3.0%, 근원 소비자물가지수는 3.3%로 연준의 물가 목표치 2% 복귀는 아직 멀어 보입니다.

물가 상승은 종종 임금 상승으로 이어져 다시 물가를 올리는 악순환을 초래할 수 있습니다. 금리 인상은 이러한 임금과 물가의 연쇄 작용을 억제하는 데 중요한 역할을 합니다만, 임금 조정 역시 노동 시장 경직성 때문에 시간이 걸립니다.

통화 정책 변화는 고용과 물가뿐만 아니라 경제 전체에 복합적인 영향을 미칩니다. 금리 인상은 금융 시장(주식, 채권)에는 즉각적인 영향을 미치지만, 실물경제(고용, 물가)에 영향을 미치려면 시간이 걸립니다. 금융 시장에서의 변동성 증가는 기업 투자와 소비 심리에 영향을 주며, 이는 다시 고용과 물가로 이어지는 피드백 루프를 형성합니다.

따라서 연준은 통화 정책 발표 시 시장 참여자들의 기대 심리를 조율해 시차 효과를 최소화하려고 합니다. 예를 들어 '앞으로도 긴축 정책을 지속할 것'이라는 신호는 시장에 선제적으로 반영되어 소비와 투자를 조정하게 만듭니다. 시차를 줄이는 핵심은 인플레이션 기대 관리입니다. 사람들은 인플레이션 자체 외에 미래 인플레이션이 어떻게 될지에 대한 전망에 따라 소비와 투자 활동을 조절하기 때문입니다.

정책 시차의 딜레마

연준은 정책 효과가 나타나기 전에 추가 조치를 취할지 말지를 결정해야 하는 어려움에 직면합니다. 지나치게 공격적인 긴축은 경기 침체를 초래할 위험이 있고 한 템포 느린 완화 정책은 경기 과열을 잡는 데 실패할 수 있습니다.

1980년대 연준 의장이었던 폴 볼커는 높은 인플레이션을 억제하기 위해 기준금리를 급격히 올렸습니다. 하지만 물가가 원래 수준인 6%대로 돌아오는 데에는 약 4년이라는 시간이 걸렸습니다. 다른 한편으로 물가는 안정되었지만 반대 급부로 실업률이 점점 급등해 1982년에는 실업률이 10%를 넘나드는 부작용도 있었습니다(아래 그래프 참조). 시차의 딜레마도 있지만 연준의 두가지 책무를 동시에 만족

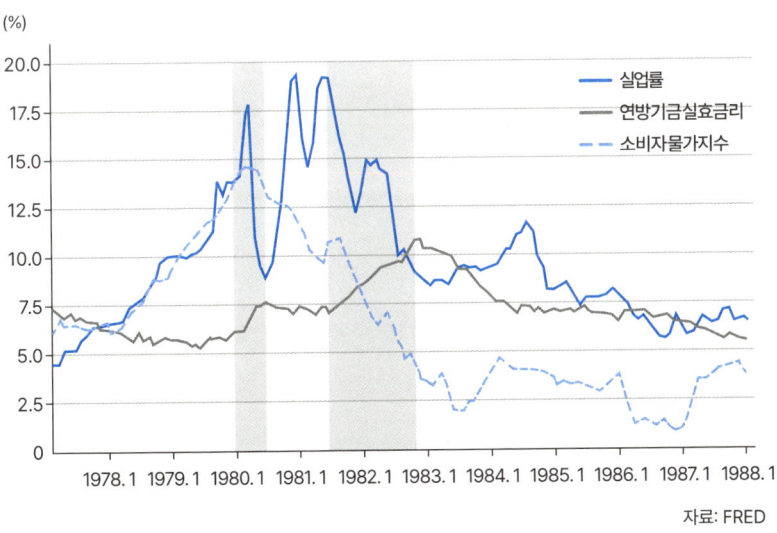

자료: FRED

시키는 것이 쉽지 않다는 것을 보여줍니다.

또한 2008년 금융위기 때는 연준이 제로금리를 유지하며 양적 완화를 실시했지만, 고용 회복에는 약 5년 이상이 걸렸습니다(아래 그래프 참조). 그래프에서 보듯 금융위기를 계기로 10% 수준까지 치솟던 실업률이 이전 수준으로 되돌아오는데 그렇게 오랜 시간이 걸린 것입니다. 이는 통화 정책 효과의 시차와 금융위기의 후유증이 복합적으로 작용한 사례입니다.

연준의 통화 정책 변화는 고용과 물가라는 두 축을 통해 경제 전반에 영향을 미칩니다. 하지만 이상에서 살펴보았듯이 이 과정에서 시차 효과라는 중요한 변수가 작동하며 정책 효과가 나타나는 데 시간이 걸립니다. 투자자와 경영인에게 중요한 것은 이 시차 효과를 이해

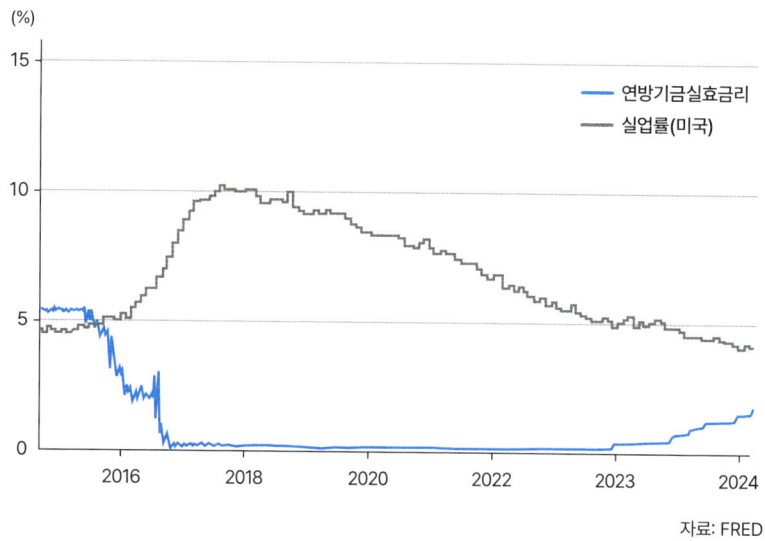

하고 대비하는 것입니다. 고용 지표나 물가 지표에 나타나는 변화는 이미 몇 달 전에 결정된 통화 정책의 영향 때문이라는 점을 기억해야 합니다. 결국 통화 정책의 진짜 효과를 이해하려면 단기적인 결과보다는 장기적인 흐름을 읽는 눈이 필요합니다.

2025년 현재, 연준은 2022년부터 이어진 긴축 정책의 후폭풍을 관리 중입니다. 3년간의 금리 인상 효과가 본격적으로 나타나면서 기업들의 수익성 압박과 소비 위축이 동시에 발생하고 있습니다. 이처럼 통화 정책은 장기적으로 '거대한 진자'처럼 경제를 흔들기 때문에, 그 흐름을 읽는 것이야말로 현명한 투자와 경영의 핵심입니다.

투자자라면 월간 고용보고서보다 분기별 기업의 자본 지출 계획을 살펴야 하며, 기업 경영자라면 단기적 금리 변동보다 6개월 후 원자재 수요 예측에 더 주목해야 합니다. 연준의 정책이 우리의 지갑에 미치는 영향은 오늘의 결정이 아니라, 1년 전의 선택에서 비롯되었다는 사실을 기억해야 할 것입니다.

정책의 동역학:
정책 결정과 실물경제, 그리고 시장의 상호작용

연준의 정책과 실물경제 간의 관계는 단순히 일방적인 흐름이 아닙니다. 이는 복잡한 상호작용과 피드백 루프를 통해 형성됩니다. 연준은 GDP 성장률, 물가 상승률, 실업률 등 주요 경제 지표를 바탕으로 정책 방향을 설정합니다. 그리고 이는 즉각적으로 금융 시장에 영향을 미치고 실물경제에도 시차를 두고 파급력을 미칩니다. 그리고 시장과 실물경제의 반응과 변화는 다시 연준의 정책 결정으로 돌아오는 순환 구조를 만듭니다. 이 메커니즘을 자세히 살펴보겠습니다.

정책 실행과 금융 시장 반응

연준이 금리를 인상하면 소비, 투자, 고용, 물가 등 실물경제에 어떤 영향을 끼치는지 앞에서 살펴보았습니다. 이들 실물경제 지표들은 대체로 정책 실행과 시차가 존재하지만 금융 시장은 이를 즉각 반영해서 출렁이게 됩니다. 마치 연못에 돌을 던졌을 때 퍼지는 파장처럼 말이죠. 지금부터는 주식, 채권, 외환 시장이 정책 실행에 각각 어떻게 반응하는지 자세히 살펴보겠습니다.

주식 시장

금리가 오르면 주식 시장은 기업 수익이 줄어들 것을 염려해 하락합니다. 마치 회사의 미래가 조금 흐려지는 것과 같습니다. 특히 앞으로의 성장이 기대되는 회사들, 예를 들어 신생 기술 기업들의 주가가 더 크게 떨어지는 경향이 있습니다. 2022년 미국에서 나스닥 지수가 S&P500보다 더 크게 떨어진 것이 대표적인 예입니다. 이런 현상이 나타나는 이유는 다음과 같습니다.

- 미래 현금 흐름의 가치 하락: 금리가 오르면 미래의 현금 흐름을 현재 가치로 환산할 때 사용하는 할인율이 높아집니다. 성장주는 미래의 높은 성장성을 반영해 평가되는데, 이 미래 가치가 현재 기준으로 줄어들게 되는 것입니다.
- 자금 조달 비용 증가: 성장주 기업들은 종종 빚을 통해 성장을 추구합니다. 금리가 오르면 금융 비용이 증가해 수익성에 부정적 영향을 미칩니다.
- 투자자 심리 변화: 금리 상승기에는 투자자들이 안전 자산을 선호하는 경향이 있어, 상대적으로 위험한 성장주에서 자금이 빠져나갑니다.

재미있는 점은 금리가 오를 때 오히려 웃는 주식들도 있다는 것입니다. 은행이나 보험사 같은 금융 관련 주식들이 그렇습니다. 은행이나 보험사는 금리 상승기에 이자 수익이 증가하므로 수익성이 개선됩니다. 반면에 부동산이나 자동차 관련 주식들은 울상을 짓기 쉽습니다. 이 업종들은 대출 의존도가 높아 금리 상승 시 수요가 감소하고 비용이 증가하는 경향이 있습니다. 이러한 요인들로 인해 금리 상승기에 성장주와 가치주, 그리고 업종별로 주가 반응이 다르게 나타나는 것입니다.

채권 시장

채권 시장은 금리와 정반대로 움직입니다. 금리가 오르면 채권 가격은 내려갑니다. 왜 그럴까요? 금리 상승기의 채권 가격 하락(수익률 상승)은 미래 현금 흐름의 할인율 증가로 설명할 수 있습니다. 채권 가격은 미래 현금 흐름(이자와 원금)의 현재 가치로 결정됩니다. 금리가 상승하면 이 미래 현금 흐름을 현재 가치로 환산할 때 사용하는 할인율이 높아집니다. 높은 할인율은 미래 현금 흐름의 현재 가치를 낮추므로, 결과적으로 채권의 가격이 하락하게 됩니다.

예를 들어 10년 만기 채권의 경우 금리가 상승하면 향후 10년간의 이자 지급과 만기 시 원금 상환의 현재 가치를 모두 낮추게 됩니다. 이는 채권의 가격을 하락시키고, 결과적으로 수익률을 상승시킵니다.

또한 새로 발행하는 채권의 높은 이자율과 비교했을 때 기존 채권의 상대적 매력도가 떨어지는 것도 가격 하락의 한 요인입니다. 금리가 오르면 새로 나오는 채권의 이자가 더 높아집니다. 그러다 보니 예전에 발행된 채권은 상대적으로 매력이 떨어지게 되죠. 마치 새 스마트폰이 나오면 구형 모델의 가치가 떨어지는 것과 비슷합니다. 두 가지 요인이 복합적으로 작용해 금리 상승기에 채권 가격이 하락하는 현상이 나타나는 것입니다.

만기가 긴 채권일수록 가격 변동이 더 큽니다. 예를 들어 10년 만기 채권은 2년 만기 채권보다 금리 변화에 더 민감합니다. 이것을 채권 시장에서는 **채권의 듀레이션** Duration 이라고 합니다. 듀레이션은 채권의 '금리 민감도'로 이해하는 것이 좋습니다.

외환 시장

금리는 외환 시장에도 영향을 줍니다. 예를 들어 금리가 오르면 해당 국가의 통화 가치도 함께 오르는 경향이 있습니다. 하지만 이 관계

경제학 플러스

금리와 현재 가치/미래 가치

현재 가치와 미래 가치에 대한 설명이 너무 설명이 어려운가요? 좀 더 쉽게 풀어서 설명해보겠습니다. 금리가 오르면 미래 돈의 가치가 떨어집니다. 채권은 미래에 받을 돈(이자와 원금)의 약속입니다. 그런데 금리가 오르면 예금에 대한 기회비용이 늘어나 미래에 받을 돈의 현재 가치가 떨어집니다. 예를 들어 '지금 얼마를 투자해야 1년 후에 100만 원이 될까?'라는 질문을 생각해보죠.

- 은행 이자가 5%인 경우: 지금 952,381원을 은행에 예금하면 1년 후에 정확히 100만 원이 됩니다.
  (952,381원 x 1.05 = 1,000,000원)

- 은행 이자가 10%인 경우: 지금 909,091원만 예금해도 1년 후에 100만 원이 됩니다.
  (909,091원 x 1.10 = 1,000,000원)

즉, 금리가 높아질수록 미래에 같은 금액을 얻기 위해 현재 필요한 돈의 양이 줄어듭니다. 이것이 바로 "금리가 오르면 미래 돈의 현재 가치가 떨어진다"는 말의 의미입니다.

실생활에 비유하자면 이렇습니다. 5% 금리 환경에서는 1년 후 100만 원짜리 물건을 사려면 지금 952,381원이 필요합니다. 하지만 10% 금리 환경에서는 같은 물건을 사기 위해 지금 909,091원만 있으면 됩니다.

결국 금리가 높아지면 미래의 돈을 얻기 위해 현재 필요한 돈의 양이 줄어드는 셈입니다. 이 원리가 채권 가격 하락의 핵심입니다. 금리가 오르면 채권이 약속하는 미래 돈의 현재 가치가 떨어지므로, 채권의 가격도 그만큼 내려가게 되는 것입니다.

금융에서 이자율은 현재와 미래를 연결하는 다리 역할을 하는 매우 중요한 개념입니다. 이를 조금 더 풀어서 설명해보겠습니다.

1. 현재에서 미래로: 우리가 돈을 저축하거나 투자할 때, 이자율은 현재의 돈이 미래에 얼마나 불어날지를 결정합니다. 이자율이 높을수록 같은 금액을 투자해도 미래에 더 많은 돈을 받게 되죠.

2. 미래에서 현재로: 반대로 미래에 받을 돈의 현재 가치를 계산할 때도 이자율을 사용합니다. 이자율이 높을수록 미래의 돈은 현재 기준으로 볼 때 가치가 떨어집니다.

이 개념은 금융의 거의 모든 영역에 적용됩니다. 주식 가치 평가, 채권 가격 결정, 투자 프로젝트의 수익성 분석 등에서 이 원리가 사용되죠.
재미있는 점은 이 '시간에 따른 돈의 가치 변화'라는 개념이 경제 주체들의 의사 결정에 큰 영향을 미친다는 것입니다. 기업은 이를 바탕으로 투자를 결정하고, 개인은 저축과 소비의 균형을 잡습니다. 그리고 이 모든 결정들이 모여 경제 전체의 흐름을 만들어냅니다.
결국 이자율은 단순한 숫자가 아니라, 현재와 미래를 오가는 경제적 결정의 중심축이라고 할 수 있습니다. 이 개념을 이해하면 금융 시장의 많은 현상들을 더 쉽게 이해할 수 있게 됩니다.

채권 듀레이션Duration이란?

듀레이션은 금리 변화에 따른 채권 가격의 변동성을 측정하는 지표입니다. 듀레이션은 연 단위로 표시되지만, 실제 만기와는 다릅니다. 항상 만기보다 짧습니다.

듀레이션의 특성을 좀 더 자세히 살펴볼까요? 앞서 설명했듯, 듀레이션이 높을수록 금리 변화에 따른 가격 변동성이 큽니다. 예를 들어 듀레이션이 5년인 채권은 금리가 1% 상승하면 가격이 약 5% 하락합니다. 일반적으로 만기가 길수록, 쿠폰(이자)이 낮을수록 듀레이션이 높아집니다.

그럼 왜 장기 채권이 금리 변화에 더 민감할까요? 우선 시간적 요인을 생각해볼 수 있습니다. 당연한 이야기지만 채권 만기가 길수록 금리 변동 가능성이 더 높습니다. 또한 현금 흐름의 현재 가치를 따져볼 때, 장기 채권은 미래 현금 흐름의 현재 가치가 금리 변화에 더 민감합니다.

설명이 어렵나요? 장기 채권이 금리 변화에 더 민감한 이유를 좀 더 쉽게 이해해 볼까요? 두 가지 측면에서 생각해 볼 수 있습니다.

1. 시간적 요인

이것은 날씨 예보의 불확실성과 비슷합니다. 내일 날씨 예보와 한 달 뒤 날씨 예보 중 어느 것이 더 정확할까요? 당연히 내일 날씨겠죠. 채권도 마찬가지입니다. 2년 만기 채권은 2년 동안의 금리 변화를 예측해야 하고, 10년 만기 채권은 10년 동안의 금리 변화를 예측해야 합니다. 그러니 2년 만기 채권보다 10년 만기 채권의 예측이 더 불확실하고 변동성이 큽니다. 이 불확실성 때문에 장기 채권이 금리 변화에 더 민감하게 반응하게 되는 것입니다.

2. 현금 흐름의 현재 가치

사과나무가 두 그루 있다고 상상해봅시다. 한 나무는 2년 동안, 다른 나무는 10년 동안 사과를 딸 수 있습니다.

- 2년 만기 채권 = 2년 동안 사과를 따는 나무
- 10년 만기 채권 = 10년 동안 사과를 따는 나무

그러다 갑자기 사과 가격(금리)이 크게 변했다고 해봅시다. 어느 나무의 가치가 더 많이 변할까요? 당연히 10년 동안 사과를 딸 수 있는 나무입니다. 왜냐하면 더 오랜 기간 동안 사과 가격 변화의 영향을 받기 때문입니다. 채권도 마찬가지입니다. 10년 만기 채권은 더 오랜 기간 동안 금리 변화의 영향을 받게 되므로, 그 가치 변동이 더 크게 나타납니다. 이렇게 생각하면, 왜 장기 채권이 금리 변화에 더 민감한지 이해하기 쉬워지겠죠? 채권 투자자들은 이러한 듀레이션 개념을 이용해 포트폴리오의 금리 위험을 관리하고, 금리 전망에 따라 채권 투자 전략을 세웁니다.

는 생각보다 복잡하고 여러 요인이 작용합니다. 자세히 살펴볼까요?

금리가 오르면 그 나라 돈에 대한 수요가 늘어나 통화 가치가 올라갑니다. 마치 인기 있는 상품의 가격이 오르는 것과 비슷하죠. 예를 들어 달러 금리가 오르면 외국인 투자자들이 더 높은 수익을 얻기 위해 달러를 사려고 합니다. 이는 달러 가치의 상승으로 이어집니다.

또한 높은 금리는 해외 투자자들을 끌어들입니다. 더 많은 이자

를 받을 수 있으니까요. 이는 그 나라로 돈이 들어오는 효과를 가져옵니다. 예를 들어 한국의 금리가 다른 나라보다 높다면 외국인들이 한국 채권을 더 많이 사게 되고, 이는 원화 가치 상승으로 이어질 수 있습니다.

미국 같은 주요 국가의 금리가 오르면 한국 등 신흥국의 통화 가치는 오히려 떨어질 수 있습니다. 투자자들이 더 안전하고 수익률 높은 곳으로 돈을 옮기려고 하기 때문입니다. 이를 '안전 자산 선호 현상'이라고 합니다. 2022년 미국의 금리 인상으로 인해 많은 신흥국 통화가 약세를 보인 것이 좋은 예입니다.

금리와 환율의 관계를 이해할 때 인플레이션도 중요한 요소입니다. 일반적으로 인플레이션이 높으면 통화 가치가 떨어집니다. 같은 돈의 양으로 살 수 있는 물건이 줄어들어 통화의 실질 구매력이 하락하기 때문입니다. 중앙은행은 이를 막기 위해 금리를 올리곤 합니다. 하지만 인플레이션이 너무 빠르게 오르면 금리 인상으로도 통화 가치 하락을 막기 어려울 수 있습니다.

단순히 금리만 높다고 해서 통화 가치가 오르는 것은 아닙니다. 그 나라의 정치적·경제적 안정성도 중요한 요소입니다. 예를 들어 미국 달러는 세계 경제의 기축통화로서 안전 자산으로 여겨지기 때문에 다른 나라보다 금리가 낮더라도 강세를 유지할 수 있습니다.

요컨대 금리 변화는 마치 도미노처럼 여러 시장에 연쇄적인 영향을 미칩니다. 하지만 이런 변화를 두려워할 필요는 없습니다. 오히려 이를 이해하고 대비하는 것이 현명한 투자자의 자세라고 할 수 있습니다. 미국 금리 인상이 예상될 때 신흥국 통화가 약해질 것을 대비해 포트폴리오를 조정하는 것처럼 말이죠.

또한 금리와 환율의 관계는 항상 일정하지 않다는 점을 기억해야 합니다. 때로는 예상과 다른 움직임을 보일 수 있으며, 시장의 기대와 실제 정책 간의 차이가 중요한 역할을 합니다. 따라서 단순히 금리만 보고 판단하기보다는 여러 경제 지표와 시장 상황을 종합적으로 고려해야 합니다.

피드백 루프: 정책과 경제의 복잡한 순환 구조

금리와 같은 통화 정책 변화는 단순히 금융 시장에 영향을 미치는 데 그치지 않습니다. 금융 시장의 반응은 다시 가계 소비 심리와 기업 투자 결정에 영향을 미치며, 이는 실물경제 데이터로 연결됩니다. 이 데이터는 다시 연준의 정책 결정에 피드백을 제공하죠. 이렇게 순환 구조가 반복됩니다. 이러한 피드백 루프는 경제 변화의 방향성을 더욱 복잡하게 만듭니다.

앞서 살펴보았지만 여기서 다시 한 번 정리해볼까요? 연준이 금리를 올리거나 내리는 정책을 시행하면, 이는 금융 시장(주식, 채권, 외환)에 즉각적인 반응을 유발합니다. 예를 들어 기준금리가 오르면 금융 시장에서 주가 하락, 채권 가격 변동, 환율 변화 등이 발생하며, 이는 가계와 기업의 심리에 영향을 줍니다. 소비자들은 대출 이자 부담 증가로 지출을 줄이고, 지출이 줄면 기업의 매출이 감소되면서 주가 하락으로 이어집니다. 또한 신규 발행 채권 금리가 높아져 기업들의

연준 정책과 실물경제의 피드백 루프

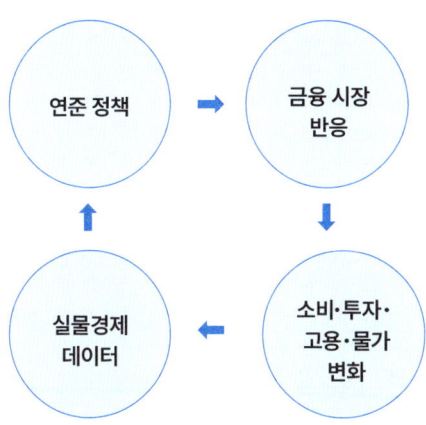

자금 조달 비용이 상승하면 투자를 축소하게 됩니다. 이러한 변화는 GDP 성장률 둔화, 실업률 상승, 물가 안정 등의 형태로 나타나며, 다시 연준의 정책 방향에 영향을 미칩니다. 또 실물경제 지표가 악화하면 금융 시장은 이를 반영해 추가적인 하락세를 보이기도 합니다.

이와 같은 복잡한 피드백 루프에서 은행과 금융 기관은 중요한 매개체로 작용합니다. 예를 들어 금리 인상으로 인해 은행이 대출을 줄이면 기업의 자금 조달이 어려워지고, 이는 자산 가격 하락으로 이어집니다. 자산 가격 하락은 다시 은행의 대출 능력을 제한하며 악순환이 발생할 수 있습니다. 2008년 금융위기 당시 은행들의 대규모 손실은 대출 축소를 초래했고, 이는 기업 활동 위축과 실업률 상승으로 연결되었습니다. 이 과정에서 금융 시장과 실물경제 간의 악순환이 반복되며 위기가 심화되었습니다.

결론:
동역학을 이해하면 경제 흐름이 보인다

지금껏 살펴봤듯이 연준 정책과 시장, 그리고 실물경제 간의 관계는 단순하지 않습니다. 금리 인상이나 인하 같은 정책 변화는 소비와 투자, 고용과 물가에 시차를 두고 영향을 미치며, 금융 시장과 상호작용하면서 복잡한 피드백 루프와 동역학을 형성합니다. 이를 이해하지 못하면 경제 변화의 흐름을 읽어내기 어렵습니다.

이와 같은 피드백 루프와 동역학을 이해하는 것은 투자자와 경영인 모두에게 중요한 통찰을 제공합니다. 투자 전략 관점에서 금리 인상 초기에는 채권 비중 확대가 유리할 수 있으며, 경기 침체 이후에는 성장주에 재진입하는 전략이 효과적일 수 있습니다. 또, 기업 경영자는 금리 변동이 자금 조달 비용과 소비 심리에 미치는 영향을 분석해 장기적인 투자 계획을 조정해야 합니다.

"정책은 데이터를 기반으로 하지만 미래를 향해 작동한다."

피드백 루프와 동역학은 단순히 경제 현상을 설명하는 도구가 아니라, 정책 결정과 시장 참여자의 행동 간 상호작용을 이해하는 핵심 프레임 워크입니다. 이를 이해하면 통화 정책 변화가 가져오는 복잡한 경제 흐름 속에서 더 나은 판단을 내릴 수 있습니다. 경제는 고립된 이벤트의 집합이 아니라 서로 연결된 시스템이라는 점을 기억해야 합니다. 투자자와 경영인은 이러한 상호작용을 이해하고 대응 전략을 세워야만 변화무쌍한 경제 환경 속에서 기회를 포착할 수 있습니다.

— 3부 —

MARKET

시장은
어떻게 반응하는가

The Fed's way of thinking

금융 시장과
매크로 지표의 연결고리

06

　금융 시장은 단순히 숫자와 그래프의 나열이 아닙니다. 그것은 실물경제와 정책 결정의 복잡한 상호작용을 반영하는 거울과도 같습니다. 주식, 채권, 외환 시장의 움직임은 경제 전반의 맥박을 보여주는 동시에, 정책 변화와 실물경제 지표에 대한 투자자들의 해석과 기대를 담고 있습니다. 이 장에서는 주요 금융 시장의 움직임을 실제 사례를 통해 심층적으로 분석하며, 매크로 지표와의 연결고리를 탐구합니다.

2022년 연준의 공격적 금리 인상과 시장 충격

2022년은 글로벌 금융 시장에 있어 전환점이 된 해였습니다. 연준이 40년 만의 최고 인플레이션을 잡기 위해 425bp(4.25%포인트)라는 사상 초유의 급격한 금리 인상을 단행하면서 주식, 채권, 외환 시장이 총체적인 격변을 겪었습니다. 연준은 이듬해인 2023년 8월까지 기준 금리를 하단 기준 5.25%까지 끌어올렸습니다. 이 사건은 단순히 숫자놀이가 아닌, 실물경제와 금융 시장의 상호작용을 보여주는 교과서 같은 사례입니다. 이에 대해서 좀 더 자세히 살펴보겠습니다.

2022년 연준의 기준금리가 하단 기준 0.0%에서 4.25%로 오

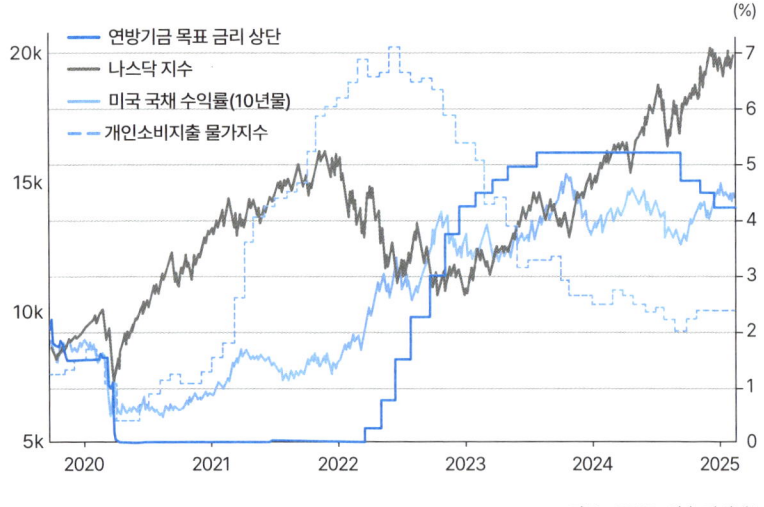

자료: FRED, 야후 파이낸스

르며, 기술주 중심의 나스닥 지수는 연간 33% 급락했습니다. 이는 2008년 금융위기 이후 최대 폭의 하락이었습니다. 특히 매그니피센트 7Magnificent 7과 같이 고금리 환경에서 미래 현금 흐름의 가치가 급락한 기술주들이 주 타깃이 되었습니다.

- 테슬라: 65% 하락(1,200달러 → 420달러).
- 메타(페이스북): 64% 하락(380달러 → 137달러).
- 넷플릭스: 51% 하락(700달러 → 340달러) .
- 매그니피센트 7의 추락: 애플, 아마존 등 빅테크 기업들도 평균 40% 이상 하락.

금리 인상은 기업 가치 평가의 핵심인 할인율을 급등시켰습니다. 예를 들어 10년 후 예상 수익 100억 달러의 현재 가치는 금리 3% → 5% 상승 시 17.5% 감소합니다. 이는 고성장 기업일수록 더 큰 타격으로 이어졌습니다.

채권 시장 역시 역사적인 수익률 상승을 경험했습니다. 2022년 초 1.5%였던 10년물 미국 국채 수익률은 10월에 4.25%까지 치솟았습니다. 이는 2008년 이후 최고치입니다. 수익률 상승은 채권 가격 하락을 의미합니다. 10년물 국채 가격은 연간 15% 추락하며 투자자들에게 충격을 주었습니다.

외환 시장 역시 출렁거렸습니다. 금리 인상에 따라 달러가 초강세를 띠면서 신흥국에 비상이 걸렸습니다. 연준의 긴축 정책으로 달러

자료: FRED, 야후 파이낸스

인덱스는 2022년 9월 114.11로 20년 만에 최고치를 기록했습니다. 위의 그래프에서 보듯 달러 인덱스는 2022년 초 기준금리 상승과 함께 점점 고도를 높여 그해 하반기에 고점을 찍게 됩니다. 참고로 미국 국채 10년물 수익률 역시 기준금리와 함께 급등하는 모습을 볼 수 있습니다.

이와 같은 달러 급등에 따라 신흥국 통화는 대폭락을 경험했습니다.

- 달러/원: 1,196원 → 1,440원(20% 하락)
- 달러/엔: 115엔 → 151엔(31% 하락)
- 달러/인도네시아 루피아: 14,300 → 15,600(9% 하락)

달러 강세에 따라 신흥국으로부터의 자본 유출이 발생했고 이에 따라 해당국의 중앙은행에는 비상이 걸렸습니다. 한국 주식 시장에서는 약 20조에 달하는 대규모의 외국인 투자 순매도가 발생했고, 인도네시아도 자국 통화 약세와 자본 유출에 대응하기 위해 기준금리를 4.25%(2022년 초)에서 6.00%(2023년 10월)로 긴급 인상했습니다. 일본 역시 1998년 이후 처음으로 엔화 약세를 막기 위해 약 9조 1,000억 엔(약 600억 달러 규모)을 투입해 외환 시장에 개입했습니다.

원자재 시장에도 영향이 있었습니다. 연준의 금리 인상으로 미국 경기 침체와 글로벌 수요 감소가 예상되며 2022년 한 해 동안 고점 대비 구리 가격은 약 30%, 철광석은 약 46% 폭락하며 원자재 시장의 하락을 부추겼습니다.

2022년의 교훈을 정리해볼까요? 미국의 기준금리 급등에 따라 기술주를 중심으로 한 미국 주식 시장과 채권, 그리고 원자재 시장이 줄줄이 폭락하면서 금리 충격에 대한 취약성을 드러냈습니다. 또한 달러 패권을 재확인할 수 있는 계기가 되었습니다. 미국의 금리 인상에 수반되는 달러 강세로 신흥국 통화와 자본시장에 충격을 주었고 이는 특히 외화 부채 비중이 높은 국가들로부터의 자본 유출과 그에 따른 취약성을 그대로 노출하게 했습니다.

이러한 사건들은 금융 시장이 단순히 숫자로만 움직이는 것이 아니라, 실물경제-정책-시장의 복잡한 상호작용으로 이어짐을 보여줍니다. 투자자라면 미국 통화 정책의 영향 범위와 그 파급력을 정량화하는 연습이 필수적이라 하겠습니다.

채권 시장,
장단기 금리 역전 현상이 일어나다

채권 시장은 금리 변화에 가장 직접적인 영향을 받는 자산군입니다. 특히 수익률 곡선은 경기 전망을 보여주는 중요한 지표로 활용됩니다. 2022년 연준이 기준금리를 하단 기준 0.0%에서 올리기 시작해 2023년 8월 5.25%까지 무려 525bp를 올리자 채권 시장은 요동치며 2023년 내내 수익률 곡선이 역전되어 있었습니다. 즉, 이 기간 중 2년물과 10년물 금리 차이가 최대 -0.5%포인트까지 역전되었습니다. 수익률 곡선 역전 현상은 일반적으로 경제의 건강 상태가 좋지 못하다는 신호로 여겨집니다. 역사적 경험을 볼 때 이 현상은 12~18개월 내 경기 침체로 이어진다고 알려져 있습니다. 지금부터는 기준금리 인상에 따른 수익률 곡선 역전 현상에 대해 자세히 알아봅니다.

수익률 곡선 역전 현상은 경기 침체 신호

수익률 곡선은 다양한 만기 채권(주로 국채)에 대해 투자자들이 요구하는 수익률(금리)을 그래프로 나타낸 것입니다. 일반적으로 만기가 길수록 더 높은 수익률을 제공합니다. 이는 돈을 더 오래 묶어둘수록 더 높은 보상을 기대하기 때문입니다. 예를 들어 2년 만기 국채보다 10년 만기 국채의 금리가 더 높은 것이 일반적입니다. 따라서 정상적인 상황이라면 장기 채권 금리가 단기 채권 금리보다 높아서 수익률 곡선은 우상향하는 모습을 보입니다. 그러나 경기 침체가 예상된다면 장기 금리가 단기 금리보다 낮아지는 수익률 곡선 역전 현상이 발생합니다. 수익률 곡선 역전은 단기 채권의 금리가 장기 채권보다 더 높아지는 상황을 말합니다. 즉, 투자자들이 짧은 기간 동안 돈을 빌려주는 것에 대해 더 높은 보상을 요구하는 것입니다. 왜 이런 일이 발생할까요?

첫째, 앞서 간략히 언급했듯이 경제에 대한 우려 때문입니다. 투자자들은 미래 경제가 불확실하거나 경기 침체가 올 것이라고 예상할 때, 상대적으로 안전한 장기 국채를 사들이는 경향이 있습니다. 장기 국채에 대한 수요가 증가하면, 그 가격이 올라가고, 반대로 수익률(금리)은 하락합니다. 둘째, 다른 한편으로 단기 금리가 상승하기 때문입니다. 중앙은행(미국 연준)이 경기 과열과 인플레이션 억제를 위해 단기 금리를 빠르게 올릴 경우, 단기 채권의 금리가 급등하게 됩니다.

이 두 가지 조합이 모이면 단기 금리가 장기 금리를 초과하면서 수익률 곡선이 역전됩니다. 수익률 곡선을 도로라고 생각해봅시다. 평소에는 도로가 완만한 오르막길(장기 금리가 높음)처럼 보입니다. 먼 미래로 갈수록 더 많은 보상이 주어지니까요. 하지만 역전이 일어나면 도로가 내리막길(단기 금리가 높음)로 바뀝니다. 가까운 미래에 더 많은 보상을 주겠다고 약속하지만, 먼 미래에는 불확실성이 커져 보상이 줄어드는 것처럼 느껴집니다.

다음의 그래프는 2023년 1월 1일(파란선)과 2024년 12월 31일(회색 선) 두 가지 시점의 미국 국채 수익률 곡선을 나타낸 것입니다. 가로

시기별 장단기 금리 수익률 곡선

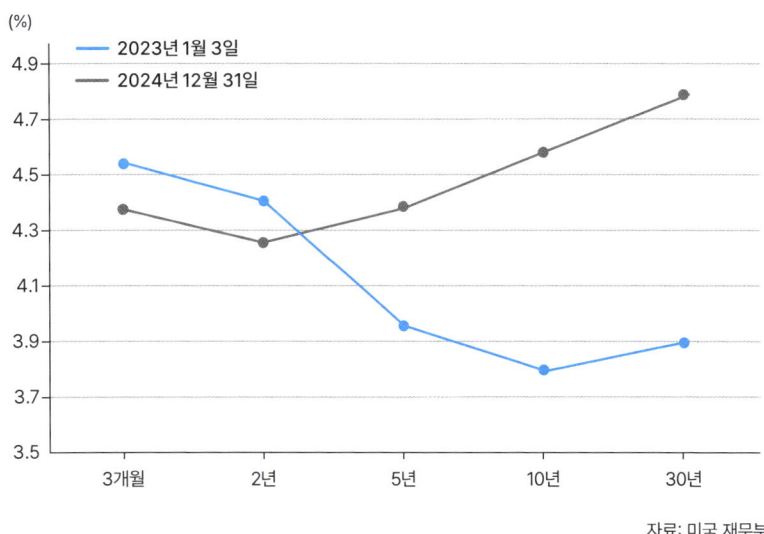

자료: 미국 재무부

축은 만기를 3개월부터 30년까지 나타낸 것이고 세로 축은 해당 만기별 수익률을 표시한 것입니다. 2023년 1월 1일의 수익률 곡선이 역전되어 우하향하고 있는 것을 확인할 수 있습니다. 실제로 2022년 10월 25일부터 2024년 12월 13일까지 3개월 만기 미국 국채 금리가 10년 만기 미국 국채 금리보다 높은 수준을 유지하고 있었습니다. 그러던 것이 2024년 12월 말이 되어서야 정상적인 우상향하는 모습으로 복귀한 것을 확인할 수 있습니다.

    역사적으로 수익률 곡선이 역전된 후에는 경기 침체가 자주 발생했습니다. 이는 투자자들이 경제 성장 둔화나 침체를 예상하고 행동했음을 보여줍니다. 특히 중앙은행이 금리를 급격히 올릴 때 소비와 기업 투자가 위축되면서 경제가 둔화할 가능성이 커집니다.

수익률 곡선 역전은 단순히 '금리의 이상 현상'이 아니라, 투자자들이 경제의 미래를 어떻게 바라보는지를 보여주는 중요한 신호입니다. 따라서 이 현상이 나타날 때는 포트폴리오를 점검하고 경기 침체 가능성에 대비하는 것이 좋습니다.

채권 시장과 주식 시장의 상호작용

다행인 것은 2023~2024년 수익률 곡선 역전 현상이 나타났을 때에는 연준의 효과적인 통화 정책으로 경기 침체를 피해 갈 수 있었습니다. 또한 2023년 미국 금융 시장에서는 수익률 곡선 역전 현상과 나스닥 지수의 상승이 동시에 나타나는 흥미로운 상황이 전개되기도 했습니다. 이러한 현상의 배경과 채권 시장 및 주식 시장 간의 상호작용을 분석해보겠습니다.

2023년 초, 미국 채권 시장에서는 수익률 곡선 역전 현상이 지속되었습니다. 그러나 예상과 달리, 2023년 나스닥을 비롯한 미국 주식 시장은 꾸준히 상승했습니다. 이는 여러 요인들이 복합적으로 작용한 결과로 볼 수 있습니다.

우선 경기 침체 우려 완화 때문입니다. 2023년 미국 경제는 예상보다 견조한 성장세를 보였습니다. 실제로 많은 전문가들이 예상했던 2023년 경기 침체는 발생하지 않았거나 매우 가벼운 수준에 그쳤습니다. 또한 인공지능AI 열풍과 같은 기술 혁신이 기술주를 위주로 한 나스닥 지수를 상승시키는 주요 동력이 되었습니다. 2023년에는 금융 섹터의 유동성이 풍부했으며, 이는 위험 자산 선호 현상으로 이어졌습니다.

수익률 곡선 역전이 경기 침체를 시사함에도 불구하고 주식 시장이 강세를 보인 것은 일견 모순적으로 보입니다. 이는 투자자들이 단기적인 경제 지표보다 장기적인 성장 가능성에 더 주목했음을 시사합니다. 물론 높아진 채권 수익률로 인해 채권 투자의 매력도 증가했습니다. 이는 일부 투자자들을 채권 시장으로 유인했지만, 동시에 고수익을 추구하는 투자자들은 여전히 주식 시장에 남아 있었습니다. 무엇보다도 당시 높아질 대로 높아졌던 기준금리 수준을 고려했을 때, 투자자들이 향후 연준의 금리 인하 가능성을 점차 높게 평가하기 시작했고, 이는 주식 시장에 긍정적인 영향을 미쳤습니다.

2023년의 미국 금융 시장은 전통적인 경제 이론과 다소 다른 양상을 보였습니다. 수익률 곡선 역전에도 불구하고 나스닥 지수가 상승한 것은 투자자들의 위험 선호도 변화, 기술 섹터의 강세, 그리고 예상보다 견조한 경제 성장, 투자자들의 금리 인하 기대 심리 등 복합적인 요인들이 작용한 결과로 볼 수 있습니다. 이는 금융 시장이 단순히 하나의 지표나 현상만으로는 예측하기 어려우며, 다양한 요인들을 종합적으로 고려해야 함을 보여주는 좋은 사례입니다.

결론:
시장의 움직임은 상호 연결된 퍼즐이다

이상에서 살펴본 것을 종합해보겠습니다. 주식, 채권, 외환 시장은 각각 독립적으로 움직이는 것처럼 보이지만, 실제로는 실물경제와 연준 정책이라는 공통된 축을 중심으로 긴밀히 연결되어 있습니다. 그리고 금리 변화는 이들 시장에 직접적인 영향을 주게 됩니다. 이를 이해하면 금융 시장에서 기회를 포착하고 리스크를 관리할 수 있습니다. 2022~2023년의 사례들은 이러한 연결고리를 명확히 보여줍니다.

여러 차례 강조했듯이 연준의 기준금리는 금융 시장의 핵심 요소로, 주식, 채권, 외환 시장에 광범위한 영향을 미칩니다. 간략히 다시 정리하면, 금리 상승은 일반적으로 주식 시장에 부정적인 영향을 미칩니다. 기업의 차입 비용이 증가하고 미래 현금 흐름의 현재 가치가 감소하기 때문입니다. 또한 금리와 채권 가격은 반비례 관계에 있습니다. 금리가 상승하면 새로 발행되는 채권의 수익률이 높아져 기존 채권의 가치가 하락합니다. 외환 시장에서 금리 상승은 해당 국가의 통화 가치를 상승시키는 경향이 있습니다. 높은 금리는 외국 자본을 유치해 통화 수요를 증가시키기 때문입니다. 따라서 연준의 금리 인상은 달러 강세와 연결되기 쉽습니다.

2022~2023년 기간은 이러한 상호 연결성을 잘 보여주는 사례입니다. 연준은 2022년 3월부터 2023년 7월까지 연방기금실효금리 목표 범위를 5.25%포인트로 급격히 인상했습니다. 이는 1980년대 초

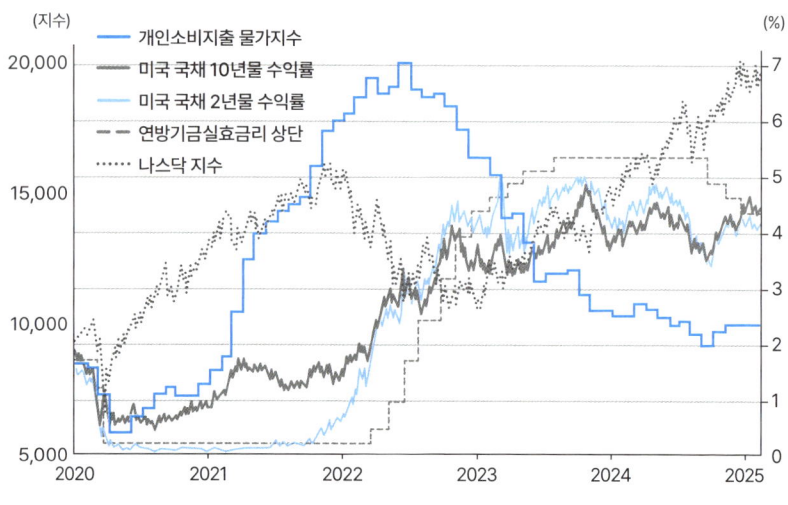

자료: FRED, 야후 파이낸스

이후 가장 빠른 속도의 긴축이었습니다.

그에 따라 제일 먼저 채권 시장이 반응했습니다. 10년 만기 미국 국채 수익률은 2022년 초 1.63%에서 2023년 연말 5%에 육박하는 수준으로 상승했습니다. 이는 채권 가격의 급격한 하락을 의미합니다. 이 당시 미국 국채 수익률 곡선의 역전 현상이 나타납니다. 같은 기간 2년 만기 미국 국채 수익률은 0.7% 수준에서 5.1%를 넘어서며 10년물 수익률을 초과했습니다.

이 기간 주식 시장은 부침을 겪었습니다. 2022년에는 금리 인상으로 인해 주식 시장이 큰 어려움을 겪었으나 2023년에는 투자자들의 예상과 달리 주식과 채권 시장이 동시에 상승하는 현상이 나타났습니다. 이는 연준의 정책 변화, 즉 조만간 연준이 기준금리를 인하할 것이라는 기대가 큰 영향을 미쳤습니다.

금융 시장의 상호 연결성은 다음과 같은 중요한 의미를 갖습니다. 우선 리스크 관리 측면에서 시장 간 연결성을 이해하면 포트폴리오 리스크를 더 효과적으로 관리할 수 있습니다. 예를 들어 주식과 채권의 혼합은 포트폴리오의 안정성을 높일 수 있습니다. 또한 기회 포착 측면에서 시장 간의 관계에 대한 치밀한 분석이 있다면, 한 시장의 변화가 다른 시장에 미치는 영향을 예측함으로써 투자 기회를 발견할 수 있습니다.

다른 한편으로 금융 시장의 상호 연결성은 시스템적 리스크의 원인이 될 수도 있습니다. 한 시장의 충격이 다른 시장으로 빠르게 전파될 수 있기 때문입니다. 따라서 투자자와 경영자들은 이러한 상호 연결성을 고려해 투자와 경영 전략을 수립해야 합니다.

> "금융 시장은 연결되어 있다. 그 고리를 이해하는 자만이 흐름을 읽고 기회를 잡는다."

이 말은 금융 시장의 본질을 정확히 표현하고 있습니다. 주식, 채권, 외환 시장은 복잡하게 얽혀 있는 하나의 거대한 퍼즐과 같습니다. 이 퍼즐의 각 조각이 어떻게 맞물려 있는지 이해하는 것은 투자자와 정책 입안자 모두에게 중요합니다. 2022~2023년의 사례가 보여주듯, 시장의 움직임을 예측하는 것은 쉬운 일이 아니지만, 그 기저에 있는 연결고리를 이해한다면 더 나은 의사결정을 내릴 수 있습니다.

금융 시장의 상호 연결성은 기회와 위험을 동시에 제공합니다. 이를 잘 이해하고 활용하는 것이 현대 금융 시장에서 성공의 열쇠가 될 것입니다.

원자재와 부동산 시장에서의 매크로 영향

07

2022년 초, 러시아의 우크라이나 침공으로 원유 가격이 급등했을 때, 많은 이들은 단순히 지정학적 위기로만 해석했습니다. 하지만 그 이면에는 더 복잡한 매크로 경제적 요인들이 작용하고 있었습니다. 러시아로부터의 공급 차질 우려도 있었지만 당시 코로나19 팬데믹이 완화하면서 석유 수요가 늘고 있었던 것도 주요 원인이었습니다. 같은 해, 미국 연준의 공격적인 금리 인상으로 주택 시장은 급격히 냉각되었습니다. 이 두 사건은 원자재와 부동산 시장이 얼마나 글로벌 경제 흐름과 밀접하게 연결되어 있는지를 보여주는 대표적인 예시입니다.

원자재와 부동산은 단순한 투자 대상을 넘어, 실물경제와 금융 시장을 연결하는 중요한 고리 역할을 합니다. 이 장에서는 이 두 자산군이 어떻게 글로벌 경기 사이클과 금리 변화에 반응하는지, 그리고 이를 통해 우리가 어떻게 경제의 큰 그림을 읽을 수 있는지 살펴보겠습니다.

원자재 가격과 글로벌 경기 사이클 분석법

원자재 가격은 글로벌 경제의 건강 상태를 보여주는 중요한 지표입니다. 경기 확장기에는 수요 증가로 가격이 상승하고, 침체기에는 반대 현상이 일어납니다. 또한 원자재 가격의 등락은 통화 정책과도 밀접한 관계가 있습니다. 원자재 가격 상승으로 물가가 오르고 인플레이션 압력이 커지면 중앙은행은 인플레이션에 대응해 금리를 인상할 유인이 커집니다.

개개의 원자재들은 각기 특성을 가집니다. 예를 들어 원유는 기본적으로 글로벌 수요와 공급의 균형을 반영하지만 중동 지역의 지정학적 긴장이나 멕시코만의 허리케인 등 자연재해로 인해서도 변동성이 매우 큽니다. 원유 가격은 특히 인플레이션에 직접적인 영향을 끼칩니다. 유가가 상승하면 자동차 휘발유 가격을 비롯해 산업 생산에서 필요한 에너지 사용 비용이 따라 오르기 때문입니다.

구리는 다양한 산업에서 중요한 역할을 하는 금속으로, 우수한 열과 전기 전도성, 뛰어난 가공성, 항균성, 재활용 가능성 등 산업재로서의 다양한 특성 덕분에 건축 및 건설, 전기전자, 운동 및 자동차, 산업 기계와 의료, 재생 가능 에너지 등 다양한 용도로 활용됩니다. 이러한 광범위한 사용 때문에 글로벌 구리 가격은 산업 활동의 선행 지표로 여겨지며, '닥터 카퍼 Dr.Copper'라는 별칭을 가지고 있습니다.

금 가격은 경제 불확실성의 바로미터이며 안전 자산으로서의 역할을 충실히 합니다. 경기 침체가 예상되거나 정치적 위기가 찾아오면 금값이 바로 반응합니다. 지금부터는 원유와 구리, 금으로 대표되는 원자재에 대해 하나씩 자세히 살펴보도록 하겠습니다.

글로벌 경기가 원유 가격에 미치는 영향

188쪽의 그래프는 2000년부터 현재까지 약 24년의 기간 동안 다음 세 가지 주요 경제 지표의 상관관계를 보여줍니다.

1. **개인소비지출 물가지수**: 인플레이션을 반영하는 주요 지표.
2. **연방기금실효금리**: 미국 연방준비제도의 통화 정책을 나타냄.
3. **원유 가격(WTI)**: 국제 원유 시장의 가격 동향.

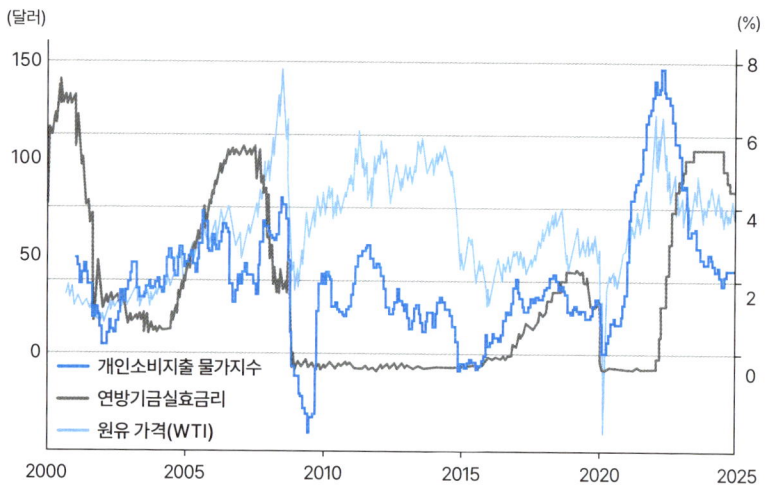

자료: FRED, 야후 파이낸스

2000~2008년: 신흥국의 성장과 글로벌 금융위기

원유 가격은 2000년대 초반부터 상승세를 보였으며, 2008년 글로벌 금융위기 이전에는 급격히 상승하다가 위기 발생 시 급락했습니다. 미국 물가는 원유 가격 상승과 함께 증가했으나, 금융위기 이후 폭락 후 마이너스 반전했습니다. 연방기금실효금리는 금융위기 전까지 점진적으로 상승했으나, 위기에 대응해 제로금리까지 급격히 내려갔습니다.

2000년대 초반부터 2008년 글로벌 금융위기 직전까지 세계 경제는 강력한 성장세를 보였고 이것이 유가 상승을 견인했습니다. 이 시기의 주요 경제적 특징과 원유 및 물가 상승의 원인을 살펴볼까요? 2000~2007년 동안 세계 GDP 성장률은 평균 3.7%로 높은 수준을 유지했습니다. 특히 중국과 인도 같은 신흥국들이 빠르게 성장하며 글로벌 경제의 주요 동력으로 부상했습니다. 중국의 경우, 산업화와 도시화가 급격히 진행되면서 에너지 수요가 폭발적으로 증가했고, 이는 원유 소비 증가로 이어졌습니다. 또, 중국이 15년간의 기나긴 협상을 마무리하고 WTO(세계무역기구)에 공식 가입한 것이 2001년 12월이었습니다. 중국의 WTO 가입은 중국 경제의 개방과 글로벌 통합을 가속화한 계기가 되었습니다. WTO 가입 이후 중국은 관세 인하, 수출입 규제 완화, 외국 기업의 시장 접근 확대 등 광범위한 경제 개혁을 단행했으며, 이는 글로벌 무역과 경제 성장에 큰 영향을 미쳤습니다.

미국 역시 저금리와 주택 시장 호황으로 인해 소비가 크게 증가했습니다. 이 시기 미국 소비는 세계 소비 증가의 약 3분의 1을 차지하며 글로벌 경제 성장에 기여했습니다. 그러나 이러한 성장은 서브프라임 모기지 대출과 같은 고위험 금융 상품에 의존한 측면이 있었고, 이는 금융위기의 씨앗이 되었습니다.

2000년대 초반부터 미국 달러화가 약세를 보이면서, 달러로 거래되는 원유 가격이 상승했습니다. 달러 인덱스는 2001년 중반 120 수준에서 2008년 금융위기 직전 75 수준으로 급락했습니다(190쪽 그래프 참조). 이 시기 원유 가격이 상승한 이유는 석유 수출국들이 달러 가치 하락을 보상받기 위해 더 높은 가격을 요구했기 때문입니다.

당시 원유 및 물가 상승의 주요 요인을 종합해보면 다음과 같습니다. 우선 수요는 증가했는데 공급에는 제약이 있었습니다. 앞서 설명했듯, 글로벌 경제 성장으로 인해 원유 수요는 꾸준히 증가했지만, 공

달러 인덱스 추이(2000~2011)

자료: 야후 파이낸스

급은 상대적으로 제한적이었습니다. 특히 '피크 오일Peak Oil' 이론에 따라 생산 능력이 한계에 도달했다는 우려가 제기되었고, 이는 가격 상승 압력을 가중시켰습니다.

이 당시 원유 시장에 팽배해 있던 투기 및 금융화도 큰 역할을 했습니다. 2000년대 중반부터 원유 시장에서 투기적 거래가 활발해지며 가격이 급등했고, 이 시기 투자자들이 원유를 실물 자산이 아닌 금융상품으로 취급하면서 '투기 거품'이 형성되었다는 분석도 있습니다.

정치적 불안정성도 원유 가격 상승의 빼놓을 수 없는 요인입니다. 2003년 3월에 시작된 이라크 전쟁은 4월에 바그다드가 함락되며 일단락되었지만 이후 이어진 중동 지역의 지정학적 긴장은 공급망 불안을 초래하며 원유 가격 상승에 기여했습니다.

원유 가격 상승은 물류비와 생산비를 증가시켜 전 세계적으로 물가 상승을 유발했습니다. 특히 2005~2008년 사이에는 유틸리티 비용과 주택 관련 비용도 급등하며 인플레이션을 가속화했습니다.

2010~2020년: 금융위기 이후부터 코로나19 팬데믹 전까지

2008년 글로벌 금융위기 이후, 세계 경제는 회복 과정에서 구조적 변화와 다양한 충격을 경험했습니다. 이 시기의 주요 경제적 특징과 원유 가격 변동 요인을 정리해보겠습니다.

금융위기 이후 세계 경제는 2010년부터 회복세를 보였으나, 성장률은 이전보다 낮은 수준에 머물렀습니다. 글로벌 GDP 성장률은 2010년에 약 4.5%로 반등했지만, 이후 연평균 2~3%대로 둔화되었습니다. 이 시기 선진국들은 금융위기의 여파로 소비와 투자가 위축되었고, 신흥국들은 상대적으로 빠르게 성장하며 세계 경제의 중심축으로 부상했습니다.

주요 중앙은행(특히 미국 연방준비제도)은 저금리 정책과 양적 완화를 통해 유동성을 공급하며 경제 회복을 지원했습니다. 그 덕분에 투자가 증가했지만 동시에 자산 가격에 거품이 생기기도 했습니다.

중국은 WTO에 가입한 2001년 이후 제조업과 무역 중심으로 고성장을 이어갔으며, 2010년에는 세계 2위의 경제 대국으로 부상했습니다. 이는 원유를 포함한 에너지 및 원자재 수요의 증가로 이어졌습니다.

이 시기 원유 가격 추이와 주요 요인을 살펴보겠습니다. 유가는 2010~2014년 동안 안정적 상승세를 나타냈습니다. 금융위기 이후 경기 회복과 신흥국의 에너지 수요 증가로 원유 가격은 2011년 배럴당 100달러 이상으로 상승했습니다. 또한 이 시기 중동 지역의 정치적 불안정(예: 아랍의 봄, 리비아 내전)과 석유수출국기구의 생산량 조정이 공급 측면에서 가격 상승을 부추겼습니다. 그러던 것이 2014년 들어 분위기가 급변합니다. 미국의 셰일 오일 혁명으로 원유 생산량이 급증하며, 미국이 세계 최대 산유국 중 하나로 부상했습니다. 이는 글로벌 공급 과잉을 초래했고, 2014년 이후 원유 가격은 급락해 배럴당 30달러까지 하락했습니다. 석유수출국기구는 시장 점유율 유지를 위해 감산 없이 생산량을 유지했으나, 이는 가격 하락을 더욱 심화시켰습니다.

배럴당 30달러대까지 폭락한 유가에 손을 든 OPEC+가 2016년에 감산 합의를 하며 공급을 조정하자 원유 가격은 서서히 반등했습니다. 그러나 2020년 코로나19 팬데믹으로 인해 글로벌 수요가 급감하며 유가는 다시 폭락했고, 일시적으로 WTI 원유 선물 가격이 -38달러를 기록하는 초유의 사태까지 발생했습니다(193쪽 그래프 참조).

이 시기 원유 가격 변동의 주요 영향 요인을 정리해보겠습니다. 우선 수요 측면에서, 금융위기 이후 세계 경제 성장 둔화와 코로나19 팬데믹은 원유 수요 감소의 주요 요인이었습니다. 특히 선진국에서 에너지 효율성 개선과 대체 에너지 확산이 장기적인 수요 감소를 가속화했습니다. 다른 한편으로 공급 측면에서, 셰일 오일 혁명으로 미국

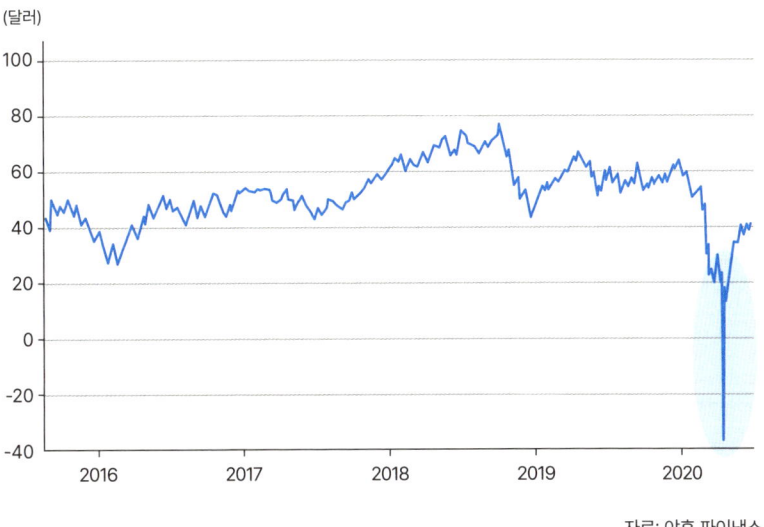

자료: 야후 파이낸스

의 생산량이 급증하며 전통적인 산유국의 시장 지배력이 약화했습니다. 여기에 더해 지정학적 리스크와 OPEC+의 감산 정책은 공급 조정에 중요한 역할을 했습니다.

2020~2025년: 코로나19 이후의 글로벌 경제와 원유

코로나19 팬데믹은 2020년 이후 글로벌 경제와 원유 시장에 심대한 영향을 미쳤습니다. 이 시기는 유례없는 경기 침체, 급격한 회복, 그리고 새로운 경제적 도전들이 이어진 시기로 평가됩니다.

2020년에는 팬데믹의 충격으로 글로벌 경제 성장률이 -3.5%를 기록하며 급락합니다. 제2차 세계대전 이후 최악의 경기 침체를 경험한 것입니다. 주요 원인은 말할 것도 없이 팬데믹으로 인한 전 세계적인 봉쇄 조치와 공급망 붕괴, 소비 및 투자 위축이었습니다.

당시 다양한 글로벌 산업 및 무역에 타격이 있었습니다. 특히 항공, 관광, 제조업 등 주요 산업이 큰 타격을 받았으며, 국제 무역은 약 5.3% 감소했습니다. 이와 같은 초유의 사태로 각국 정부는 대규모 재정 지출과 중앙은행의 저금리 및 양적 완화 정책을 통해 경제 붕괴를 막으려 했습니다. 그 덕분에 2021년 세계 경제는 약 5.9% 성장하며 반등했지만, 지역별 회복 속도는 불균형했습니다. 선진국은 백신 접종률이 증가하면서 경기도 빠르게 회복됐지만, 신흥국은 상대적으로 더딘 회복을 보였습니다. 그런데 팬데믹 이후 수요 급증과 공급망 병목 현상이 겹치며 글로벌 인플레이션이 가속화되었습니다. 이는 특히 에너지와 식료품 가격 상승으로 이어졌습니다.

2023년 이후가 되면서 세계 경제는 안정화되었지만, 성장률은 지금까지도 팬데믹 이전 수준을 밑돌고 있습니다. IMF는 2025년과 2026년 세계 성장률을 약 3.3%로 전망했습니다(2000~2019년 평균은 3.7%였습니다). 2022년 2월에 발발한 러시아-우크라이나 전쟁과 트럼프 1기 행정부부터 꾸준히 이어져온 미중 무역 갈등 같은 지정학적 긴장이 지속되며 글로벌 무역과 에너지 시장에 영향을 미쳤습니다.

이 시기 원유 가격 추이를 살펴볼까요? 2020년 팬데믹 초기, 봉쇄 조치로 인해 원유 수요가 하루 약 1,600만 배럴 감소하며 사상 최대 하락폭을 기록했습니다. 저장 공간 부족으로 인해 미국 WTI 원유 선물 가격이 2020년 4월 사상 처음으로 배럴당 -38달러까지 하락했다는 것은 이미 설명한 바 있습니다.

2021년 들어서 OPEC+가 생산량을 줄이며 시장 안정화를 시도하면서 브렌트유 가격은 2021년 말 80달러를 넘어섰습니다. 여기에 더해 백신 접종 확대로 이동 제한이 완화되면서 항공 연료와 운송 연료 수요도 반등했습니다.

2023년 이후부터 현재까지 원유 시장은 점진적으로 하향 안정 추세를 보이고 있습니다. 미국 셰일 오일 생산 증가와 비OPEC 국가들의 생산 확대가 공급 과잉 우려를 키웠고, 이에 따라 유가는 점진적으로 하락해, 브렌트유 기준 2025년 초 74달러 수준까지 안정화되었습니다. 이스라엘을 중심으로 한 중동 긴장과 OPEC+의 감산 연장은 단기적으로 유가 상승 요인으로 작용했으나, 장기적으로는 수요 둔화와 생산 증가가 가격 하락 압력을 더하고 있는 상황입니다.

원유 가격과 매크로 경제와의 연관성

원유는 생산 및 물류 비용의 주요 요소로, 가격 상승 시 인플레이션 압력을 가중시킵니다. 앞서 그래프에서도 원유 가격이 급등한 시기에 개인소비지출 물가지수도 동반 상승하는 경향이 뚜렷하게 나타납니다(188쪽 그래프 재참조).

연준의 기준금리는 경제 과열 및 인플레이션 억제를 위해 조정되며, 이는 원유 수요에도 영향을 미칩니다. 예를 들어 금리가 높아지면 경제 활동이 둔화되어 원유 수요가 줄어들고, 가격이 하락하는 경향이 있습니다.

역사적 경험으로 볼 때, 2008년 금융위기와 2020년의 코로나19 팬데믹 같은 주요 경제 충격은 원유 수요를 급감시키며 가격 폭락을 초래했습니다. 이후 경기 회복 국면에서는 수요 증가로 인해 다시 상승하는 패턴을 반복해왔습니다.

또한 중동 지역 갈등이나 OPEC+의 생산 조정 등 지정학적 리스크는 원유 공급에 직접적인 영향을 미쳐 가격 변동성을 확대하는 경향이 있습니다. 최근 들어 재생 가능 에너지와 전기차 확산은 장기적으로 원유 수요 감소를 유발할 가능성이 있습니다.

요약하면 원유 가격은 매크로 경제 지표와 밀접한 상관관계를 가지며, 여기에 더해 지정학적 요인 및 장기적 에너지 전환 정책도 유가에 큰 영향을 미칩니다. 원유 가격 변동은 인플레이션과 통화 정책에 큰 영향을 미칩니다.

구리, 경제의 건강 상태를 진단하는 지표

구리는 경기사이클과 가장 연관성이 높은 원자재로 알려져 있습니다. 왜냐하면 구리는 전기, 건설, 제조업 등 다양한 산업에서 필수적인 원자재로 사용하기 때문입니다. 구리 가격은 경기 확장기에 상승하고 침체기에 하락하며 전반적인 경제 활동을 반영합니다. 따라서 '닥터 카퍼'라는 별명처럼 구리 가격은 경제 건강 상태를 진단하는 지표로

자료: FRED, 야후 파이낸스

여겨집니다.

위의 그래프는 다음 세 가지 주요 경제 지표를 비교하고 있습니다.

- 개인소비지출 물가지수: 미국의 인플레이션을 나타내는 주요 지표로, 소비자 물가 상승률을 반영.
- 연방기금실효금리: 미국 연방준비제도의 통화 정책을 나타내며, 금리가 높아지면 경제 활동이 둔화됨.
- 구리 가격: 구리는 산업 활동의 척도로 여겨지며, 글로벌 경기 사이클과 밀접한 관계를 가짐.

2000~2008년: 상승하던 구리 가격 금융위기로 급락

이 기간 동안 구리 가격은 꾸준히 상승했으며, 이는 앞에서 살펴본 원유와 마찬가지로 신흥국(특히 중국)의 급격한 산업화와 도시화로 인한 수요 증가가 주요 원인이었습니다. 이 시기 미국 연방기금실효금리는 점진적으로 상승하며 긴축적 통화 정책 모드였습니다만, 강한 글로벌 경제 성장세가 구리 가격의 상승을 지지했습니다. 그러나 2008년 금융위기로 인해 글로벌 수요가 급감하면서 구리 가격은 급락했습니다. 이는 경기 침체기에 산업 활동이 둔화하면서 발생한 결과입니다.

2009~2014년: 중국 경제에 의해 좌우된 구리 가격

금융위기 직후 미국의 인플레이션(PCE 지수)은 마이너스 영역으로 급락했고 2009년 말이 되어서야 2% 수준을 회복했지만, 구리 가격은 2008년 말부터 급반등을 시작했습니다. 그 이유는 중국, 인도 등 신흥국의 경제 성장으로 구리 소비가 크게 증가했기 때문이었습니다. 특히 중국은 2008년 말 약 4조 위안(약 800조 원) 규모의 경기부양책을 발표했고 이 자금이 대부분 인프라 건설에 투자되어 철강, 시멘트, 구리 등 원자재 수요를 폭발적으로 증가시켰습니다. 당시 중국은 세계 구리 소비의 약 40%를 차지하며 글로벌 수요 회복을 주도했습니다.

여기에 더해 금융위기 대응을 위한 연준의 제로금리 정책과 양적완화로 달러 약세가 연출되자, 달러로 거래되는 구리가 상대적으로 저렴해져 국제 수요를 자극한 것도 큰 요인 중 하나였습니다. 이것이 무슨 말일까요? 국제 원자재 시장에서 구리는 주로 달러화로 거래됩니다. 달러화가 약해지면, 다른 통화를 사용하는 국가들(예: 유럽, 일본, 중국 등)은 더 적은 비용으로 구리를 구매할 수 있게 됩니다. 이는 마치 이들 국가에 구리가 '할인'된 것과 같은 효과를 주기에 구리의 수요를 자극합니다. 따라서 일반적으로 달러와 구리 가격은 역의 상관관계를 가집니다. 이것은 국제 시장에서 달러로 결제되는 원유에서도 마찬가지입니다.

또, 원자재 시장의 금융화Financialization도 중요한 역할을 했습니다. 금융위기 이후 투자자들은 구리를 '투자 상품'으로 간주하기 시작했으며, 이는 선물 시장에서 투기적 거래를 증가시켰습니다. 원자재 시장의 금융화는 선물 거래량 증가와 함께 가격 변동성을 확대시키며 구리 가격 상승에 기여했습니다. 투자자들은 원자재를 포트폴리오 다각화 수단으로 활용했고, 이는 추가적인 자금 유입을 초래했습니다.

마지막으로 구리의 주요 생산국인 칠레와 페루에서의 생산 차질(예: 파업 또는 정치적 불안정)이 발생해 단기적인 공급 부족을 초래하며 이 당시 가격 상승 요인으로 작용했습니다.

그러나 급반등했던 구리 가격은 2011년 초 정점을 찍고 이후부터 점점 하향 안정화 과정을 거치게 됩니다. 그 이유는 중국의 성장 둔화와 공급 과잉 우려 때문이었습니다.

2015~2020년: 중국의 성장 둔화와 미중 무역 전쟁으로 하락 가속화

2015년부터 2020년까지 구리 가격은 글로벌 경제의 변동성, 특히 중국의 경제 성장 둔화와 미중 무역 전쟁 등 다양한 요인으로 인해 하락세를 보였습니다. 2015년 이후 중국의 고도 성장이 둔화되자 구리와 같은 산업 원자재의 수요 감소로 이어졌습니다. 특히 중국 부동산 시장의 둔화와 인프라 투자 감소는 구리 소비에 직접적인 영향을 미쳤습니다. 게다가 2016년 초, 중국 증시 폭락과 경제 불확실성은 구리 가격을 톤당 2달러 이하로 떨어뜨렸습니다. 이는 7년 만에 최저치였으며, 글로벌 구리 시장에 충격을 주었습니다.

2018년부터 시작된 미중 무역 전쟁은 글로벌 경제 성장 둔화를 초래했고, 이는 구리에 대한 수요를 약화시켰습니다. 미국이 중국산 제품에 관세를 부과하면서 양국 간 교역이 위축되었고, 이는 제조업 활동 감소로 이어졌습니다. 이와 같은 무역 전쟁으로 인해 투자자들은 구리와 같은 위험 자산에서 자금을 회수하며 가격 하락을 가속화했습니다.

또한 이전까지 생산에 차질을 보였던 칠레와 페루 등 주요 생산국의 생산 증가 역시 이 시기 구리 가격 하락의 원인으로 꼽을 수 있습니다. 칠레와 페루는 전 세계 구리 생산량의 약 40%를 차지하며, 이들 국가에서의 생산 증가는 글로벌 공급 과잉 문제를 심화시켰습니다.

2020~2025년: 연준의 통화 정책으로 역사적 고점 형성

코로나 팬데믹 초기에는 글로벌 봉쇄 조치로 인해 산업 활동이 중단되면서 구리 수요가 급감했고, 가격은 급락했으나, 각국 정부가 대규모 경기 부양책을 발표하면서 구리 가격은 빠르게 반등하기 시작했습니다. 여기에 더해 팬데믹 이후 전기차와 재생 가능 에너지 기술 확산으로 인해 장기적인 구리 수요 전망이 긍정적으로 평가되었습니다. 이는 가격 상승에 기여한 주요 요인이었습니다.

이 시기 연준의 통화 정책 변화는 구리 가격 변동성에 영향을 주었습니다. 팬데믹 초기, 연준이 금리를 제로 수준으로 낮추고 양적 완화를 통해 유동성을 공급하자 구리 가격은 급등했습니다. 그러나 이후 연준이 인플레이션 억제를 위해 금리를 다시 인상하기 시작하자 가격도 급락했습니다. 현재 구리 가격은 연준의 금리 인하 예상과 대규모 AI 인프라 투자에 대한 기대감으로 역사적 고점을 형성하고 있습니다.

지난 20여 년 동안의 구리 가격 역사를 되돌아보면 구리 시장에 가장 크게 영향을 미친 요인은 뭐니 뭐니 해도 중국의 경제 성장입니다. 중국은 세계 최대 구리 소비국으로, 2000년대 초반부터 산업화와 도시화로 인해 구리 수요가 폭발적으로 증가했습니다. 그러나 2014년 이후 중국의 성장 둔화와 부동산 시장 위축은 구리 가격 하락 요인으로 작용했습니다.

연준의 통화 정책과 구리 가격의 관계도 눈여겨볼 만합니다. 금리가 상승하면 대출 비용이 증가하고 기업 투자 및 소비가 둔화되며, 이는 구리를 포함한 원자재 수요 감소로 이어질 수 있습니다. 금리가 하락하면 그 반대의 현상이 벌어질 수 있습니다. 예를 들어 2022~2023년 연준이 금리를 급격히 인상하면서 글로벌 경기 둔화 우려가 커졌고, 이는 구리 가격이 급락한 원인이 되었습니다.

일반적으로 소비자 물가와 구리 가격은 동행하는 모습을 보입니다. 원자재가 생산 비용의 중요한 부분을 차지하기 때문에 국제 원자재 가격의 상승은 물가 상승을 부추기기 때문입니다. 그러나 최근 2~3년간 소비자 물가 상승률은 하락했는데 구리 가격은 역사적 고점을 형성하고 있습니다. 이는 향후 재생 가능 에너지 및 전기차 확산, 그리고 대규모 AI 인프라 확대에 따른 구리 수요 증가 예상에 기인한 바가 큽니다. 전기차와 태양광 및 풍력 발전 같은 재생 가능 에너지 기술은 대량의 구리를 필요로 합니다. 또한 대규모 AI 인프라에 필요한 데이터 센터 구축과 전력 설비에도 구리가 대량으로 요구됩니다. 이로 인해 최근 몇 년 동안 구리에 대한 장기적인 수요 전망이 긍정적으로 평가되고 있습니다.

공급 측면도 무시할 수 없습니다. 칠레와 페루 같은 주요 생산국에서의 공급 차질은 종종 단기적인 공급 부족을 초래하며 가격 상승을 유발했습니다. 러시아-우크라이나 전쟁과 같은 글로벌 지정학적 사건 역시 원자재 시장에 불확실성을 추가하며 가격 변동성을 확대시켰습니다.

결론적으로 구리는 글로벌 경기 사이클과 매우 밀접하게 연결된 원자재로, 산업 활동 수준과 통화 정책 변화에 민감하게 반응합니다. 특히 최근 몇 년 동안 재생 가능 에너지와 전기차 확산으로 인해 장기적인 수요 전망이 긍정적이며, 이는 향후 구리 시장의 중요한 변수로 작용할 것입니다.

금 가격,
경제 불확실성의 바로미터

금은 전통적으로 안전 자산으로 여겨지며, 경제적 불확실성과 글로벌 리스크가 높아질 때 투자자들이 선호하는 자산입니다. 금 가격은 다양한 매크로 경제적, 금융적, 그리고 지정학적 요인들에 의해 영향을 받습니다. 금 가격 변동에 영향을 미치는 주요 요인들에는 무엇이 있을까요? 지금부터 하나씩 정리해 보겠습니다.

경제 위기나 경기 침체 등 금융 시장 변동성이 높아질 때 금은 안전 도피처로 인식되어 자금이 몰립니다. 2022년 러시아-우크라이나 전쟁과 글로벌 인플레이션 우려도 금 가격을 상승시킨 주요 요인이었습니다. 이와 같이 전쟁, 테러, 정치적 불안정 등은 금 수요를 증가시킵니다.

연준의 통화 정책과 금리도 금 가격에 영향을 끼칩니다. 왜 그럴까요? 이를 알아보기 위해 투자 대상으로서의 금의 특징을 먼저 살펴보죠. 우선 금은 대표적인 무수익 자산 Non-Yielding Asset 입니다. 무수익 자산이란 이자, 배당, 현금 흐름을 창출하지 않는 자산을 의미합니다. 반면 채권은 이자를 지급하고, 주식은 배당을 제공할 수 있기 때문에 수익 창출 자산 yielding asset 으로 분류됩니다. 무수익 자산인 금을 보유하면 수익 창출 자산에 투자했을 때 얻을 수 있는 기회비용을 날리게 됩니다. 그렇기에 금리가 높으면 투자처로서의 매력이 떨어집니다. 하지만 반대로 실질 금리가 낮거나 경제가 하락기 때는 상대적으로 매력적인

연방기금 선물 금리와 금 가격 비교

자료: CME Group

투자처가 됩니다. 따라서 연준이 금리를 인상하면 금 보유 시의 기회비용이 증가해 금 가격에 하락 압력을 가합니다. 반대로 금리가 낮아지면 금 가격 상승을 유도합니다.

위의 그래프는 미국 연방기금 선물(2년 만기) 금리 전망과 금 가격의 추이를 함께 나타낸 것입니다. 회색 선은 투자자들이 2년 후의 연방기금실효금리를 예상한 값이고 파란 선은 금 가격 USD/Troy ounce 입니다. 이 그래프는 연방기금실효금리 전망치와 금 가격이 대체로 반대로 움직이는 경향을 보여줍니다. 이는 설명했듯, 금리가 높아지면 이자를 창출하지 못하는 금의 매력이 감소하고, 반대로 금리가 낮아지면 안전 자산으로서 금의 매력이 증가하기 때문입니다. 좀 더 살펴볼까요? 그래프를 보면 2020년 팬데믹 초기와 2022년 초 러시아-우크라이나 전쟁 시기에는 경제 불확실성 증가로 인해 금 가격이 급등한 것을 볼 수 있습니다. 경제 위기나 지정학적 불안정 시기에 위험 회피처로서의 금의 특성을 극명히 보여주는 차트입니다.

금은 달러로 거래되기 때문에 달러 가치와 역의 상관관계를 가집니다. 즉, 달러가 강세일 때 금 가격은 하락하고, 달러가 약세일 때는 금 가격이 상승합니다. 이는 앞서 살펴봤듯 국제 시장에서 달러로 거래되는 모든 원자재들의 공통적인 특징입니다. 그렇기에 2020년 팬데믹 초기 연준의 양적 완화와 저금리 정책으로 인한 달러 약세도 금 가격 급등에 한몫했습니다.

또, 금은 가치 저장의 수단으로서 대표적인 인플레이션 헤지 역할을 합니다. 물가 상승률이 높아지면 화폐 가치가 하락하기 때문에 투자자들은 자산 가치를 보존하기 위해 금을 선택합니다. 최근 몇 년간 인플레이션은 점차 안정화되고 있지만, 여전히 금 가격은 상승세를 유지하고 있습니다. 이는 지정학적 리스크의 증가에 따라 중국, 러시아 등 미국의 제재를 받는 국가들의 중앙은행들이 달러 의존을 벗어나기 위한 방편의 하나로 미국 국채 대신 금 보유를 늘리면서 발생하는 현상입니다. 또한 트럼프 2기 행정부 들어 높아지는 미국의 인플레이션 압력 또한 국제 금 가격 상승에 이바지하고 있습니다.

근래의 원자재 시장의 금융화는 금 시장에서도 동일하게 발생하고 있습니다. SPDR 골드셰어스 SPDR Gold Shares 같은 금 ETF는 투자자들이 쉽게 접근할 수 있는 금융 상품으로, 시장에서 개인과 헤지펀드들의 금 투자 수요를 크게 확대시켰습니다. 그러나 이들 개인과 헤지펀드, 기타 기관투자자들은 시장 상황에 따라 단기적으로 금을 투기적 자산으로 활용하며 가격 변동성을 키우는 부작용도 초래하고 있습니다.

원자재 가격에 대한 중앙은행의 대응

원자재 가격 상승은 물가 상승으로 이어져 통화 정책에 직접적인 영향을 미칩니다. 코로나19 이후 대부분의 원자재 가격이 위기 이전 수준을 회복하거나 상회하고 있습니다. 원자재 가격의 추세적 상승은 소비자 물가를 크게, 지속적으로 상승시키는 경향이 있습니다.

원자재 가격 상승과 같은 공급 충격은 중앙은행에 특별한 도전을 제시합니다. 일반적으로 공급 충격은 인플레이션 상승과 경제 성장 둔화를 동시에 가져오므로, 물가 안정과 경기 안정이라는 두 정책 목표가 상충하는 딜레마 상황이 발생합니다. 따라서 원자재 가격 상승으로 인한 인플레이션에 대한 중앙은행의 대응은 복잡한 과정을 거칩니다.

1970년대 석유 파동 당시에는 중앙은행들이 경제 성장을 유지하기 위해 완화적 통화 정책으로 대응함으로써 스태그플레이션을 악화시켰습니다. 이때의 교훈을 바탕으로, 현대 중앙은행들은 인플레이션 통제를 우선시하는 접근법을 채택하고 있습니다. 원유를 비롯한 원자재 가격이 급등하면 시장은 앞으로 물가가 오를 것이라고 생각하게 마련입니다. 이러한 인플레이션 기대는 경기를 꺼뜨릴 수 있습니다. 또한 기대 인플레이션이 안정적으로 유지되지 않으면, 가격-임금 악순환wage-price spiral(물가가 오르면 근로자들의 임금 인상 요구에 의해 임금이 따라 오르고, 올라간 임금 때문에 다시 물가가 오르는 악순환)이 발생해 인플레이션이 지속되고 중앙은행이 더 강력한 금리 인상으로 대응해야 하는 상황이 올 수 있습니다.

이와 같이, 중앙은행이 인플레이션 기대 심리를 안정시키지 못하면, 장기적으로 더 큰 경제적 손실이 발생할 수 있습니다. 따라서 연준은 장기적인 인플레이션 목표(2% 내외)를 반복적으로 강조하고, 점도표를 통해 미래의 금리 전망을 시각적으로 보여주는 등의 다양한 포워드 가이던스를 통해 시장의 기대 인플레이션을 안정시키려고 노력합니다. 아울러 연준은 단기적 부작용의 우려에도 불구하고 인플레이션 기대를 잡고 장기적인 물가 안정 목표를 달성하기 위해 금리를 인상해야 할 유인을 가지게 됩니다.

최근 원자재 시장에서 주목할 만한 변화는 원자재 가격과 달러화 가치 간의 관계 변화입니다. 앞서 몇 차례 설명한 바와 같이, 역사적으로 원유 등의 원자재 가격과 달러화 가치는 음의 상관관계를 보였습니다. 따라서, 원자재 가격이 올라도 달러화가 절하되면서 수입국 입장에서는 가격 상승 폭이 완화되는 완충 효과가 존재했습니다.

그러나 코로나19 이후 이 관계가 무너졌습니다. BIS 연구에 따르면, 과거의 모델로는 2020년 말부터 2022년 9월까지 원자재 가격 상승에 따라 달러화가 약 7% 절하되어야 했으나, 실제로는 반대로 20% 가까이 상승했습니다. 이러한 변화의 주요 원인은 미국이 과거 원자재 순수입국에서 최근 '셰일 오일 붐' 등으로 순수출국으로 전환된 것입니다.

이러한 현상은 한국과 같은 원자재 수입국에 더욱 심각한 인플레이션 압력으로 작용합니다. 예를 들어 유가가 10% 상승하고 달러화가 다른 모든 통화 대비 10% 절상되면, 자국 통화로 측정한 유가가 약 20% 상승한 효과를 체감하게 됩니다. 이와 같은 원자재 가격과 달러 강세의 동반 현상은 중앙은행이 정책을 수립할 때 고려해야 할 새로운 도전 요소입니다. 특히 원자재 수입 의존도가 높은, 소규모 개방 경제인 한국과 같은 국가들은 이러한 복합적 요인들을 고려한 정교한 통화 정책 대응이 요구됩니다.

결론적으로 원자재 가격은 글로벌 경제의 건강 상태를 반영하는 중요한 지표이며, 인플레이션과 경제 성장에 직접적인 영향을 미치는 핵심 변수입니다. 그렇기에 투자자와 기업 경영자들은 원자재 가격의 동향뿐만 아니라 이에 대한 중앙은행의 대응 방식까지 주의 깊게 모니터링해야 합니다. 원자재 가격 변동이 인플레이션과 경제 성장에 미치는 직접적 영향과 함께, 중앙은행의 정책 대응이 금융 시장과 실물경제에 미치는 2차적 영향까지 종합적으로 고려할 때 더 효과적인 의사결정이 가능해질 것입니다.

금리 변화가
부동산 시장에 미치는 파급 효과

부동산 시장은 금리 변화에 민감하게 반응하는 자산군으로, 금리 정책은 주택 구매력, 투자 심리, 건설 비용 등 다양한 요소에 영향을 미칩니다. 지금부터는 통화 정책과 부동산의 관계에 대해 살펴보겠습니다.

금리 변화가 부동산 시장에 미치는 영향

금리가 하락하면 모기지 이자율이 낮아져 주택 구매력이 증가하며, 이는 거래량 및 가격 상승 압력으로 이어집니다. 예를 들어 2008년 금융위기 이후 연준의 제로금리 정책은 부동산 시장 회복을 촉진하는 데 중요한 역할을 했습니다. 다만 210쪽의 그래프에서 보듯, 연준의 제로금리 정책과 미국 주택가격지수의 반등에는 몇 년의 시차가 존재합니다. 이는 낮아진 금리가 실제 원자재 가격과 인건비 등 건설 원가에 영향을 미치기 위해서는 시간이 필요하기 때문입니다.

다른 한편, 연준의 공격적인 금리 인상(2022~2023년)은 30년 고정 모기지 금리를 급격히 상승시켰습니다. 2021년 초 약 2.6%였던 모기지 금리(30년 만기, 고정금리)는 2023년 가을 7% 이상으로 급등했고, 2025년 2월 현재도 6% 후반의 높은 수준을 유지하고 있습니다.

이와 같이 높아진 모기지 금리는 월별 모기지 상환액을 크게 증가시켜 주택 구매력을 약화시키며, 특히 첫 주택 구매자들에게 큰 부담

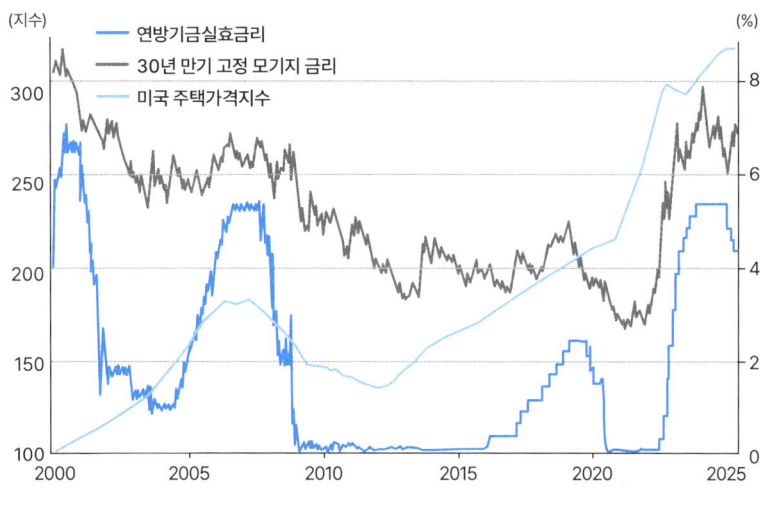

자료: FRED, 야후 파이낸스

을 줍니다. 2022년 이후 높은 금리는 주택 수요를 억제하며 일부 지역에서는 주택 가격 상승세가 둔화되거나 하락세로 전환되었습니다. 또한 미국 내 주요 도시(예: 샌프란시스코, 시애틀)에서는 거래량 감소와 함께 평균 주택 가격이 하락한 사례가 보고되었습니다.

실제 위의 그래프에서 미국 주택가격지수의 추이를 보면, 2020년 코로나 대응을 위해 연준이 금리를 0% 수준으로 낮추자 주택가격지수의 기울기가 급등한 것을 볼 수 있습니다. 그러나 2022년부터 연준이 기준금리를 급격히 올리자 주택가격지수는 하락반전 후, 완만히 올라가며 이전의 급격한 성장세가 둔화된 모습을 보여주고 있습니다.

한 가지, 최근 들어 미국 주택 시장에 드러나고 있는 현상은 금리 인상만으로는 해결할 수 없는 구조적 공급 부족 문제입니다. 최근 미국의 건설업체들은 높은 원자재 가격과 인건비 상승으로 인해 신규 주택 건설을 줄이고 있으며, 이는 공급 부족을 더욱 악화시키고 있습니다. 사실 이 문제는 지난 2024년 미국 대선 캠페인 기간 양당의 후보들이 반복해서 강조했던 문제였습니다. 당시 공화당과 민주당 양당의 대선 후보들은 모두 미국의 고질적인 적정 가격 주택^{Affordable House} 부족 문제를 거론하며 해결을 약속했지만 이러한 공급 부족 문제가 해결되지 않는다면 연준의 통화 정책만으로 주택 가격을 잡기에는 한계가 있어 보입니다.

상업용 부동산과 경기 사이클

오피스, 리테일 등 상업용 부동산은 주택과는 또 다른 요인에 의해 움직입니다. 자세히 살펴볼까요? 팬데믹 이후 원격 근무가 확산되며 오피스 부동산 수요가 감소했습니다. 또한 높은 금리는 오피스 건물 소유주들에게 자금 조달 비용을 증가시키며, 공실률 상승과 함께 자산 가치 하락을 초래했습니다.

리테일 부문은 전자상거래 확대로 인해 전통적인 상업용 공간 수요가 감소했지만, 물류센터와 창고는 꾸준한 수요를 유지하고 있습니다. 특히 최근 AI 인프라에 대한 대규모 투자로 데이터 센터 건설이 급증하고 있어 이와 관련된 부동산도 꾸준한 상승세를 타고 있습니다.

금리와 상업용 부동산의 관계는 주택과 마찬가지입니다. 일반적으로 높은 금리는 자본 유동성을 축소시켜 상업용 부동산 투자에 부담을 줍니다. 반면 경기 회복 국면에서는 자본 유입이 증가하며 상업용 부동산 가치가 상승할 가능성이 큽니다.

부동산 시장의 거시경제적 연계성: 원자재와 환율

앞서 살펴본 원자재 가격은 부동산 시장과 긴밀하게 연결되어 있습니다. 원자재 가격 상승은 건설 비용을 높이며 신규 주택 공급에 부담을 줍니다. 팬데믹 기간에 목재 가격은 약 300% 이상 상승했고 철강 가격 역시 2021년 중반까지 급등하면서 상업용과 주거용 건설 프로젝트가 지연되거나 축소되었습니다. 이는 구조적 공급 부족 문제를 심화시키며 주택 가격 상승에 압력을 가했습니다.

환율 변동도 글로벌 부동산 시장에 영향을 미칩니다. 달러 강세는 외국인 투자자들에게 미국 부동산 투자를 더 비싸게 만들어 수요를 억제할 수 있습니다. 예를 들어 엔화나 유로화 가치가 약세를 보일 경우 해당 통화를 사용하는 투자자들은 미국 내 자산을 구매하는 데 더 많은 비용을 지불해야 합니다. 실제로 2022년 중국 및 유럽 투자자들의 미국 상업용 부동산 구매 규모가 전년 대비 약 20% 감소했는데 그 원인을 달러 강세 때문으로 보고 있습니다.

금리 변화는 부동산 시장에 다각도로 영향을 미치며, 특히 모기지 금리와 투자 심리에 직접적인 영향을 줍니다. 높은 금리는 주택 구매력을 약화시키고 거래량 감소 및 가격 둔화를 초래하지만, 구조적 공급 부족 문제는 여전히 해결되지 않은 과제로 남아 있습니다.

또한 원자재 가격과 달러와 같은 매크로 요인도 부동산 시장에 중요한 변수로 작용합니다. 따라서 투자자들은 부동산 시장에 접근할 때, 통화 정책 변화뿐만 아니라 글로벌 경제 및 금융 환경을 종합적으로 고려해야 합니다.

결론:
원자재와 부동산, 경제의 체온계

원자재와 부동산 시장은 단순한 투자 대상이 아닙니다. 이들은 글로벌 경제의 체온과 혈압을 측정하는 정밀한 도구와도 같습니다. 원자재 가격의 움직임은 세계 경제의 활력을 보여주고, 부동산 시장의 변화는 원자재 시장의 흐름과 연결되어 금융 정책의 효과를 직접적으로 반영합니다.

"원자재와 부동산을 읽으면 경제의 미래가 보인다."

연준과 같은 중앙은행에 있어서 원자재와 부동산 시장은 글로벌 경제의 건강 상태를 반영하는 중요한 지표이며, 통화 정책 결정에 중요한 요소로 작용합니다. 이 두 시장의 동향은 단순한 개별 시장의 변화가 아니라, 글로벌 경제의 현재 상태와 미래 방향성을 가늠할 수 있는 중요한 지표로 활용될 수 있습니다. 따라서 투자자와 정책 입안자들은 이러한 복잡한 상호작용을 이해하고, 원자재와 부동산 시장의 동향을 주의 깊게 모니터링하며 투자와 경제 분석에 활용해야 합니다.

The Fed's way of thinking

← 4부 →

동역학과 피드백 루프

The Fed's way of thinking

실물경제-정책-시장 간 상호작용 이해하기

08

경제는 단순히 실물경제, 정책, 금융 시장이라는 세 개의 독립된 축으로 구성되는 것이 아닙니다. 이들은 서로 얽히고설킨 복잡한 피드백 루프를 통해 끊임없이 상호작용하며, 그 결과는 우리가 매일 목격하는 시장의 움직임과 경제 변화로 나타납니다.

이 장에서는 실물경제 → 연준 정책 → 금융 시장으로 이어지는 기본 흐름뿐 아니라, 금융 시장이 다시 연준 정책이나 실물경제에 피드백을 주는 역동적인 상호작용을 금융 경제 기사와 사례를 중심으로 구체적으로 살펴보겠습니다. 이를 살펴보기에 앞서 이들 세 축 간의 일반적인 상호작용을 간략히 정리하고 넘어가도록 하겠습니다.

시장의 상호작용이
실물경제와 정책에 미치는 피드백 효과

금융 시장(주식, 채권, 외환)은 서로 긴밀하게 연결되어 있습니다. 금리 상승 시 채권 수익률이 올라가고 주식 시장은 하락 압력을 받으며, 경기 침체 우려 시에는 안전 자산인 채권으로 자금이 이동합니다. 미국의 금리 상승은 달러 강세를 유발하고 신흥국의 자본 유출을 초래할 수 있습니다.

원자재와 부동산 시장도 금융 시장과 상호작용합니다. 원유 가격 상승은 기업 이익 감소로 이어져 주식 시장에 부정적 영향을 미치고, 글로벌 불확실성이 증가하면 금 가격이 상승합니다. 금리 인상은 모기지 금리 상승을 통해 부동산 시장을 약화하고, 이는 건설업 위축과 금융기관 리스크 증가로 연결됩니다.

이러한 금융 시장의 움직임은 단순히 연준 정책의 결과로 끝나지 않습니다. 그것은 다시 실물경제와 정책 결정에 피드백을 제공하며, 새로운 상호작용을 형성하게 됩니다.

금융 시장의 피드백 메커니즘

주식 시장 하락은 가계의 '부의 효과' 감소를 유발해 소비 위축으로 이어집니다. 예를 들어 장기적인 주식 시장 침체는 가계의 금융 자산 가치 감소로 소비 지출을 위축시키며, 이는 역자산 효과 Negative Wealth Effects를 통해 경기 둔화를 가속화할 수 있습니다.

또한 채권 가격 하락에 따른 채권 수익률 급등은 기업의 차입 비용을 상승시켜 투자 및 생산 활동을 억제합니다. 시장 금리가 상승하면, 이는 기업의 자금 조달 비용 증가로 이어집니다. 기업 수익성을 갉아먹고 산업 활동에 악영향을 끼치게 됩니다. 이와 같이 주식, 채권 등 금융 시장은 단순히 실물경제를 반영하는 데 머물지 않고, 경제와 산업의 펀더멘털에 직접적인 영향을 미칩니다.

정책 결정에 대한 시장 신호

금융 시장의 움직임은 연준의 정책 결정에 다시 영향을 끼칠 수 있습니다. 예를 들어 자산 버블 형성 시 시장의 과도한 상승 압력은 중앙은행의 긴축 정책을 촉발합니다. 또한 신흥국 외환위기나 채권 시장 불안은 연준의 완화적 정책 지속을 유발할 수 있습니다. 예를 들어 2013년 테이퍼 텐트럼[•] 당시 신흥국 통화 약세와 자본 유출은 연준의 긴축 정책 조정 압력을 가중시켰습니다.

이러한 다양한 실물경제-연준 정책-시장의 다양하고도 복잡한 메커니즘에 대한 이해를 바탕으로 이제 사례 분석을 통해 그 실체를 조금 더 자세히 들여다보도록 하겠습니다.

사례 분석 1

2025년 1월 CPI 상승: 연준의 긴축기조와 금융 시장에 미치는 영향

- "Inflation Heated Up in January, Freezing the Fed- Consumer prices rose 3%, as fight against inflation continues to face headwinds"(The Wall Street Journal, Feb. 12, 2025).

"1월 인플레이션 가속화, 연준 정책 동결 - 소비자 물가 3% 상승, 인플레이션과의 싸움이 계속해서 역풍에 직면"((월스트리트저널), 2025년 2월 12일).

경제학 플러스

테이퍼 텐트럼(Taper Tantrum)이란?

2013년 중순 연준의 벤 버냉키 의장이 양적 완화 축소(테이퍼링) 가능성을 시사하자, 미국 10년물 장기채 금리는 100bp(1%포인트) 급등했고, 인도 루피, 인도네시아 루피아, 브라질 헤알 등 신흥국 통화는 급락하며 이들 국가의 외환 보유고 감소와 자본 유출이 본격화되었습니다. 테이퍼 텐트럼은 이와 같이 중앙은행의 양적 완화 축소(테이퍼링) 발표나 시사로 인해 금융 시장이 급격한 충격을 받는 현상을 의미합니다. 예를 들어 투자자들이 갑작스럽게 자금을 회수하고, 신흥국 통화 가치와 증시가 급락하며, 채권 금리가 급등하고 금융 시장의 변동성이 확대됩니다.

2013년의 테이퍼 텐트럼은 신흥국 자본 유출, 글로벌 금융 시장 불안정, 경제 회복 둔화 우려 등 신흥국 금융 시장의 취약성이 노출된 사례로, 이런 충격은 단지 신흥국뿐만 아니라 미국 경제 성장에도 부정적 영향을 미칠 수 있다는 우려를 자아냈습니다. 2013년의 테이퍼링 사건은 이후 연준이 긴축 속도 조절 시 글로벌 파급 효과를 고려해야 한다는 정책적 교훈을 남겼고, 현재까지도 신흥국 중앙은행들이 외환 보유고 확충과 자본 유출 방지 장치 마련에 집중하는 배경이 되고 있습니다. 아울러 최근 중앙은행들은 2013년의 경험을 바탕으로 정책 커뮤니케이션을 개선하고 글로벌 정책 조율을 강화하고 있습니다.

2025년 1월 소비자물가지수는 예상보다 높은 상승을 기록했습니다. 2025년 1월 소비자물가지수는 전월 대비 0.5% 상승하며, 연간 기준으로는 3.0% 증가해 시장 예상을 초과했습니다(예상치: 0.3%). 근원 소비자물가지수(식품 및 에너지 제외)는 월간 0.4%, 연간 3.3% 상승하며 지속적인 인플레이션 압력을 보여주었습니다.

224쪽 그래프를 보면 2022년 9%에 육박하던 헤드라인 물가지수가 연준의 강력한 긴축 정책으로 다시 2~3% 수준으로 돌아온 것을 볼 수 있습니다. 그러나 최근 몇 달간 하락세를 멈추고 다시 상승 중이고 근원 물가지수는 여전히 3%대에서 내려올 생각을 하지 않고 있습니다. 목표 물가지수인 2%까지 마지막 1마일Last 1 mile을 남겨두고 더 내려가지 못 하고 있는 상황이 몇 달째 계속되고 있습니다.

1월 물가 상승의 주요 요인은 식품 및 에너지 가격 급등이었습니다. 조류 독감으로 인한 달걀 가격 급등(15.2%)과 에너지 비용 상승(1.8%)이 전체 물가 상승의 큰 부분을 차지했습니다. 여기에 중고차 가격과 자동차 보험료가 계속 상승하며 근원 물가를 끌어올렸습니다. 주거비는 여전히 높은 수준이지만, 상승세는 다소 둔화되었습니다. 이는 물가 압력이 상품 및 서비스 전반으로 확산되고 있음을 시사합니다.

금융 시장은 곧바로 반응했습니다. 다우존스와 S&P500 지수는 각각 1% 이상 하락하며 투자자들의 우려를 반영했고, 연준의 금리 인하 가능성이 낮아지면서 10년 만기 국채 금리가 상승했습니다.

연준은 여전히 물가 목표치인 2%에 도달하지 못했으며, 이번 소비자물가지수 데이터는 긴축 정책을 유지할 필요성을 강화했습니다. 제

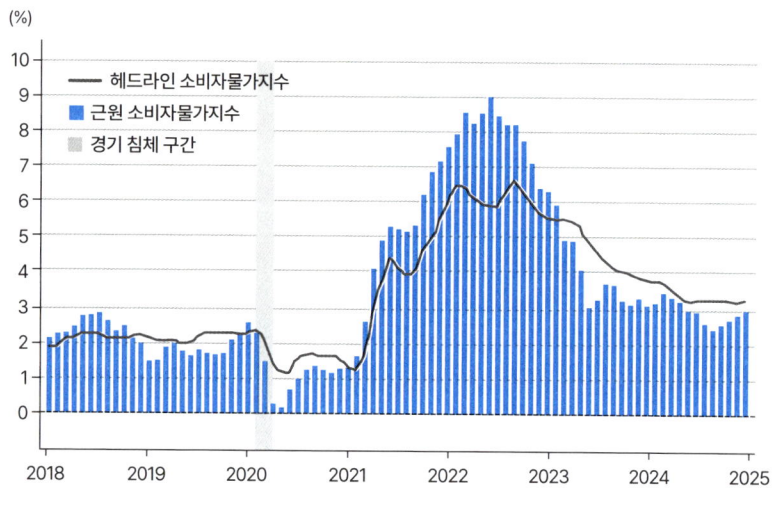

자료: 미국 노동부, 노동통계청

롬 파월 연준 의장은 "실질적인 인플레이션 감소 또는 노동 시장 약화 신호가 나타나기 전까지는 정책 변경이 없을 것"이라고 밝혔습니다. 일부 전문가들은 추가 금리 인상 가능성도 배제할 수 없다고 언급했습니다.

앞으로의 전망도 밝지 않습니다. 지난 2025년 1월 취임한 트럼프 대통령은 캐나다, 멕시코, 중국 등에 대한 관세를 부과할 계획을 밝히며 보호무역 정책을 강화하고 있습니다. 이러한 관세는 생산 비용을 증가시켜 소비자 물가를 더욱 자극할 가능성이 큽니다. 이러한 관세 정책은 연준의 긴축 기조를 장기화하게 만들 수 있습니다.

향후 연준은 '관망 모드'를 유지하며 추가 데이터에 따라 금리 정책을 조정할 것으로 보입니다. 그러나 높은 인플레이션이 지속될 경우, 금리 인하보다는 추가 인상 가능성이 높아질 수 있습니다.

> **사례 분석 2**

2025년 1월, 미국 소비자심리 급락이 금융 시장에 미치는 영향

- "U.S. Consumer Confidence Falls Back on Fears of Tariff-Induced Price Increases"(The Wall Street Journal, Feb. 12, 2025). "관세 인상으로 인한 물가 상승 우려로 미국 소비자 신뢰 하락"(《월스트리트 저널》, 2025년 2월 12일).

악화되는 미국 소비자심리지수와 인플레이션 예상치 상승

미시간대학교 소비자심리지수가 2월 말 64.7로 급락하며 7개월 만에 최저치를 기록했습니다. 이는 1월 대비 9.8% 하락한 수치로, 특히 내구재 구매 조건 지수가 19% 급감하며 주목받았습니다. 이는 트럼프 정부의 관세 정책이 소비자들에게 가격 상승을 예고하는 신호로 받아들여졌기 때문입니다.

발표에 따르면 모든 연령, 소득, 자산 수준에서 일관된 하락세가 확인되었습니다. 특히 민주당 지지층과 무당층의 심리 악화가 두드러졌는데, 이는 트럼프 경제 정책에 대해 반대 입장을 가진 미국인들의 심리가 더 타격을 받았다는 뜻입니다. 미국의 정치적 갈등이 경제에도 영향을 미치는 경우에 해당합니다.

한 가지 주목해야 할 요소는 함께 발표된 '소비자들의 1년 후 인플레이션 예상률'이 3.3%에서 4.3%로 급등하며 2023년 11월 이후 최고치를 기록했다는 점입니다. 이는 14년 만에 가장 큰 월간 상승폭(1%p 이상)을 보인 사례입니다. 소비자들의 인플레이션 기대치는 인플레이션 자체만큼이나 중요합니다. 향후 인플레이션을 예상하는 근로자들은 임금 인상을 요구하며 기업의 부담을 가중시킬 수 있습니다. 임금이 오르면 기업은 가격을 올려 이를 다시 소비자에게 전가할 수밖에 없고 이는 실제 물가 상승으로 연결됩니다. 또, 물가 상승을 예상하는 가계는 소비를 줄일 수밖에 없고 이는 다시 기업 실적에 부정적 영향을 미칩니다. 기업 입장에서는 임금은 오르고 매출은 떨어지는 이중고가 연출이 되는 것입니다.

이런 영향으로 연준과 이코노미스트들은 향후 지속적으로 물가가 상승할 것으로 예상하고 있습니다. 현재 연준은 금리 인하 시점을 고민 중입니다. 그러나 인플레이션 기대치 상승과 관세 정책의 영향으로 인해 연준의 금리 인하는 더욱 어려워지고 있습니다. 이와 같이 악화되는 소비자심리지수 등을 반영해, 연준이 2025년 내 단 한 차례만 금리 인하를 진행할 것이라는 전망이 나왔습니다. 작년 하반기 네 번 인하 예상에서 올해 초 두 번 인하로 축소되었다가 다시 한 차례 인하로 점점 인하 예상이 축소되고 있는 것입니다. 앞으로 발표될 물가나 고용 등 실물경제 지표들의 추이에 따라 이와 같은 전망은 얼마든지 바뀔 수 있습니다. 미국 경제의 불확실성이 가중되고 있는 실정입니다.

트럼프 정부의 중국산 수입품 10% 관세는 이미 GDP 전망을

0.1%p 하락시키는 효과를 일으켰으며, 향후 추가 관세 확대 시 물가 상승 압력이 더욱 가속화될 수 있습니다. 〈월스트리트저널〉의 보도에 따르면 골드만삭스는 "자동차·주택 임대료 시장의 디인플레이션 효과가 관세 정책으로 상쇄될 수 있다"고 경고하고 나섰습니다.

연준의 다음 움직임은 관세 정책의 물가 영향력과 실물경제의 견고성에 달렸습니다. 현재까지는 소비 심리 악화가 실제 소비 감소로 직결되지 않는 양상이지만, 지속적인 물가 상승 압력은 기업의 투자 심리 위축으로 이어질 수 있습니다.

주식 시장 하락과 채권 시장 반등

이상의 두 가지 요인, 즉 소비자심리지수 하락과 향후 경기 침체 부담감으로 아래 그래프와 같이 미국의 주식 시장은 하락하고 국채 시장은 상승했습니다(국채 수익률의 하락). 228쪽의 두 그래프를 보면 2월 21일 오전 미시간대학교 소비자심리지수 발표를 기점으로 나스닥과 10년물 미국 국채 수익률이 밑으로 내리꽂는 모습을 확인할 수 있습니다.

글로벌 시장에의 영향

이와 같이 미국 국채 수익률이 하락하게 되면 2024년 여름에 발생했던 바와 마찬가지로 급작스러운 엔 캐리 트레이드 청산 사태와 그로 인한 시장 폭락 사태를 불러올 수 있습니다. 엔 캐리 트레이드는 저금리 엔화를 빌려 고금리 국가(미국 등)의 자산에 투자하는 전략입니

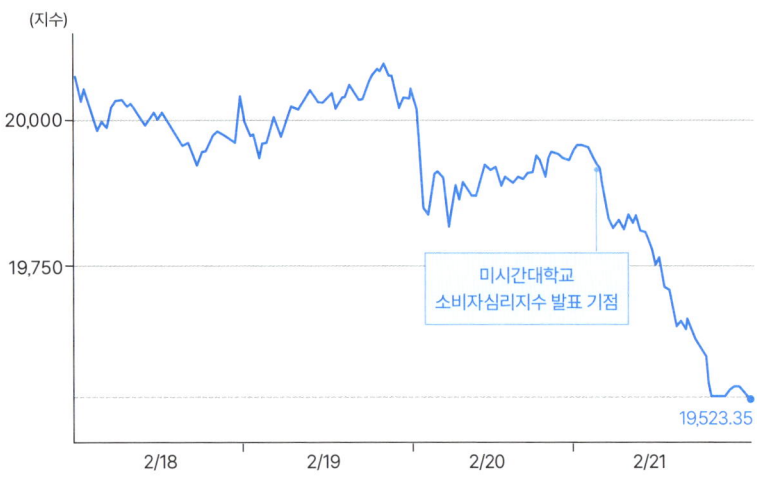

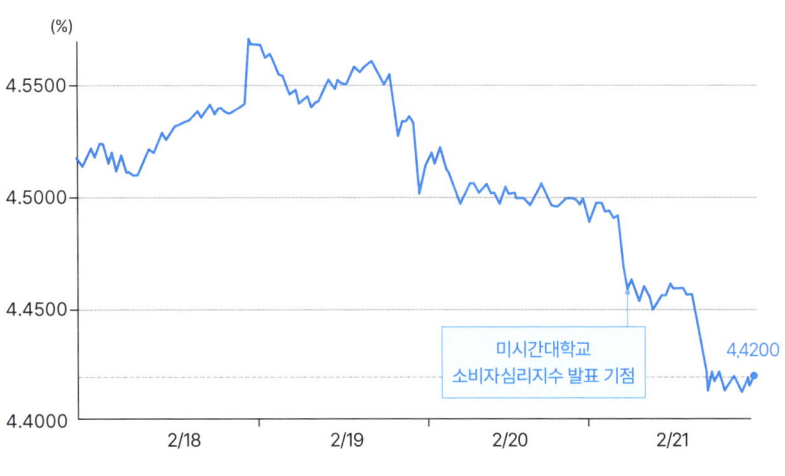

다. 그러나 일본 금리 인상 또는 미국 금리 인하로 금리 격차가 축소되면, 투자자들이 해외 자산을 매도해 엔화를 갚는 청산이 발생합니다. 이는 엔화 강세와 글로벌 자산 가격 하락을 동시에 유발합니다.

현재 일본 중앙은행은 금리 정상화의 일환으로 기준금리를 점차 높여 나가고 있습니다. 이런 상황에서 미국 국채 수익률의 하락과 일본은행의 금리 인상 가능성이 겹치면, 미-일 금리 차가 급격히 좁아져 엔 캐리 트레이드의 수익성이 급감하고 급작스러운 엔 캐리 트레이드 청산을 불러올 위험이 있습니다. 엔 캐리 트레이드 청산 시 해외 투자자들이 미국 국채를 매도하면 미국 채권 시장 변동성이 확대됩니다. 또한 2024년 여름 증시 폭락 사례처럼 레버리지 투자자들의 포지션 청산이 연쇄적으로 발생할 수 있습니다.

다른 한편, 연준이 물가 상승 압력으로 기준금리를 인하하지 못하는 상황에서 더 나아가, 기준금리 인상으로 태세 전환을 한다면 이는 글로벌 외환 시장에도 영향을 끼칠 수 있습니다. 미국의 기준금리 인상은 달러 강세와 신흥국 통화 약세로 이어지고 이는 글로벌 자본 이동 가능성을 높입니다. 2013년 테이퍼 텐트럼 당시와 유사한 시스템 리스크를 재점화할 수 있습니다.

사례 분석 3

Trump 2.0 관세와 달러의 동역학

- "Trump Tariff Uncertainty Drives Currency Roller Coaster
  - Traders are betting on more rapid swings in coming

months"(The Wall Street Journal, Jan. 21, 2025).

"트럼프 관세 불확실성이 통화 롤러코스터 유발 - 트레이더들, 향후 몇 달간 더 급격한 변동에 베팅"(〈월스트리트저널〉, 2025년 1월 21일).

지난 2025년 1월 20일 트럼프 대통령의 재취임과 함께 글로벌 금융 시장이 새로운 불확실성의 시대로 접어들고 있습니다. 특히 외환 시장은 트럼프 행정부의 예측 불가능한 관세 정책으로 인해 극심한 변동성을 보이고 있습니다. 취임 첫날부터 시작된 시장의 롤러코스터는 앞으로 다가올 격동의 시기를 예고하는 신호탄일 수 있습니다.

취임 첫날부터 시작된 달러 변동성

트럼프 대통령의 취임식 당일, 예고되었던 관세 선포는 없을 것이라는 〈월스트리트저널〉의 보도가 나가자 그날 '월스트리트 달러 인덱스'는 1% 하락했습니다. 그러나 그날 저녁 캐나다와 멕시코에 대한 25% 관세 위협 발표 후 달러는 다시 반등했고 그날 하락의 대부분을 회복했습니다. 트럼프 정부의 발표에 따라 하루 내내 부화뇌동한 달러 인덱스. 이 하루 동안의 움직임은 향후 4년간 우리가 목격하게 될 외환 시장 변동성의 축소판입니다. 시장이 앞으로 어떤 불확실성에 직면할지 지금으로서는 누구도 확신을 가지고 예측하기 어렵습니다.

트럼프 대통령의 멕시코와 캐나다에 대한 관세 위협은 단순한 정치적 레토릭 이상의 의미를 갖습니다. 피터슨 국제경제연구소Peterson Institute for International Economics의 데이터에 따르면, 2023년 기준 미국은 이들 국가로부터 약 2,000억 달러 규모의 운송 장비, 1,450억 달러의 연료, 1,130억 달러의 기계류를 수입했습니다. 25% 관세는 이 무역 흐름을 근본적으로 재편할 수 있는 잠재력을 가지고 있습니다.

관세와 달러 강세의 역학 관계

관세 발표가 달러에 어떤 영향을 미칠까요? 관세 인상이 달러 강세로 이어지는 메커니즘은 다면적입니다.

첫 번째는 외환 시장에 달러 공급이 축소됩니다. 미국의 관세는 수입품 가격을 상승시켜 미국 내 소비자들의 해외 상품 수요를 감소시킵니다. 이는 미국민들의 외화 수요 감소로 이어져 외환 시장에 달러 공급을 줄이고 따라서 달러 가치 상승 압력으로 작용하게 됩니다.

두 번째는 안전 자산 추구 심리가 증가합니다. 관세로 인한 무역 불확실성 증가는 안전 자산 선호 현상을 강화하는데, 달러는 전통적인 안전 자산으로 인식되어 달러 수요를 증가시키고 이것이 달러의 가치를 상승시킵니다.

세 번째는 달러 수요가 증가할 수 있습니다. 관세는 수입 물가 상승을 통해 인플레이션 압력을 높이고, 연준의 기준금리 인상 등 긴축적 통화 정책 유지로 이어질 수 있습니다. 미국의 금리가 인상되면 높은 수익을 쫓는 돈의 흐름이 미국으로 향하고 그에 따라 달러가치는 올라가는 메커니즘이 작동합니다.

달러 강세의 이면에 숨은 구조적 위험

월스트리트저널 달러 인덱스는 지난 2024년 9월 이후 2025년 2월 말 현재까지 약 6% 상승했습니다. 그 기간 탄탄했던 미국 고용 지표와 물가 지표 등 미국 경제의 강건성이 반영된 것으로 보입니다. 그러나 몇몇 월가의 포트폴리오 매니저들은 현재의 달러 가치가 과대평가되어 있다고 분석하기도 합니다. 월가에서는 트럼프 대통령이 공언한 관세 정책이 급진적이기보다는 점진적으로 구현될 것으로 전망합니다. 시장 참여자들에게는 준비할 시간을 의미할 수도 있지만, 이는 동시에 장기간에 걸친 불확실성이 지속될 수 있음을 의미합니다. 외환 딜러들에게는 괴로운 일이 될 것입니다. 단기적 변동성에 대한 우려와 장기적 달러 약세 전망이 공존하고 있는 그림입니다.

트럼프 2.0 시대의 달러는 단순한 통화 가치 이상의 의미를 가질 것입니다. 그것은 글로벌 무역 질서의 재편, 인플레이션 궤적의 변화, 그리고 연준의 통화 정책 방향성이 복잡하게 얽힌 방정식의 결과물이 될 것입니다. 시장 참여자들은 이제 이러한 복잡성을 새로운 정상으로 받아들이고, 그에 맞는 리스크 관리 전략을 수립해야 할 시점입니다.

사례 분석 4

2025. 1월, 둔화 속에서도 견고한 미 노동 시장과 금융 시장 반응

- "Hiring Slows but Remains Solid, With Economy Adding 143,000 Jobs - Unemployment slipped to 4% in January and job counts for November and December were revised upward"(The Wall Street Journal, Feb. 7, 2025).

"고용 증가세 둔화되었으나 여전히 견고, 경제는 14만 3,000개 일자리 추가 - 1월 실업률 4%로 하락, 11월과 12월 고용 수치 상향 조정"(《월스트리트 저널》, 2025년 2월 7일).

둔화 속에서도 여전히 견고한 미국 노동 시장

2025년 1월 미국 고용 지표 발표는 노동 시장의 둔화와 견고함을 동시에 보여주며 시장에 혼란을 가져왔습니다. 1월 비농업 부문 고용은 14만 3,000개 증가해 월가의 예상치(16만 9,000개)를 밑돌았지만, 11월과 12월의 고용 수치가 합산해 10만 개 상향 조정되며 노동 시장

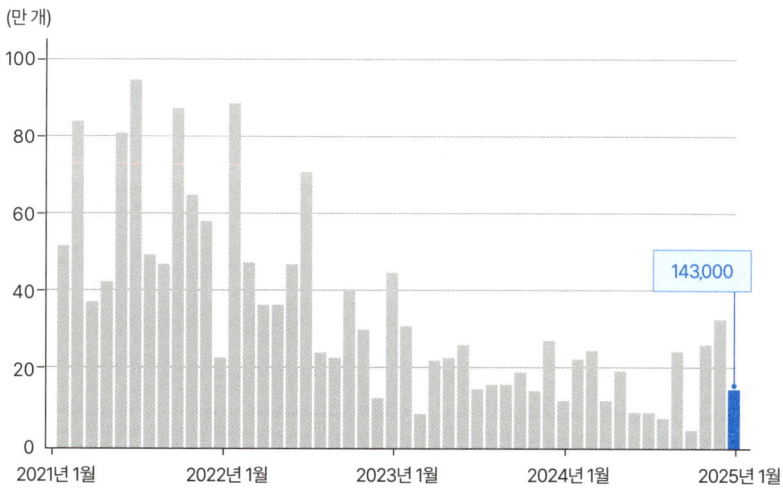

비농업 부문 고용 월별 변화 (2021-2025)

자료: 미국 노동통계청

의 전반적인 강세를 확인시켰습니다. 여기에 더해 실업률은 4%로 하락하며 예상을 웃돌았고, 이는 여전히 강력한 노동 시장을 시사했습니다.

내용을 자세히 들여다 보면, 헬스케어, 소매업, 정부 부문에서 일자리가 증가한 반면, 광업 및 석유·가스 추출 부문에서는 고용이 감소했습니다. 이는 산업별로 고용 상황이 다르게 전개되고 있음을 보여줍니다. 또한 레저 및 접객업 부문은 겨울철 악천후와 캘리포니아 산불로 인해 타격을 받았을 가능성이 제기되고 있습니다.

그러나 이 같은 지표는 금융 시장에 즉각적인 반응을 불러일으켰습니다. 주식 시장은 하락세를 보였고, 미국 국채 수익률은 급등하며 투자자들의 우려를 반영했습니다. 이는 노동 시장이 예상보다 강력하다는 신호가 연준의 금리 인하 가능성을 낮추었기 때문입니다.

주식 시장 실망감 속 하락, 채권 시장 수익률 급등

나쁘지 않은 1월 고용 지표였음에도 불구하고, 발표 직후 미국 증시는 급락했습니다. 다우존스 지수는 1.5% 하락하며 약 650포인트를 잃었고, S&P500은 1.6%, 나스닥 종합지수는 1.9% 각각 하락했습니다. 이는 투자자들이 연준의 금리 인하 가능성에 대한 기대를 낮추면서 발생한 반응으로 풀이됩니다. 금리를 내리는 완화적 통화 정책 속에서 가계 소비도 진작되고 기업의 투자도 늘어 기업 실적이 오를 것인데, 그게 어려워진다는 뜻입니다.

CNBC의 보도에 따르면, 투자자들은 연준이 금리를 동결할 가능

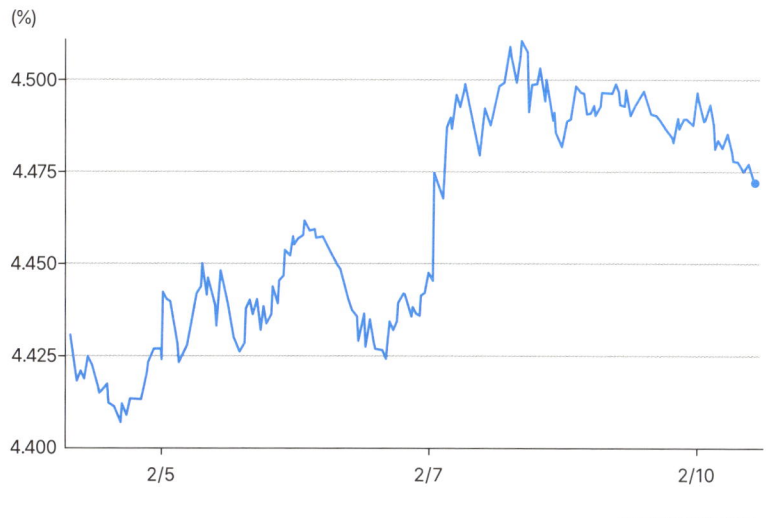

성이 높아졌다고 판단했으며, 이는 특히 기술주와 같은 금리에 민감한 섹터에 타격을 주었습니다. 노동 시장의 강세는 경제적으로는 긍정적 신호지만, 동시에 연준이 긴축적 통화 정책을 더 오래 유지할 근거로 작용할 수 있어 주식 시장에는 부정적으로 받아들여지고 있습니다.

미국 국채 시장에서도 고용 지표 발표 이후 즉각적인 반응이 나타났습니다. 2월 7일 금요일 오전 발표 후 10년물 미국 국채 수익률은 4.5%를 넘어서며 급등했습니다. 이는 노동 시장이 여전히 강력하다는 신호가 연준의 금리 인하 기대를 약화시키면서 채권 가격을 끌어내린 결과입니다.

특히 장기 국채 수익률의 상승은 투자자들이 향후 몇 달간 연준이 금리를 유지하거나 추가 인상을 고려할 가능성을 반영한 것입니다. BMO 캐피털 마켓의 스콧 앤더슨Scott Anderson은 "이번 고용보고서는 연준이 가까운 시일 내에 금리를 인하할 가능성을 더욱 낮췄다"고 분석했습니다.

금융 시장 반응의 배경: 연준과 투자자 심리

금융 시장의 이러한 반응은 연준의 정책 기조와 밀접하게 연결되어 있습니다. 연준은 현재 금리를 동결하며 '관망' 기조를 유지하고 있지만, 노동 시장이 예상보다 강력하다는 신호는 긴축 정책을 더 오래 유지할 가능성을 높였습니다.

투자자들은 또한 트럼프 행정부의 정책 변화에도 주목하고 있습니다. 이민 감소와 관세 정책 강화는 노동 공급과 경제 성장에 영향을 미칠 수 있으며, 이는 장기적으로 금융 시장에 추가적인 불확실성을 가져올 수 있습니다.

요컨대, 1월 고용 지표 발표 이후 금융 시장은 노동 시장의 강력함과 연준의 긴축 기조 지속 가능성이라는 두 가지 요인에 민감하게 반응했습니다. 주식 시장의 하락과 국채 수익률의 상승은 이러한 불확실성을 반영한 결과입니다.

경제 '연착륙' 예상하지만 정책 방향 주시해야

2025년 2월 기준 미국 노동 시장은 과열에서 안정으로 전환되는 과도기에 있습니다. 일부 경제학자들은 여전히 연준이 금리를 동결하거나 완만하게 인하해 '연착륙'할 가능성을 높게 보고 있습니다. 이는 실업률이 급격히 증가하지 않으면서도 물가 상승률이 안정적으로 유지되는 상태를 의미합니다.

그러나 이민 감소, 관세 정책, 소비 둔화 등 여러 위험 요소는 여전히 존재합니다. 특히 트럼프 행정부의 정책 방향이 기업 투자와 소비 심리에 미칠 영향을 면밀히 주시해야 합니다. 앞으로 몇 달간 노동 시장 데이터와 인플레이션 지표는 금융 시장 방향성에 중요한 영향을 미칠 것입니다. 투자자들은 연준의 정책 변화 가능성과 트럼프 행정부의 경제 정책을 면밀히 주시해야 할 것입니다.

사례 분석 5

2024년 8월 글로벌 금융 시장 대혼란: 엔 캐리 트레이드와 기술주 버블의 붕괴

- "Unraveling Trades Fuel Global Market Rout - U.S. stock indexes trade sharply lower, tracing declines in international markets; Dow industrial fall more than 1,000 points"(The Wall Street Journal, Aug. 5, 2024).

"투자 포지션 청산이 글로벌 시장 폭락 촉발 - 미국 주가지수 급락, 국제 시장 하락세 따라 다우존스 지수 1,000포인트 이상 하락"((월스트리트저널), 2024년 8월 5일).

금융 시장은 때로 예상치 못한 폭풍에 휩싸입니다. 2024년 8월 초,

전 세계 투자자들은 그런 폭풍의 한가운데에 있었습니다. 아시아에서 시작된 주식 매도 행렬이 미국으로 번져, 글로벌 금융 시장이 대규모 폭락을 경험했습니다. 특히 8월 5일 월요일, 미국 증시의 폭락은 전 세계 투자자들의 간담을 서늘하게 만들었습니다.

이날의 충격은 숫자로도 확연히 드러났습니다. 일본의 닛케이 지수는 무려 12.4%나 떨어졌는데, 이는 1987년 10월 9일 블랙먼데이 이후 가장 큰 하락폭이었습니다. 한국의 코스피도 8.77% 하락했고, 암호화폐의 대표주자인 비트코인 역시 12%나 떨어졌습니다. 미국의 다우존스 지수는 1,000포인트 이상 하락했고, S&P500과 나스닥 지수도 큰 폭으로 떨어졌습니다.

도대체 무슨 일이 있었던 걸까요? 이 갑작스러운 시장의 혼란 뒤에는 크게 세 가지 요인이 있었습니다.

일본의 금리 인상과 엔화 강세

첫 번째는 일본의 금리 인상과 그로 인한 엔화 강세입니다. 2024년 3월, 일본은행은 17년 만에 금리를 인상하며 마이너스 금리 정책을 종료했습니다. -0.1%였던 기준금리를 0.0~0.1% 수준으로 올린 것이죠. 그리고 4개월 후인 7월에는 다시 0.25% 수준으로 올렸습니다. 이런 일련의 금리 인상으로 인해 엔화 가치가 크게 올랐고, 불과 몇 주 만에 달러 대비 12%나 상승했습니다.

이 갑작스러운 엔화 강세는 금융 시장에 충격을 주기 시작했습니다. 일본 수출 기업들의 실적이 떨어질 것이라는 우려로 일본 증시가

먼저 하락하기 시작했고, 특히 해외 투자자들이 대규모로 엔화 차입 매수를 청산하면서 닛케이 지수가 급락했습니다.

엔 캐리 트레이드의 붕괴

두 번째 요인은 '엔 캐리 트레이드'의 붕괴입니다. 오랫동안 일본은 마이너스 금리를, 미국은 높은 금리를 유지해왔기 때문에 금리가 낮은 일본에서 엔화로 돈을 빌려 미국 등 해외 시장에 투자해 차익을 얻는 거래는 안전하고 수익성 높은 전략으로 여겨졌습니다.

그러나 갑자기 엔화가 강세로 돌아서고 일본이 추가 금리 인상을 예고하면서 상황이 바뀌었습니다. 두 나라 간 금리 차이가 줄어들 것으로 예상되자, 투자자들은 앞다투어 엔 캐리 트레이드를 청산하기 시작했습니다. 이 과정에서 엔화 차입금을 갚고 엔화 공매도 포지션을 정리하기 위해 대규모 엔화 매입이 이루어졌고, 이는 다시 엔화 강세로 이어지는 악순환이 발생했습니다.

특히 주목할 점은 일본이 세계 최대 채권국이라는 사실입니다. 2023년 말 기준으로 일본 투자자들은 무려 10.6조 달러에 달하는 해외 자산을 보유하고 있었습니다. 엔화 강세가 지속될 경우, 이 엄청난 규모의 해외 자산을 팔아치울 압력이 커질 수 있었고, 이는 전 세계 자산 가격 하락과 추가적인 엔화 강세로 이어질 수 있는 위험한 상황이었습니다.

엔화 강세가 지속될 경우, 일본 투자자들은 왜 해외 자산을 매도하려 할까요? 일본 투자자들이 해외 자산에 투자하려면 엔화를 외화(예:

달러)로 환전해 투자해야 합니다. 엔화 가치가 안정적이라면 해외 자산의 엔화 환산 가치도 유지되며, 투자 만기 시 수익을 본국으로 송환할 때 예상되는 환차익 또는 손실도 예측이 가능합니다. 그러나 엔화가 강세로 전환되면, 해외 자산의 엔화 환산 가치가 하락하고, 투자 회수 후 달러를 다시 엔화로 환전할 때 환손실이 발생할 가능성이 커집니다. 이는 일본 투자자들에게 해외 자산의 평가손실과 투자 수익 감소로 이어져, 결국 해외 자산을 매도할 유인을 제공하게 됩니다.

미국 빅테크 기술주 과대평가 우려

세 번째 요인은 미국 빅테크 기술주에 대한 과대평가 우려입니다. 당시 이런 우려를 증폭시키는 몇 가지 뉴스가 연이어 터졌습니다. 인텔이 1만 5,000명 규모의 감원을 발표했는데, 이는 기술 산업 전반의 구조조정 신호로 해석되었습니다. 또한 워런 버핏이 보유하고 있던 애플 주식의 절반을 팔았다는 소식은 시장의 대표적 가치 투자자가 기술주에 대한 입장을 바꾼 것으로 받아들여졌죠. 여기에 엔비디아의 차세대 GPU 생산 지연 소식까지 더해지면서 기술 혁신의 속도가 예상보다 더딜 수 있다는 우려가 퍼졌습니다.

이런 요인들이 복합적으로 작용해 기술주 전반에 대한 투자자들의 신뢰도가 하락했고, 결국 미국 증시 폭락으로 이어졌습니다.

미 경기 침체 우려 증폭

마지막 방아쇠는 8월 2일 금요일에 발표된 미국의 고용 지표였습니다. 예상보다 부진한 지표는 경기 침체 우려를 불러일으켰고, 이미 불안정했던 시장 분위기를 급격히 악화시켰습니다. 미국이 경기 침체에 빠지게 된다면 연준은 급하게 기준금리를 내려야 합니다. 그렇다면 금리를 올리는 경로에 있던 일본과 미국의 금리 차는 더욱 좁아지게 됩니다. 엔 캐리 트레이더들에게는 지옥으로 가는 길이 열리는 것입니다. 따라서 엔 캐리 청산이 더욱 가열차게 일어나게 되었고 이것이 다시 시장 폭락으로 연결된 것입니다.

결론적으로 2024년 8월의 글로벌 금융 시장 대혼란은 갑작스러운 엔화 강세와 미국 빅테크 기술주 과대평가 우려라는 두 가지 큰 변수를 중심으로 불확실성이 고조된 상황에서, 미국의 고용 지표 부진이 더해져 경기 침체에 대한 우려가 증폭되면서 발생한 것입니다.

글로벌 금융 시장의 상호 연결성과 취약성

2024년 8월의 금융위기는 글로벌 경제와 금융 시스템의 복잡한 상호의존성을 여실히 보여주었습니다. 이 사건을 통해 우리는 중요한 교훈을 얻을 수 있습니다.

일본 중앙은행의 통화 정책 변화가 단순히 일본 내부에 국한되지 않고, 아시아와 미국 시장으로 급속히 파급되었습니다. 여기에 연준의 금리 인하 가능성이 엔 캐리 트레이드 청산 사태를 더욱 키웠습니다. 이는 한 국가의 정책 결정이 다른 나라의 경제 상황 및 통화 정책과 연결되어 글로벌 영향을 미칠 수 있음을 보여줍니다. 이처럼 글로벌 경제와 금융 시장은 마치 거미줄처럼 긴밀하게 연결되어 있어, 한 부분의 충격이 전체 시스템을 흔들 수 있습니다. 이는 시스템적 리스크에 대한 경각심을 일깨워줍니다.

투자자들은 글로벌 차원의 리스크를 고려한 포트폴리오 관리의 필요성을 재인식하게 되었습니다. 정책 입안자들은 자국의 정책 변화가 글로벌 시장에 미칠 수 있는 영향을 더욱 신중히 고려해야 함을 깨달았습니다.

금융 시장의 위기는 예고 없이 찾아오지만, 그 원인을 이해하고 대비한다면 피해를 최소화할 수 있습니다. 2024년 8월의 금융 시장 혼란 사건은 글로벌 금융 시스템의 복잡성과 취약성을 다시 한번 확인시켜주었으며, 향후 유사한 위기에 대비하고 대응하는 데 있어 귀중한 교훈을 제공했습니다.

사례 분석 6

미국 주택 시장의 딜레마: 금리와 공급난 사이에서 균형 찾기

- "Home Sales Fell 4.9% in January, Extending Slump in Housing Market - High home prices and mortgage rates continue to weigh on sales activity"(The Wall Street Journal, Feb. 21, 2025).

"1월 주택 판매 4.9% 하락, 주택 시장 침체 지속 - 높은 주택 가격과 모기지 금리가 계속해서 판매 활동에 부담으로 작용"((월스트리트저널), 2024년 8월 5일).

자료: Freddie Mac(FRED 제공)

미국 주택 시장의 이중고

미국 주택 시장이 고금리 환경과 주택 공급 감소라는 이중고 속에서 어려움을 겪고 있습니다. 2025년 2월 20일 현재, 미국의 30년 고정 모기지 금리는 6.85%를 기록하고 있습니다. 이는 2020년 말 약 2.6%였던 것과 비교하면 2.5배 이상 상승한 수준입니다. 높은 금리는 주택 구매자들의 구매력을 크게 제한하고 있습니다.

여기에 더해 미국 주택 공급의 급격한 감소가 문제를 더욱 키우고 있습니다. 〈파이낸셜타임스〉의 보도에 의하면, 2022년부터 미국 주택 건설 대출이 뚜렷한 하락세를 보이고 있습니다. 2022년 2~3분기에는 약 40~50억 달러의 증가세를 보였으나, 점차 둔화되어 2023년 1분기에 소폭 플러스를 기록한 후 2분기부터는 마이너스로 전환되었습니다. 이후 2024년 2분기까지 매 분기당 약 20~30억 달러 수준의 감소세가 이어지며 건설 대출 시장의 지속적인 경색 상황을 보여주고 있습니다. 이는 미국의 주택 건설 업체들이 심각한 자금난에 직면해 있음을 의미합니다.

임대용 아파트 착공 건수도 급감했습니다. 최근 〈월스트리트저널〉 보도에 따르면, 2020년 코로나 팬데믹으로 재택근무가 늘고 연준의 공격적인 정책 금리 인하로 조달 금리가 저렴해지자 2021년부터 주택 착공이 본격적으로 급등해 2022년 1분기 2만 채 이상으로 정점을 찍었습니다. 그러나 이러한 신규 아파트 착공 건수는 2023년 2분기부터 하락을 시작해 2024년 2분기 6만 채 수준까지 급락하고 있습니다. 이는 연준의 급격한 금리 인상으로, 건설업체들의 자금 조달 어려움이 실제 임대용 아파트 공급에 영향을 미치고 있음을 보여줍니다.

이에 따라 임대용 아파트 완공 예상 물량도 하락하고 있습니다. 2021~2022년 급증한 착공으로 임대용 아파트 완공 건수는 2023년부터 늘어 2024년에는 61만 채로 정점을 찍었습니다. 하지만 2023년부터 급감한 착공 건수 때문에 2025년에는 35만 채, 2026년에는 27만 5,000채 수준으로 떨어질 것으로 전망됩니다. 2025년부터 수요 대비 줄어든 공급으로 아파트 가격과 임대료의 상승이 예상되는 상황입니다.

고금리와 공급 부족, 누군가에게는 투자 기회

이렇게 미국 주택 시장은 현재 고금리와 공급 부족이라는 이중고에 직면해 있습니다. 그러나 이러한 상황이 오히려 중장기적으로는 투자 기회가 될 수 있습니다. 이미 대형 투자회사들은 이러한 상황을 오히려 기회로 포착하고 있습니다. 2024년 KKR, 브룩필드Brookfield, 블랙스톤Blackstone 등이 수십억 달러 규모의 주택 포트폴리오를 매입하고 있다는 보도가 나왔습니다. 이들은 2025년 이후 새로운 공급이 줄어들면서 임대료가 상승할 것으로 예상하고 있기 때문입니다.

실제로 높은 모기지 금리와 공급 부족으로 인해 2025년 이후 주택의 임대료가 상승할 가능성이 높습니다. 이는 부동산 투자자들에게 유리한 환경을 조성할 수 있습니다. 또한 일부 경제학자들은 2025년 말까지 주택 가격이 약 4% 상승할 것으로 예상하고 있습니다. 이는 팬데믹 이전의 성장률로 돌아가는 것을 의미합니다.

그러나 주택 공급 부족 문제가 정치적 이슈로 부상하면서, 향후 정부의 주택 시장 지원 정책이 강화될 가능성도 있습니다. 투자자들은 이러한 시장 상황을 주의 깊게 관찰하며, 장기적인 관점에서 접근할 필요가 있습니다. 특히 주택 관련 ETF나 개별 주택 건설 기업들에 대한 관심이 필요한 시점입니다. 다만 정책 변화와 경제 상황에 따라 시장이 급변할 수 있으므로, 리스크 관리에도 신경 써야 할 것입니다.

미국 주택 시장은 현재의 도전을 극복하고 새로운 균형점을 찾아가는 과정에 있습니다. 이 과정에서 발생하는 기회를 포착하는 것이 투자자들의 과제가 될 것입니다.

사례 분석 7

구리 생산 확대와 에너지 전환의 교차점

- "BHP boosts copper production as miners race to meet growing demand - Strong performance in metal used for key technologies contrasts with weak growth in traditional iron ore operation"(Financial Times, Jan 20, 2025).

"BHP, 광산업체들의 늘어나는 수요 충족 경쟁 속에 구리 생산 확대 - 핵심 기술에 사용되는 금속의 강한 투자 성과, 전통적인 철광석 사업의 약한 성장과 대조"(《파이낸셜타임스》, 2025년 1월 20일).

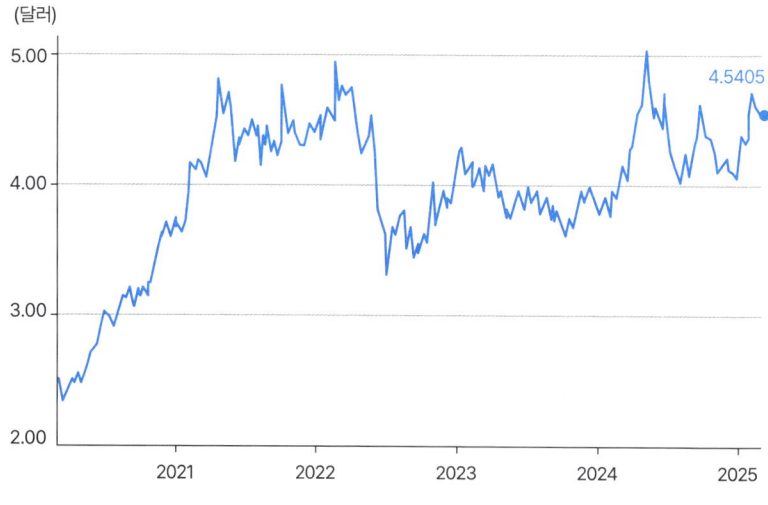

극심한 변동성을 보이는 구리 가격

자료: 야후 파이낸스

변동성이 커지는 구리 가격

구리 가격은 최근 몇 년간 극심한 변동성을 보이며 투자자들의 관심을 집중시키고 있습니다. 2020년부터 시작된 원자재 슈퍼 사이클 당시 COMEX 선물 시장에서 파운드당 4.9달러(2022년)까지 급등한 구리는 이후 하락세를 겪다가 2024년 상반기 AI 인프라 투자와 친환경 에너지 전환 수요 기대감에 다시 5달러까지 상승했습니다. 그러나 중국 경기 둔화와 제조업 위축으로 인해 2024년 하반기 4달러 언저리에서 등락을 거듭하다가 2025년 들어 다시 급등세를 보이며 4달러 중반의 가격을 기록하고 있습니다.

광산 기업의 생산 확대와 M&A 추진

시가총액 기준 세계 1위 광산업체인 BHP는 최근 구리 생산 증가에 박차를 가하고 있습니다. 2024년 12월 말까지의 분기 구리 생산을 전년 대비 10% 늘렸는데, 이는 칠레 에스콘디다 광산의 생산량이 22% 증가한 것이 결정적 이유였습니다. 이 광산은 10년 만에 최고 생산량을 기록하며, 고품질 광석 채굴과 운영 효율화가 성과를 이끌었습니다. 반면 호주 남부 광산들은 전력 장애로 인해 생산이 감소하는 이중적 양상을 보였습니다.

BHP는 칠레 에스콘디다 광산을 확장하기 위해 향후 7년간 최대 14억 달러를 투자할 계획입니다. 이는 광석 품질 저하와 기존 시설 폐쇄를 대비한 전략적 선택으로, 2030년대 초까지 연간 22만~26만 톤의 추가 생산을 목표로 하고 있습니다. 또한 앵글로 아메리칸 인수 시도 실패 이후 캐나다의 필로 마이닝 인수를 통해 남미 구리 자원 포트폴리오를 강화했습니다.

2024년 리오 틴토와 글렌코어도 합병 협상을 시도했고 비록 성사되지 않았습니다만, 글로벌 광산 기업들은 지금도 구리 자원 확보를 위해 적극적인 M&A를 추진 중입니다. 이는 친환경 에너지 전환 수요 증가에 대응하기 위한 전략적 움직임으로 해석됩니다.

BHP는 에스콘디다 광산의 생산량 유지와 함께 호주 광산의 안정화를 통해 2025년 상반기 성장을 이어갈 계획입니다. 그러나 중국 경제 회복 속도와 재생에너지 투자 확대 속도에 따라 구리 가격 변동성은 지속될 전망입니다. 투자자들은 BHP의 장기적 자원 확보 전략과 에너지 전환 수요 증가를 종합적으로 평가해야 할 것입니다.

수요 증가와 공급 불안의 공존

향후 구리 수요가 증가할 것은 명확해 보입니다. 구리는 에너지 전환에 있어 매우 중요한 원료로, 전기차, 태양광 발전소, 전력망 생산에 사용됩니다. 또한 인공지능 서비스를 지원하는 데이터 센터에도 사용됩니다. 여기에 더해, 2024년 중국 정부의 1조 위안(약 200조 원) 규모의 인프라 자금 조달 발표는 구리 수요 회복 기대감을 고조시켰습니다. BHP는 2021년 대비 2050년까지 구리 수요가 70% 증가할 것으로 전망하고 있습니다.

그러나 공급 불안은 남아 있습니다. 칠레와 페루 등 남미 광산의 노동자 파업과 환경 규제 강화 등에 따른 생산 차질은 공급 불안을 초래할 수 있습니다. 이 밖에도 신규 광산 개발 지연과 생산 비용의 증가는 주요 장애물입니다.

투자자들은 광산 기업들의 M&A 활동과 친환경 금속 공급망 확보 전략을 주시해야 합니다. 또한 중국의 재고 소진 속도와 글로벌 공급망 재편 동향을 꼼꼼히 분석하는 것도 중요합니다. 단기 변동성 속에서도 중장기적 성장 가능성을 고려한 포트폴리오 구성이 필요할 것으로 보입니다.

구리 시장은 녹색 전환 수요와 공급 불안의 이중적 압력 속에서 새로운 균형을 모색 중입니다. 단기적으로는 중국의 경기 회복과 글로벌 경제 성장률에 민감하게 반응할 것이며, 중장기적으로는 친환경 에너지 인프라 확대가 시장을 주도할 전망입니다. 투자자들은 광산 기업들의 생산 확대 전략과 정책 변화에 대한 유연한 대응력을 갖추어야 합니다. 구리 시장의 미래는 기술 발전과 지속 가능한 공급망 구축에 달려 있을 것입니다.

결론: 실물경제, 정책, 시장의 상호작용을 이해하면 미래가 보인다

실물경제, 연준의 정책, 금융 시장은 독립된 요소가 아니라 서로 얽히고설킨 네트워크입니다. 이들 간의 상호작용과 피드백 루프를 이해하면 경제 변화와 시장 움직임을 더 정확히 이해할 수 있습니다.

> "경제는 고립된 섬이 아니다. 상호작용을 읽는 자만이 흐름 속에서 기회를 잡는다."

이 장에서는 과거 몇 년간 주요 시점별 이벤트를 통해, 물가, 소비자심리, 노동 지표, 관세와 달러, 국제 금융, 부동산, 원자재 등 실물경제와 연준 정책, 그리고 시장이 서로 연결되어 영향을 주고받는 상호작용을 살펴봤습니다. 투자자와 경영인은 이러한 동역학 네트워크를 종합적으로 분석해야 합니다.

이러한 관계성을 이해하는 것이 미래 경제 흐름 예측과 전략적 의사결정의 열쇠입니다. 투자자들은 단기 변동성 속에서도 실물경제의 구조적 변화와 정책 방향성을 종합적으로 평가해야 합니다. 투자자와 경영인은 이러한 관계성을 깊이 이해하고 활용함으로써 더 나은 의사결정을 내릴 수 있을 것입니다.

상호작용을 활용한
투자 전략

09

금리가 오르고, 주식 시장이 흔들리며, 환율이 급등락하는 상황에서 투자자들은 어떻게 대응해야 할까? 단순히 개별 데이터를 분석하는 것만으로는 부족합니다. 실물경제, 연준 정책, 금융 시장 간의 상호작용을 이해하고 이를 활용해야만 정교한 투자 결정을 내릴 수 있습니다.

이 장에서는 상호작용을 활용해 단계별 데이터를 모니터링하고, 상호작용을 분석하며, 피드백 루프 속에서 기회를 포착하는 투자 전략을 제시합니다. 이를 통해 단순히 과거 데이터를 보는 데 그치지 않고, 미래의 흐름을 예측하고 대응하는 데 필요한 통찰력을 제공하고자 합니다.

단계별 주요 지표를
모니터링하는 법

상호작용을 활용한 투자 전략의 첫걸음은 '실물경제', '연준 정책', '금융 시장'이라는 세 가지 단계에서 핵심 지표를 모니터링하는 것입니다.

우선 실물경제 데이터를 확인하고 경기 변동 사이클을 파악합니다. 먼저 GDP 성장률을 살핍니다. 이를 통해 경기 확장 또는 둔화의 신호를 파악합니다. 다음으로 소비자물가지수, 개인소비지출 물가지수 등 핵심 물가 지표들을 확인합니다. 이러한 물가 지표는 인플레이션 압력을 측정해 금리 변화 가능성을 예측할 수 있습니다. 또한 다양한 실업률 및 고용 데이터를 통해 노동 시장의 건강 상태와 소비 여력을 파악하도록 합니다.

실물경제 데이터를 통해 현재의 경기 변동 사이클을 확인한 후 연준의 정책을 해석합니다. FOMC 성명서와 의사록을 통해 연준의 정책 방향과 연준이 시장에 보내는 신호를 파악할 수 있습니다. 또한 연준 대차대조표의 현 규모와 방향성을 통해 양적 완화 및 긴축의 규모와 속도를 가늠합니다. 아울러 연준 의장 및 각 지역 연방준비은행 총재들의 발언이나 언론 인터뷰 등을 통해 내놓는 포워드 가이던스로 연준이 시장에 전달하는 미래 정책 경로를 예측합니다.

실물경제 데이터와 연준의 정책을 기반으로 이제 금융 시장의 움직임을 해석하고 미래 방향성을 예측합니다. 이때 중요한 것은 방향성입니다. 잔잔한 바다에도 늘 파도가 있듯이 시장에도 항상 변동성이 있기 마련입니다. 따라서 중요한 것은 매일매일의 작은 변동성이 아니라 밀물이 들어오고 썰물이 나가는 것과 같은 커다란 방향성을 파악하는 것입니다. 주식 시장에서는 섹터별 성과와 시장 심리 변화를 모니터링하고 현재 밸류에이션을 판단해야 합니다. 채권 시장에서는 수익률 곡선의 변화와 경기 침체 신호를 파악하도록 합니다. 외환 시장에서는 금리 차이에 따른 자본 흐름과 환율 변동성 분석을 통해 글로벌 자금 흐름을 살펴야 합니다.

이러한 금융 시장 외에도 경기 사이클과 궤를 같이하는 원자재 시장의 큰 흐름을 판단하고, 금리와 경기 변동에 밀접한 관련이 있는 부동산 시장의 흐름도 가늠해보아야 합니다.

자산 배분 전략 및 리스크를 관리하는 법

상호작용을 활용하면 단순히 자산군별 성과를 예측하는 것을 넘어, 다양한 경제 상황에 맞는 자산 배분 전략을 수립할 수 있습니다. 이때 참고할 수 있는 프레임워크가 생산 갭Output Gap에 따른 경기 순환 및 순환 주기별 투자 원칙입니다.

생산 갭은 실제 GDP와 잠재 GDP 사이의 차이를 측정하는 중요한 경제 지표입니다. 잠재 GDP는 인플레이션 압력을 유발하지 않고 경제가 달성할 수 있는 최대 생산 수준을 의미합니다. 양(+)의 생산 갭은 경제가 잠재 능력을 초과해 운영되는 상태로, 자원이 과도하게 활용되어 인플레이션 압력이 발생할 수 있습니다. 반면 음(-)의 생산 갭은 경제가 잠재력에 미치지 못하는 상태로, 유휴 자원이 존재해 디플레이션 위험과 높은 실업률이 나타날 수 있습니다.

잠재 성장률은 경제의 생산 요소(노동, 자본, 기술)를 완전히 활용했을 때 달성할 수 있는 장기적인 경제 성장률을 의미합니다. 이는 경제의 구조적 특성, 생산성 향상, 인구 변화, 기술 혁신 등에 의해 결정됩니다. 잠재 성장률은 경제가 지속 가능한 방식으로 성장할 수 있는 속도를 나타내며, 이를 초과하는 성장은 단기적으로는 가능할 수 있으나 결국 과열과 인플레이션으로 이어질 수 있습니다. 따라서 중앙은행과 정책 입안자들은 생산 갭과 잠재 성장률을 면밀히 모니터링해 경제 안정을 유지하기 위한 통화 및 재정 정책을 조정합니다.

255쪽 그래프는 경기순환과 생산 갭, 그리고 인플레이션의 관계를 시각적으로 보여줍니다. 그리고 주기적 단계에 따라 투자 자산을 어떻게 가져가야 하는가에 대해서도 시사점을 제공합니다. 단계별로 설명하며 어떻게 포트폴리오를 운영해야 하는가 설명하도록 하겠습니다.

1. 리플레이션

성장률이 잠재 성장률보다 낮아 음의 생산 갭 상태입니다. 경제 성장이 둔화되는 시기로, 경기 침체가 발생합니다. 기업의 신규 고용이

이론적 경제 주기 – 생산 갭과 인플레이션

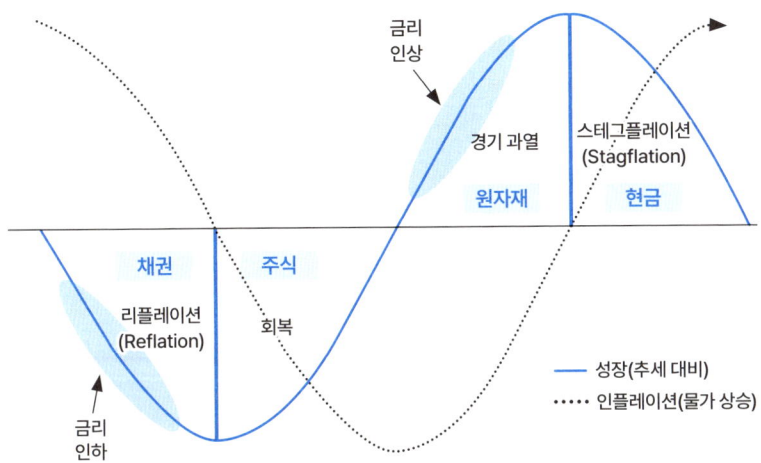

자료: 메릴린치글로벌자산운용

- 가로축: 경기 순환의 시간적 흐름을 나타냅니다. 경제는 성장 둔화(Reflation) 회복(Recovery), 과열(Overheat), 침체(Stagflation)로 순환합니다. 여기에서 가로축 선은 경제의 잠재 성장률(Trend)에 기반한, '지속 가능한 성장 경로(Sustainable growth path)'를 나타냅니다.

- 세로축: 경제 성장률(Growth)을 잠재 성장률(Trend)과 비교한 값을 나타냅니다. 양의 생산 갭(Positive Gap)은 잠재 성장률 대비 실제 경제 성장률이 높아 경제가 과열 상태임을, 음의 생산 갭(Negative Gap)은 그 반대 상태로서 경제가 침체 상태임을 의미합니다.

- 인플레이션: 점선 곡선은 인플레이션의 흐름을 나타냅니다. 인플레이션은 경제가 과열될 때 상승하며, 침체기로 접어들면 감소합니다.

- 투자 전략: 경제 주기의 각 단계에서 유리한 자산군(채권, 주식, 원자재, 현금)을 명시해 투자자에게 실질적인 지침을 제공합니다.

감소하고 실업이 증가하며 임금 또한 하락합니다. 그에 따라 물가는 고점에서 내려와 하락세를 보입니다. 연준은 금리 인하나 양적 완화를 통해 유동성을 공급하며 경제를 부양하려 노력합니다. 일반적으로 이 시기에는 **채권** 투자가 유리합니다.

2. 회복

경제가 성장 궤도에 진입하며 생산 갭이 점차 줄어듭니다. 경제가 저점을 지나 회복세로 전환하는 시기입니다. 고용이 늘고 실업률이 감소하기 시작하며 임금 또한 상승하기 시작합니다. 따라서 소비와 투자가 회복되며, **주식 시장**이 강세를 보이는 시기입니다. 인플레이션 압력이 서서히 증가하지만, 연준은 여전히 완화적 정책을 유지합니다. 왜냐하면 정책의 시차가 있기 때문에 섣부르게 긴축적 통화 정책을 펼쳤다가 이제 막 회복하려는 경기의 불씨를 꺼뜨릴 수 있기 때문입니다.

3. 과열

실제 경제 성장률이 잠재 성장률을 초과해 양의 생산 갭이 발생하는 단계입니다. 경제 성장이 정점에 도달하고 주식 시장에는 거품 논란이 생기기 시작합니다. 기업의 신규 일자리가 구직자 수를 초과해 임금이 상승하고 실업률이 감소합니다. 경제 과열로 인플레이션 압력이 강해지고, 연준은 금리 인상을 통해 과열을 억제합니다. **원자재** 가격 상승이 두드러지는 시기입니다.

4. 스태그플레이션

성장률이 둔화되며 양의 생산 갭이 감소하고 다시 음의 생산 갭이 발생하기 시작합니다. 경기 과열을 억제하기 위한 금리 인상과 긴축 정책 시행으로 경제 성장률이 감소하기 시작하며, 경제가 둔화되어도 당분간 인플레이션은 높은 수준을 유지할 수 있습니다. 이 역시 정책의 시차 효과 때문입니다. 높은 인플레이션과 낮은 성장률이 동시에 나타나는 스태그플레이션 상태가 종종 나타납니다. 이 시기에는 **현금** 보유가 가장 안전한 전략일 수 있습니다.

일반적인 원칙을 다시 정리해보도록 하겠습니다. 경기 확장기에는 주식 비중 확대가 필요합니다. 특히 경기 민감 섹터(예: 산업재, 금융)에 대한 포트폴리오 확대가 바람직합니다. 또한 원자재 비중 확대를 통해 원유, 구리 등 경기 확장기에 강세를 보이는 자산을 포트폴리오에 편입하는 것도 유리할 수 있습니다.

반대로 경기 둔화기에는 채권 비중 확대가 권고됩니다. 특히 안전 자산으로서의 역할을 하는 장기 국채 투자가 바람직합니다. 불확실성 증가 시 금이나 달러, 엔화와 같은 안전 자산들이 도피처로서 투자 매력도가 상승합니다.

경기 확장기이든 둔화기든 리스크 관리는 늘 중요합니다. 리스크 관리의 첫 번째는 '분산 투자'입니다. 경기 사이클에 대한 판단에 기반해 주식, 채권, 원자재, 부동산 등 다양한 자산군에 분산 투자 원칙을 정하도록 하는 것이 좋습니다. 또한 환율 변동성이나 금리 상승 위험에 대비한 다양한 '헷징 전략'도 필요합니다. 이와 관련된 파생상품 및 관련 ETF를 적절히 활용하는 것이 좋습니다. 마지막으로 '유동성 관리'도 중요합니다. 특히 위기의 신호가 늘고 시장 변동성이 확대될 때, 현금 비중을 늘려 유리한 투자 기회를 포착할 준비가 필요합니다.

결론: 실물경제와 시장의 상호작용을 통해 미래를 설계하다

상호작용은 단방향 흐름이 아니라 피드백 루프를 형성합니다. 이를 이해하면 시장의 과잉 반응이나 왜곡된 신호 속에서 투자 기회를 찾을 수 있습니다.

앞에서 반복적으로 이야기했듯 금융 시장의 과잉 반응을 활용하는 것도 필요합니다. 금리 인상 초기 단계에서 과도하게 하락한 성장주를 저가에 매수하는 것도 기회입니다. 그리고 시장 공포로 인해 저평가된 금이나 장기 국채 같은 안전 자산의 비중을 적시에 확대하는 것도 좋은 투자 방법입니다.

정책 변화에 따른 기회 포착도 중요합니다. 연준의 긴축 완화 신호가 나올 경우 위험 자산으로 자금 이동이 예상되므로 발 빠르게 포트폴리오를 조정해야 합니다. 또 양적 완화 재개 시 자산 가격 상승 가능성을 고려해 주식 및 부동산 등의 비중을 확대하는 전략도 유효할 수 있습니다.

글로벌 피드백 루프 활용도 우리나라 투자자들에게 반드시 필요한 투자 전략입니다. 예를 들어 미국 금리 인상이 신흥국 외환 시장에 미치는 영향을 분석해 저평가된 신흥국 자산의 매수 기회로 삼을 수도 있습니다. 또, 글로벌 경기 회복기에 원자재 및 에너지 섹터에 대한 집중 투자 전략도 유효할 수 있습니다.

상호작용은 단순히 데이터를 읽는 것이 아니라, 실물경제와 금융 시장의 관계를 통해 미래를 설계하는 도구입니다. 단계별 데이터를 모니터링하고 상호작용을 분석하며 피드백 루프 속에서 기회를 포착한다면, 변화무쌍한 경제 환경에서도 성공적인 투자를 이끌어낼 수 있을 것입니다.

"데이터는 과거를 보여주지만 동역학은 미래를 설계한다."

투자자는 이 프레임워크를 통해 더 나은 선택을 하고 지속 가능한 성과를 달성할 수 있을 것입니다.

— 5부 —

트럼프 2기와 글로벌 경제 변화

The Fed's way of thinking

트럼프 2기의
핵심 경제 정책

10

트럼프 행정부의 경제 정책은 단순히 미국 내 경제를 넘어 글로벌 경제 질서에 커다란 영향을 미치고 있습니다. 감세, 관세, 규제 완화와 같은 정책들은 미국 기업과 소비자들에게 단기적인 혜택을 줄 수 있지만, 동시에 국제 무역과 외교 관계에 복잡한 문제를 야기하고 있습니다. 트럼프 2기의 정책은 '미국 우선주의'를 더욱 강화하며, 글로벌 경제의 판도를 바꿀 가능성이 큽니다.

트럼프 대통령은 2025년 1월 20일 취임과 동시에 '미국 우선 무역 정책 America First Trade Policy'이라는 대통령 각서 Presidential Memorandum를 통해 즉각적인 무역 우선순위를 제시했습니다. 이는 불공정하고 불균형한 무역 해결, 중국과의 경제 및 무역 관계 재정립, 그리고 추가적인 경제 안보 문제를 다루는 것을 목표로 합니다. 이러한 정책 기조는 미국 경제에 단기적인 부양 효과를 줄 수 있지만, 동시에 글로벌 경제 성장을 감소시키고 인플레이션을 일으킬 수 있다는 우려도 제기되고 있습니다.

특히 주목할 만한 점은 트럼프 행정부의 관세 정책입니다. 중국 제품에 대해 최대 60%의 관세를 부과하고, 캐나다와 멕시코에 25%의 관세를 부과하겠다고 선언하는 등 강경한 무역 정책을 펼치고 있습니다. 이는 글로벌 공급망을 재편하고 국제 무역 관계를 근본적으로 변화시킬 수 있는 잠재력을 가지고 있습니다.

이 장에서는 트럼프 2기의 핵심 경제 정책인 감세, 관세 정책, 제조업 리쇼어링, 에너지 및 환경 정책을 중심으로 그 경제적 영향을 분석하겠습니다. 이러한 정책들이 미국과 글로벌 경제에 미치는 복합적인 효과를 이해하면, 투자자와 경영인은 변화하는 환경에서 더 나은 전략을 수립할 수 있을 것입니다. 트럼프의 '미친 사람 이론 Madman Theory'에 기반한 예측 불가능한 외교 정책과 함께, 이러한 경제 정책들은 향후 4년간 세계 경제의 향방을 결정짓는 핵심 요소가 될 것입니다.

트럼프의 감세 정책은 세계 경제에 어떤 영향을 미칠까?

트럼프 행정부는 2017년 통과된 '감세 및 일자리법 Tax Cuts and Jobs Act, TCJA'의 연장을 추진하며, 법인세율 추가 인하를 계획하고 있습니다.

이는 미국 경제와 글로벌 경제에 상당한 영향을 미칠 것으로 예상됩니다. 내용을 자세히 살펴보겠습니다.

우선 트럼프는 법인세율을 현재의 21%에서 20%로 인하할 것을 제안했고, 또 미국 내에서 제품을 생산하는 제조업체에 대해서는 15%로 추가 인하할 것을 제안했습니다. 만일 이와 같이 법인세가 인하된다면 다음과 같은 효과를 가져올 것으로 예상됩니다.

먼저 생각할 수 있는 것은 경제 성장 촉진입니다. 15%의 법인세율은 미국을 OECD 국가 중 가장 낮은 법인세율을 가진 5개국 중 하나로 만들게 됩니다. 미국의 한 조세 연구 기관의 분석에 따르면, 법인세율을 15%로 낮추면 장기적으로 GDP가 0.4% 증가하고, 임금이 0.4% 상승하며, 약 9만 3,000개의 일자리가 창출될 것으로 예상됩니다.[*] 그러나 이러한 감세 정책은 재정 적자 확대에 대한 우려를 불러일으키고 있습니다. 이와 같은 감세 정책은 2025년부터 2034년까지 10년간 약 4,600억 달러의 세수 감소를 초래할 것으로 예상됩니다. 미 의회예산처CBO의 분석에 따르면, 감세 및 일자리법의 연장은 첫 10년 동안 약 2.3조 달러의 적자를 증가시킬 것으로 예상됩니다.

감세 및 일자리법의 개인소득세 감세 조항들도 연장될 가능성이 높습니다. 한 연구기관의 분석에 따르면, 감세 및 일자리법 연장은 약

---

[*] Watson, G., & York, E. (2024, July 17). A Lower Corporate Tax Rate Can Be Part of Broader Tax Reform. Tax Foundation. https://www.taxfoundation.org/

75%의 가구에 광범위한 감세 혜택을 줄 것으로 예상됩니다. 특히 고소득층 혜택이 커서, 연간 소득 45만 달러 이상인 가구가 전체 감세 혜택의 약 45%를 받을 것으로 예상되고, 중간 소득 가구는 평균적으로 약 1,000달러의 세금 감면을 받을 것으로 예상하고 있습니다.

트럼프의 감세 정책은 미국의 글로벌 경쟁력을 강화할 것으로 예상됩니다. 미국의 법인세율 인하는 다른 국가들의 세제 개혁 압박을 증가시킬 것이고, 낮은 법인세율은 해외 기업들의 미국 내 투자를 촉진할 것으로 예상됩니다. 한편 OECD의 글로벌 최저한세 등 국제 조세 협력 노력이 약화될 가능성도 있습니다.

결론적으로 말하자면 트럼프의 감세 정책은 단기적으로 경제 성장을 촉진할 수 있지만, 장기적인 재정 건전성과 국제 조세 협력에 대한 우려를 불러일으키고 있습니다. 이러한 정책의 실제 효과는 향후 몇 년간 면밀히 관찰되어야 할 것입니다.

관세 정책과 보호무역주의: '미국 우선주의'의 민낯

중국 제품에 최고 60% 관세 매길까?

트럼프 행정부는 보호무역주의를 더욱 강화하며, 주요 교역국들에 대한 관세를 대폭 인상할 계획입니다. 이는 글로벌 경제에 상당한 영향을 미칠 것으로 예상됩니다. 우선 중국이 그 첫 번째 타깃입니다.

애초에 트럼프는 중국에 대해 60%의 관세를 부과하겠다고 으름장을 놓았습니다. 그러나 이 계획은 변경되었고, 트럼프 행정부는 2025년 2월 4일부터 중국 제품에 대해 10%의 추가 관세를 부과하기로 결정했으며, 한 달 후인 3월 4일부터는 10%의 추가 관세를 더 부과했습니다. 그리고 또 약 한 달 후인 지난 4월 2일 트럼프 대통령이 명명한 '해방의 날 Liberation Day'에 미국은 중국에 대한 상호관세 reciprocal tariff 34%를 또 추가했습니다. 따라서 2025년 4월 2일 현재 기준으로 중국에 부과되는 추가 관세는 모두 54%가 됩니다. 중국에 대한 기존 관세는 일반적인 수입 관세(제품 종류에 따라 다양한 관세율 적용)와 무역법 301조 Section 301(트럼프 1기 때 중국 제품에 대해 부과된 관세로, 품목에 따라 7.5%에서 25%까지 다양한 관세율이 적용)로 이루어져 있습니다. 따라서 새로운 54% 추가 관세는 이러한 기존 관세들에 더해져 부과됩니다. 예를 들어 기존에 25%의 301조 관세가 적용되던 제품은 이제 총 79%의 관세를 부담하게 됩니다. 이 추가 관세는 홍콩을 포함한 모든 중국 제품에 적용되며, 일부 예외 품목을 제외하고는 거의 모든 중국산 제품에 영향을 미칩니다.

    이러한 조치로 인해 미국 가계는 추가적인 비용 부담을 떠안게 될 것으로 보입니다. 예를 들어 중국에서 생산되는 애플 제품을 포함한 다양한 소비재 가격이 상승할 가능성이 있습니다. 또한 기업들은 중국 외 국가로 생산 기지를 이전하는 등 글로벌 공급망 재편이 발생할 개연성이 매우 커졌습니다.

이웃 국가 캐나다와 멕시코에도 25% 관세 부과

트럼프는 애초에 캐나다와 멕시코 제품에 25%의 관세를 부과하겠다고 발표했습니다. 이는 USMCA(미국-멕시코-캐나다 협정)에도 불구하고 보호무역주의를 강화하는 조치입니다. 미국의 조세연구기관 텍스 파운데이션Tax Foundation의 분석에 따르면, 이러한 조치로 인해 미국 가계당 평균 800달러 이상의 추가 비용이 발생할 것으로 예상됩니다.[*] 산업별로 따져보면 자동차, 목재, 에너지, 자원 등의 산업 분야에 영향을 미칠 것으로 예상되고 있습니다.

그러나 트럼프 대통령은 이와 같은 관세 부과 계획을 30일간 유예하겠다고 발표하면서 새로운 시행일을 2025년 3월 4일로 연기했습니다. 관세율의 조정도 있었는데, 대부분의 제품에 25%, 캐나다 에너지 자원에는 10%로 하향 조정했습니다.

트럼프 대통령은 2025년 2월 24일 기준으로 캐나다와 멕시코에 대한 관세가 "예정대로 진행될 것"이라고 언급하며 그 실행 가능성을 높였습니다. 그러나 상황이 계속 변할 수 있으므로 최신 뉴스를 지속적으로 확인하는 것이 중요합니다.

---

[*] 관세 부과에 따른 미국 가계 부담 영향은 트럼프의 관세 정책이 오락가락함에 따라 분석 결과도 천차만별입니다. 2025년 3월 4일 기준, NPR의 보도에 따르면 캐나다, 멕시코에 각각 25% 관세(캐나다산 에너지에는 10%), 중국에 20% 추가 관세를 부과할 경우, 미국 가계당 부담 증가는 1,072달러에 달하는 것으로 분석됩니다.

트럼프의 관세 정책은 무역 협상을 위한 블러핑?

트럼프의 관세 정책은 글로벌 무역 긴장을 고조시키고 있습니다. UN은 이러한 무역 긴장으로 인해 2025년 글로벌 경제 성장률이 2.8%에 머물며 둔화될 것으로 전망합니다. 신흥국에 미치는 영향도 무시할 수 없습니다. 베트남, 태국 등 중국 투자를 많이 받은 국가들이 미국의 표적이 될 가능성이 있습니다. 산업별로는 특히 미국으로의 수출이 많은 반도체, 제약, 자동차 산업 등이 큰 영향을 받을 것으로 예상됩니다.

하지만 트럼프의 관세 정책이 실제 시행보다는 협상 레버리지로 활용되고 있다는 분석도 있습니다. 지금까지 트럼프 행정부는 관세를 주요 협상 도구로 활용하고 있습니다. 즉, 트럼프 행정부에서 관세는 국가 이익을 보호하기 위한 '강력하고 검증된 레버리지 수단'이자, '외교 협상을 위한 주요 도구'로 이해되고 있습니다.

따라서 트럼프의 관세 정책은 실제적 발표보다는 무역 협정 재협상, 국가 안보 및 경제 안보 목표 달성을 위한 정책 변화를 유도하는 데 압박 수단으로 활용되고 있다는 것이 많은 전문가들의 생각입니다. 예를 들어 트럼프 대통령은 멕시코와 캐나다로부터의 이민자 유입 억제, 마약 밀매 방지 등 다양한 정책 목표를 동시에 추구합니다. 또한 여러 국가에 동시다발적인 관세 부과 계획을 발표하며 이들 여러 나라와 동시에 협상을 진행하는 '분산 협상자 distributed negotiator' 전략을 구사하며 협상력을 높이고 있습니다. 따라서 경제학자들은 이 정책이 '끔찍한 경제학'이지만 '훌륭한 정책 행동'

이라고 평가합니다.

이러한 전략은 일부 성과를 거두고 있지만, 동시에 비판도 받고 있습니다. 단기적으로는 미국의 협상력을 높일 수 있지만, 장기적으로는 글로벌 경제 질서에 혼란을 초래할 수 있습니다. 결론적으로 트럼프의 관세 정책은 실제 시행보다는 협상 레버리지로 활용되는 경향이 강하며, 이는 그의 독특한 협상 전략의 일환으로 볼 수 있습니다. 그러나 이러한 접근 방식의 장기적 효과와 글로벌 경제에 미치는 영향에 대해서는 여전히 논란이 있습니다.

기업의 대응 전략

기업들은 이러한 무역 환경 변화에 대비해 다각적인 대응 전략을 고려해야 합니다. 우선 공급망의 지정학적 노출도를 이해하고 관리해야 합니다. 그리고 수시로 변하는 도널드 트럼프의 레토릭 상, 정책 변화를 주시하고 필요시 적절히 정책 대응을 수정해야 합니다. 또한 예측이 어려운 점을 감안해 다양한 위협에 대비한 시나리오 기반의 리스크 관리 전략을 수립해야 합니다.

결론적으로 트럼프의 관세 정책은 단기적으로 미국 경제를 부양할 수 있지만, 장기적으로는 글로벌 경제 질서에 혼란을 초래할 가능성이 큽니다. 기업과 투자자들은 이러한 변화에 민첩하게 대응하며 새로운 기회와 리스크를 관리해나가야 할 것입니다.

제조업 리쇼어링: '메이드 인 아메리카' 전략

트럼프 행정부는 제조업 리쇼어링reshoring을 통해 미국 내 일자리 창출과 산업 경쟁력을 강화하려는 '메이드 인 아메리카Made in America' 전략을 추진하고 있습니다. 이를 위해서 해외에서 생산 시설을 미국으로 이전하는 기업들에 세금 감면을 제공할 계획입니다. 즉, 국내 제조업 활성화를 위해 R&D 세액 공제 확대, 100% 보너스 감가상각 재도입, 신규 제조업 투자에 대한 비용 처리 확대 등의 정책을 제안하고 있습니다. 이러한 인센티브는 기업들의 경쟁력을 높이고 미국 내 인프라 투자를 촉진할 것으로 예상됩니다.

또한 '메이드 인 아메리카' 전략을 완성하기 위해 전반적인 환경 및 노동 규제 완화를 통해 기업 운영 비용을 감소하려는 노력이 계속될 것으로 보입니다. 그러나 이는 환경 보호와 노동권 약화에 대한 우려를 불러일으키고 있습니다.

글로벌 공급망 변화와 산업별 리쇼어링 전략

코로나19 팬데믹과 글로벌 혼란으로 인해 전통적인 공급망의 취약성이 드러났습니다. 이로 인해 리쇼어링이 가속화될 것으로 예상되며, 생산 시설이 중국 및 아시아 지역에서 미국으로 이전될 가능성이 증가하고 있습니다. 그러나 일부 산업에서는 여전히 높은 노동 비용이 걸림돌로 작용할 수 있습니다.

딜로이트 컨설팅의 분석에 따르면 미국의 리쇼어링 정책에 따른 명암은 산업별로 갈릴 것으로 예상됩니다. 우선 가전제품은 생산 자동화로 인해 중국과 미국의 노동 비용 격차가 줄어들고 있어 리쇼어링에 유리한 상황입니다. 기계류 역시 자동화와 설계의 발전으로 미국과 재개발 국가의 노동 비용 갭이 감소하고 있는 데다가, 미국 생산이 품질 우위를 가질 수 있습니다. 또한 기계류는 운송 비용도 높아 리쇼어링이 현실화되고 있습니다. 가구 산업은 복합적입니다. 아시아 생산의 노동 비용 우위가 여전히 크지만, 고급 가구의 경우에는 운송 비용의 발생으로 인해 노동 비용의 갭이 줄어들어 리쇼어링이 유리할 수 있습니다. 의류 및 패션은 중국과 미국의 노동 비용 차이가 매우 크고 운송 비용이 낮아, 저가 제품의 리쇼어링 가능성은 낮고 여전히 해외 생산이 유리할 것으로 보입니다.

리쇼어링은 높은 운영 비용, 노동력 부족, 새로운 기술에 대한 투자 필요성 등의 도전 과제를 안고 있습니다. 기업들은 이러한 도전을 극복하기 위해 자동화, AI, 로봇공학 등의 첨단 기술을 도입하고 있습니다.

결론적으로 트럼프 행정부의 '메이드 인 아메리카' 전략은 미국 제조업의 경쟁력 강화와 일자리 창출을 목표로 하고 있지만, 동시에 여러 도전 과제도 안고 있습니다. 기업들은 이러한 변화에 적응하기 위해 새로운 기술 도입과 전략 수립에 주력해야 할 것으로 보입니다.

에너지 정책과 환경 규제 완화: 화석 연료로 돌아갈까?

트럼프 행정부는 전 세계가 발맞춰왔던 기존의 친환경 에너지 정책에서 유턴해 화석 연료의 생산 확대와 환경 규제 완화를 통해 에너지 독립을 더욱 강화하려 합니다.

퇴행하는 미국의 친환경 에너지 정책

트럼프 대통령은 취임 첫날 '국가 에너지 비상사태'를 선포하며 화석 연료 개발을 가속화하겠다는 의지를 보였습니다. 구체적으로 살펴보면, 석유, 천연가스, 석탄, 우라늄 등 전통 에너지원 개발 촉진, 환경영향 평가 완화를 통한 에너지 프로젝트 승인 절차 간소화, 재생에너지 지원 중단 및 화석 연료 산업 지원 확대 등이 골자입니다.

또한 파리기후협약에서 다시 탈퇴하고 환경 규제를 대폭 완화했습니다. 이를 위해 '국제 환경 협정에서 미국 우선주의 Putting America First in International Environmental Agreements' 행정명령을 발동하면서 환경보호청 EPA 규제 완화(대기오염 기준, 자동차 연비 규제, 에너지 효율 기준 등), 기후변화 관련 용어 사용 제한 및 정부 웹사이트에서 관련 정보 삭제 등의 조치를 취했습니다.

이와 같은 트럼프의 에너지 정책은 미국 신재생에너지 산업에 심각한 타격을 줄 것으로 예상됩니다. 구체적으로 해상 풍력 임대 판매 중단 및 육상/해상 풍력 프로젝트 승인이 보류되었으며, 인플레이션

감축법 IRA에 따른 녹색 보조금이 중단되었고, 태양광, 풍력, 배터리 저장 등 재생에너지 지원도 없애기로 했습니다.

글로벌 에너지 시장에 미치는 영향은?

트럼프 행정부의 에너지 정책은 글로벌 에너지 시장에 상당한 영향을 미칠 것으로 예상됩니다. 우선 화석 연료 공급 과잉에 따른 국제 유가 하락 가능성이 점쳐집니다. 트럼프 대통령은 석유, 천연가스, 석탄 등 전통 에너지원 개발을 촉진하고 있습니다. 미국의 화석 연료 생산 확대는 글로벌 석유 공급을 증가시킬 것으로 예상되며, 이에 따라 2025년 글로벌 석유 공급은 하루 1억 480만 배럴로 증가할 것으로 예상됩니다. 이는 2024년 대비 하루 평균 190만 배럴이 증가한 수치입니다.* 반면 석유 수요의 성장세는 둔화하고 있습니다. 2025년 글로벌 석유 수요 성장은 하루 평균 약 110만 배럴로 예상되며, 이는 2022년과 2023년에 비해 크게 둔화된 수치입니다. 이러한 공급 과잉으로 인해 브렌트유 가격은 2025년 평균 배럴 당 74달러, 2026년에는 66달러까지 하락할 것으로 전망됩니다.

이러한 상황은 중동 산유국 및 신흥국 경제에 영향을 미칩니다. 유가 하락은 중동 산유국의 재정에 압박을 가할 것입니다. 많은 중동 국가들의 재정 균형점이 지난 5년간 상승했기 때문에 더욱 큰 영향을

---

* Oil Market Report – December 2024, The International Energy Agency(IEA)

받을 수 있습니다. 석유 수출국에 재정 균형점은 정부 예산을 균형 있게 만드는 데 필요한 석유 가격을 의미합니다. 2025년 중동 및 중앙아시아 산유국들의 재정 균형점은 국가별로 다르며, 사우디아라비아는 96.20달러 이상, 투르크메니스탄 37달러, 바레인의 127달러로 다양합니다. 재정 균형점의 상승은 정부 지출 증가, 경제 다각화 프로젝트 투자 등 다양한 요인으로 인해 발생할 수 있습니다. 석유 가격이 재정 균형점 아래로 떨어지면, 이 국가들은 재정 적자에 직면하게 되고 이는 국가의 경제에 부정적인 영향을 미칠 수 있습니다. 이에 따라 중동 국가들은 화석 연료 의존도를 줄이고 경제를 다각화해야 하는 압력을 받게 될 것입니다. 이와 같은 상황으로 인해 중동 지역의 정치적 불안정이 심화될 수 있으며, 이는 글로벌 에너지 시장의 불확실성을 높일 수 있어 세심한 관찰이 요구됩니다.

아울러 미국의 새로운 에너지 정책은 중국과 미국 사이에서 균형을 잡으려 노력해온 동남아시아 국가들의 에너지 전략에 변화를 가져올 수 있습니다. 특히 베트남, 태국 등 중국으로부터 상당한 규모의 재생에너지 투자를 많이 받은 국가들이 미국의 새로운 에너지 정책으로 인해 영향을 받을 수 있습니다. 미국의 에너지 정책 변화는 이들 동남아시아 지역의 에너지 전환 속도와 방향, 그리고 국제 협력 구도에 영향을 미칠 수 있습니다.

한국 경제에 미치는 영향

트럼프의 에너지 정책은 한국 경제에 복합적인 영향을 미칠 것으로 예상됩니다. 우선 한국으로서는 에너지 안보가 강화되는 면이 있습니다. 미국산 원유 및 천연가스 수입 조건에 개선 가능성이 있어, 기존 중동에 더해 미국으로 에너지 공급원을 다변화할 수 있기 때문입니다. 또한 미국 LNG는 중동산 LNG에 비해 저렴해 우리에게 유리한 가격 조건입니다. 아울러 미국과의 에너지 협력 강화는 양국 간 전략적 관계를 강화하는 데도 도움이 됩니다. 그러나 높은 운송 비용과 시설 투자 비용이 필요하기 때문에 한국 정유사들은 신중한 입장을 보이고 있습니다.

반면 트럼프의 에너지 정책은 우리나라 조선 산업에는 기회입니다. 에너지 운송선 수요 증가에 따른 수혜가 예상되기 때문입니다. 트럼프 행정부는 한국 조선업체들과의 협력을 모색하고 있습니다. 한화그룹의 필라델피아 조선소 인수와 미 해군과의 유지·보수·정비Maintenance, Repair and Operations, MRO 계약 체결은 향후 미 군함 건조에 협력 가능성을 높이고 있습니다. 이를 필두로 미국의 조선 능력 향상을 위해 한국 기업들의 참여 기회가 늘어날 것으로 예상됩니다.

우리나라 신재생에너지 산업은 타격이 불가피할 것으로 보입니다. 트럼프는 대통령 취임 연설에서 바이든 행정부의 친환경 정책인 그린뉴딜을 폐지하고 전기차 의무화를 철회하겠다고 선언했습니다. 이로 인해 한국의 2차전지 관련 기업들의 주가가 급락했습니다. 또한 전기차 구매 보조금과 세액 공제 철회 가능성도 있어서 한국의 전기차 및 배터리 산업에 부정적 영향을 미칠 것으로 예상됩니다.

트럼프는 한국과의 무역 불균형 해소를 최우선 과제로 삼을 것으로 예상됩니다. 2024년 한국의 대미 무역 흑자는 557억 달러로, 전년 대비 25% 증가했습니다. 이런 상황에서 트럼프 행정부는 한미 FTA 재협상을 요구할 가능성이 있습니다. 예상컨대 자동차 산업이 주요 협상 대상이 될 수 있습니다.

트럼프의 에너지 정책은 단기적으로 미국의 에너지 생산을 증가시킬 수 있지만, 장기적으로는 기후변화 대응을 약화시키고 글로벌 에너지 시장의 불확실성을 높일 것으로 보입니다. 한국은 이러한 변화에 대응해 에너지 안보 강화와 신재생에너지 산업 보호를 위한 전략을 수립해야 할 것입니다.

결론:
트럼프 정책이 만드는 새로운 질서

트럼프 행정부의 감세, 관세, 제조업 리쇼어링, 화석 연료 중심 에너지 정책 등 주요 경제 정책은 미국 경제를 단기적으로 부양할 수 있지만, 장기적으로는 글로벌 경제 질서에 상당한 변화를 초래할 가능성이 큽니다. 재정 적자 확대로 인한 경제적 부담 증가, 글로벌 무역 긴장 고조 및 공급망 재편, 환경 규제 완화로 인한 기후변화 대응 약화, 신재생에너지 산업 성장 둔화 가능성 등이 그것입니다.

이러한 정책 변화는 투자자와 경영인들에게 새로운 기회와 리스크를 동시에 제공합니다. 미국 내 제조업 투자 기회가 확대되는 반면, 글로벌 공급망 재편에 따른 불확실성도 증가할 것입니다. 에너지 섹터에서는 화석 연료 산업이 단기적으로 혜택을 받을 수 있지만, 장기적으로는 글로벌 에너지 전환 트렌드와의 괴리가 발생할 수 있습니다.

> "경제 정책은 국경을 넘는다. 트럼프의 선택은 세계의 변화를 이끈다."

이 변화의 흐름을 이해하고 대비하는 것이 성공적인 투자와 경영 전략의 핵심입니다. 기업들은 단기적인 정책 변화에 민첩하게 대응하면서도, 장기적인 글로벌 트렌드를 고려한 전략을 수립해야 합니다. 투자자들은 정책 리스크를 면밀히 모니터링하며, 다각화된 포트폴리오 구성을 통해 리스크를 관리해야 할 것입니다.

트럼프로 인해 급변하고 있는 미국 중심의 새로운 경제 질서는 글로벌 경제의 불확실성을 높이는 동시에, 새로운 기회를 창출할 것입니다. 이러한 변화에 적응하고 선제적으로 대응하는 능력이 향후 경제 주체들의 성공을 좌우할 것입니다.

보호무역주의와
글로벌 경제 질서 재편

⑪

"관세는 가장 아름다운 단어다." 트럼프 대통령은 이렇게 말하며 보호무역주의를 강화하는 정책을 추진해왔습니다. 그러나 이러한 정책은 단순히 미국 내 경제에만 영향을 미치는 것이 아닙니다. 글로벌 공급망을 흔들고, 국제 경제 협력을 약화시키며, 세계 경제 질서를 재편하는 강력한 파급 효과를 가져옵니다.

이 장에서는 보호무역주의가 글로벌 경제에 미치는 영향을 세 가지 주요 관점에서 살펴보려고 합니다. 첫째는 관세 인상이 물가와 성장률에 미치는 영향이며, 둘째는 글로벌 공급망 재편과 신흥국의 대응, 그리고 마지막으로 미국 우선주의가 국제 협력에 미치는 장기적 도전을 차례로 살펴보겠습니다.

관세 인상이 물가 상승 및 성장률 둔화에 미치는 영향

관세를 둘러싼 트럼프 대통령의 발언은 계속 바뀌기 때문에 혼란스럽지만, 2025년 3월 27일 기준 트럼프 행정부의 관세 발표를 정리해보면 아래와 같습니다.

- 캐나다에서 수입되는 에너지와 비료에 10%, 다른 모든 상품에는 25%의 관세 부과(2025년 3월 4일부터).
- 멕시코의 모든 상품에는 25%의 관세 부과(2025년 3월 4일부터).
- 중국의 모든 상품에는 (기존 관세에) 추가로 10%+10%의 관세 부과 (2025년 3월 4일부터).
- 알루미늄과 철강에 25% 관세 부과(2025년 3월 12일부터).
- 자동차에 25% 관세 부과(2025년 4월 3일부터).
- 미국의 모든 무역 상대국에 상호관세(reciprocal tariff) 부과 계획(실행 시기 미정).
- 베네수엘라의 원유와 가스 수입국에 25% 관세 부과 계획 (2025년 4월 2일 예상).
- 구리와 목재에 25% 관세 부과 계획 (실행 시기 미정).
- 반도체와 의약품에 25% 관세 부과 계획 (실행 시기 미정).

그리고 2025년 4월 2일 트럼프 대통령이 '해방의 날'이라고 선언한

날에 마침내 트럼프 대통령은 미국의 모든 무역 상대국에 대한 상호 관세 부과 계획을 발표했습니다. 그 세부 내용은 아래와 같습니다.

미국 수입품에 대한 일반 관세: 모든 미국 수입품에 대해 10% 관세 (2025년 4월 5일부터).

특정 국가에 대한 높은 관세: '악의적 행위자(Bad actors on Trade)'로 간주되는 국가에 대해 더 높은 관세 부과(2025년 4월 9일부터). 주요 국가별 관세율은 아래 참조.

- 중국: 추가 34%(기존 관세 10%+10%에 추가됨. 최소 54% 이상)
- 일본: 24%
- 유럽연합(EU): 20%
- 한국: 25%
- 인도: 26%
- 타이완: 32%
- 베트남: 46%
- 태국: 36%
- 인도네시아: 32%
- 캄보디아: 49%
- 캐나다와 멕시코: 상호관세 체계에서 제외. 기존 25% 관세 유효

한국이 상호관세 25%로 확정되었고, 한국 기업들의 주요 생산 기지인 베트남 등 동남아시아 주요 국가들도 30% 이상 고율의 상호관세가 확정되었습니다. 미국 수출 비중이 큰 한국 기업들에 커다란 위기입니다.

미국의 수입품 관세는 기업의 생산 비용을 증가시키고, 이는 결국 소비자 가격으로 전가됩니다.

예를 들어 캐나다와 멕시코 제품에 부과된 25% 관세는 자동차, 가전제품 등 주요 소비재의 가격을 상승시킬 수 있습니다. 신용평가사 S&P 글로벌레이팅스 S&P Global Ratings의 분석에 따르면, 트럼프의 새로운 관세 정책이 2025년 말까지 유지된다면, 미국 소비자물가가 일회성으로 0.5%에서 0.7% 상승할 것으로 예상되며, 2025년 4분기까지 인플레이션율이 3%에 근접할 수 있다고 분석하고 있습니다. 이뿐 아니라 골드만삭스의 분석에 따르면, 10%의 전면적 관세 부과는 2026년 초 근원 물가를 3.1%까지 끌어올릴 수 있다는 경고도 나옵니다.

높은 관세는 또한 무역량 감소를 초래하며, 이는 GDP 성장률을 하락시키는 주요 요인으로 작용합니다. 프라이스워터하우스쿠퍼스 PricewaterhouseCoopers, PwC의 분석에 따르면, 캐나다와 멕시코 제품에 대한 관세는 미국 GDP 성장률을 최대 0.7%까지 감소시킬 수 있으며, S&P 글로벌레이팅스는 향후 12개월 동안 미국의 실질 GDP가 현재 전망보다 0.6% 포인트 낮아질 수 있다고 예측하고 나섰습니다.

예일대학교의 비영리 정책 분석 기관인 버젯 연구소 Budget Lab의 분석도 비슷한 예측을 하고 있습니다. 이 기관의 분석에 따르면 캐나다와 멕시코에 대한 25% 관세 그리고 중국에 대한 20%의 추가 관세가 부과된다는 가정하에서 미국의 실질 GDP는 2025년 0.6% 포인트 감소하며 장기적으로는 0.3~0.4% 포인트 하락할 수 있다고 예측합니다. 또 같은 분석에 따르면 개인소비지출 기준 물가는 단기적으로 최소 1.0%에서 최대 1.2%까지 상승할 수 있으며, 이는 2024년 달러 기준으로 미국 가구당 평균 1,600~2,000달러의 소비자 손실에 해당한다고 밝혔습니다.

한 가지 주목해야 할 사항은 관세는 특히 단기적으로 역진적인 세금regressive tax이기 때문에, 소득 상위 계층보다 하위 계층 가구에 더 큰 부담을 주는 것으로 나타났습니다. 예를 들어 위 같은 가정하에서 관세로 인한 가처분 소득의 변화율은 소득 상위 10% 가구보다 소득 2분위(하위 20%~30%) 가구에서 거의 세 배 더 큰 것으로 분석됐습니다. 즉, 캐나다, 멕시코, 중국의 전면적인 보복 조치가 포함된 관세 시나리오에서, 소득 2분위 가구의 가처분 소득은 -2.5% 감소하는 반면, 소득 상위 10% 가구의 감소율은 -0.9% 감소에 그치는 것으로 나타났습니다.

글로벌 공급망 재편과
신흥국 경제의 대응

보호무역주의는 글로벌 공급망의 구조를 근본적으로 변화시키며, 특히 신흥국 경제에 큰 영향을 미치고 있습니다.

공급망 다변화와 리쇼어링

많은 기업들이 중국 의존도를 줄이기 위해 생산 기지를 동남아시아나 멕시코로 이전하거나 미국 내로 복귀하려고 시도하고 있습니다. 글로벌 컨설팅 기업 커니Kearney의 2024 리쇼어링 인덱스KRI 보고서에 따르면, 미국 기업의 리쇼어링과 니어쇼어링Nearshoring이 증가하고 있습니다. 2023년 커니 리쇼어링 인덱스는 크게 상승했는데, 이는 미국의 아시아 국가로부터의 수입이 1조 220억 달러에서 8,780억 달러로 1,430억 달러 감소했기 때문입니다. 이는 글로벌 공급망 불안정성과 지정학적 리스크 속에서 기업들이 생산 시설을 미국으로 이전하려는 움직임을 강화하고 있음을 시사합니다. 그러나 미국 내 높은 노동 비용과 낮은 생산성 문제로 인해 리쇼어링이 기대만큼 효과적이지 않을 가능성도 존재합니다.

어찌 되었든 트럼프 2기 행정부의 리쇼어링 정책에 힘입어, 2025년 미국 제조업 성장은 반등할 것으로 예상됩니다. ISMInstitute for Supply Management의 2024년 12월 공급망 계획 예측Supply Chain Planning Forecast에 의하면, 미 제조업 섹터의 2025년 전체 매출은 4.2% 증가하고 자본 지출은 5.2% 증가하며 고용도 소폭 증가할 것으로 전망됩니다. 이러한 성장에는 리쇼어링과 니어쇼어링이 미국 제조업 회복의 주요 동인으로 작용하고 있습니다.

니어쇼어링과 리쇼어링은 기업들이 글로벌 공급망을 재구성하는 두 가지 주요 전략입니다. 니어쇼어링은 기업이 생산 시설을 아시아 등 원거리 국가에서 자국과 지리적으로 더 가까운 국가나 지역으로 이전하는 것을 의미합니다.

공급망 분열과 비용 증가

트럼프의 관세 정책으로 인해 글로벌 공급망의 재편이 가속화되고 있습니다. 중국에서 베트남, 태국, 말레이시아로의 생산 시설 이전이 증가하고 있으며, 이러한 변화는 제조 비용 상승과 글로벌 무역량 감소로 이어질 수 있습니다. 특히 자동차 산업의 경우, 부품이 여러 번 국경을 넘나들기 때문에 25%의 관세가 누적되어 차량 가격을 급격히 인상시킬 수 있습니다.

이러한 변화에 대응해 기업들은 공급망 다각화, 리쇼어링, 자동화 등 다양한 전략을 모색하고 있습니다. 그러나 높은 노동 비용, 기술 격차, 인프라 문제 등으로 인해 완전한 리쇼어링은 쉽지 않을 것으로 보입니다. 따라서 기업들은 리스크 관리와 비용 효율성을 동시에 고려한 균형 잡힌 접근이 필요할 것입니다.

미국의 보호무역주의는 글로벌 공급망 구조의 근본적 변화를 불러와 공급망 분열을 가속화할 수 있습니다. 이는 제조 비용 상승과 글로벌 무역량 감소로 이어질 수 있으며, 특히 신흥국 경제에 큰 영향을 미칠 수 있습니다.

동남아 국가들의 프렌드쇼어링 전략

동남아시아 국가들은 '프렌드쇼어링friendshoring' 전략을 통해 글로벌 제조 허브로 자리 잡으려 노력하고 있습니다. 프렌드쇼어링은 기업이나 국가가 신뢰할 수 있는 동맹국이나 우호적인 국가들과 우선적으로 무역 및 공급망을 구축하는 경제 전략을 의미합니다. 이는 지정학적 긴장, 무역 분쟁, 안보 우려 등이 증가하는 상황에서 더욱 중요해진 개념으로, 기업들이 비슷한 가치와 규범을 공유하는 국가들로 공급망을 재편하는 것을 포함합니다. 미국, 유럽연합, 일본, 한국 등 민주주의 국가 사이에서 공급망 협력을 강화하는 움직임이 그 예이며, 이는 경제적 의존도를 다양화하고 지정학적 위험을 관리하는 방법으로 활용되고 있습니다.

이런 기조하에 베트남은 전자제품 및 의류 제조업에서 중국의 대체지로 부상하고 있습니다. 그 외에도 인도네시아, 필리핀 등 동남아시아 국가들이 중국을 대체하는 새로운 제조업 허브로 부상하고 있습니다. 또한 인도는 HP와 구글의 크롬북Chromebook 생산을 유치하는 등 전자제품 제조 분야에서 성과를 거두고 있습니다. 그러나 이들 국가도 미국의 새로운 제조업 리쇼어링 정책과 잠재적 관세 위협으로 인해 영향을 받을 수 있습니다.

미국 우선주의 정책과
국제 협력 약화

트럼프 행정부의 '미국 우선주의' 정책은 국제 협력 체계를 약화시키며, 장기적으로 글로벌 경제 질서에 도전장을 내밀고 있습니다. 이러한 정책 기조로 인해 글로벌 경제는 다자간 무역 체제의 약화, 지정학적 긴장 심화, 그리고 글로벌 경제 리더십의 약화라는 세 가지 패턴이 두드러지게 나타나고 있습니다.

첫째, 다자간 무역 체제가 약화되고 있습니다. 트럼프 대통령의 미국 우선주의 정책은 북미 자유무역의 근간을 흔들 수 있는 가능성을 내포하고 있습니다. 더불어 WTO의 역할 축소에 대한 우려도 제기되고 있습니다. 트럼프 행정부는 WTO의 분쟁 해결 기능을 약화시키는 정책을 추진하고 있어, 이는 다자간 무역 체제 전반에 타격을 줄 수 있습니다.

둘째, 지정학적 긴장이 심화되고 있습니다. 특히 중국과의 무역 갈등이 두드러집니다. 트럼프 대통령은 2025년 2월 1일, 중국 수입품에 대해 10%의 추가 관세를 부과하는 행정명령을 발표했고, 2월 27일에는 여기에 더해 추가로 10%를 더해 총 20%의 추가 관세를 부과하겠다고 밝혔습니다. 이에 대응해 중국도 보복 관세를 부과하겠다고 발표했습니다. 이러한 상호 관세 부과는 양국 간 무역 전쟁으로 확대될 가능성이 높습니다. 더불어 캐나다와 멕시코에 대한 25% 관세 부과 위협은 북미 지역의 무역 관계를 악화시킬 수 있습니다. 이는 단순한 경제적 문제를 넘어 지정학적 동맹 관계에도 균열을 가져올 수 있는 심각한 사안입니다.

셋째, 미국의 글로벌 경제 리더십이 약화되고 있습니다. 트럼프의 보호무역주의 정책은 다른 국가들로 해금 미국을 배제한 새로운 무역 협정을 체결하도록 유도하고 있습니다. 예를 들어 EU와 일본 간의 자유무역협정 체결이나 중국 주도의 RCEP(역내포괄적경제동반자협정) 확대 등이 이러한 움직임을 보여줍니다. 이는 결과적으로 미국 중심의 글로벌 경제 질서를 약화시키고, 다극화된 세계 경제 체제로의 전환을 가속화할 수 있습니다.

결론:
보호무역주의가 만드는 새로운 도전

보호무역주의는 단기적으로 특정 산업을 보호하고 자국 경제를 부양할 수 있지만, 장기적으로는 글로벌 경제 질서를 불안정하게 만들고 국제 협력을 약화시킬 위험이 있습니다. 최근의 연구와 분석에 따르면, 보호무역주의 정책은 글로벌 경제 성장 둔화, 소비자 물가 상승, 글로벌 공급망 재편과 국제 협력 약화 등과 같은 광범위한 영향을 미칠 수 있습니다.

이러한 변화 속에서 투자자와 경영인은 리스크를 관리하고 새로운 기회를 포착하기 위해 다음과 같은 전략을 고려해야 합니다.

- 공급망 가시성 강화: 실시간으로 공급망을 모니터링하고 잠재적 위험을 조기에 식별할 수 있는 기술에 투자해야 합니다.
- 공급원 다각화: 특정 국가나 지역에 대한 의존도를 줄이고 공급망의 탄력성을 높여야 합니다.
- 혁신 우선순위 설정: R&D 투자를 확대하고 첨단 제조 기술에 집중해 경쟁력을 유지해야 합니다.
- 시나리오 계획 수립: 다양한 무역 정책 변화에 대한 시나리오를 수립하고 대응 계획을 마련해야 합니다.

"보호무역주의는 벽을 세우지만, 그 벽 너머에는 더 큰 변화가 기다리고 있다."

이 변화의 흐름 속에서 성공하려면 시장의 움직임뿐 아니라 정치적·경제적 역학 관계를 이해하고 대비해야 합니다. 기업들은 단기적인 대응과 장기적인 전략을 동시에 관리해야 하며, 글로벌 경제의 불확실성 속에서도 혁신과 적응력을 통해 새로운 기회를 창출할 수 있어야 합니다. 궁극적으로, 보호무역주의의 도전은 기업들이 더욱 효율적이고 탄력적인 운영 모델을 개발하도록 촉진하는 계기가 될 수 있습니다.

에너지 패권 경쟁과 국제 경제

⑫

"에너지를 지배하는 자가 세계를 지배한다." 21세기 들어 에너지는 단순한 자원의 문제가 아니라, 경제와 지정학적 패권의 중심으로 자리 잡았습니다. 미국은 에너지 독립 전략을 통해 화석 연료 생산을 확대하고 수출을 늘리며, 글로벌 에너지 시장의 판도를 바꾸고 있습니다. 그러나 이러한 움직임은 국제 에너지 시장의 재편과 지정학적 긴장을 심화시키고, 신재생에너지로의 전환과 환경 협력을 약화시키는 부작용을 낳고 있습니다.

이 장에서는 미국의 에너지 독립 전략, 국제 에너지 시장의 변화, 그리고 신재생에너지 후퇴와 환경 협력 약화라는 세 가지 측면에서 에너지 패권 경쟁이 글로벌 경제에 미치는 영향을 분석합니다.

셰일 혁명과 미국의 에너지 전략의 변화

21세기 초반, 미국 에너지 산업은 혁명적인 변화를 겪었습니다. 이른바 '셰일 혁명'으로 불리는 이 변화는 미국을 세계 최대의 원유 및 천연가스 생산국으로 탈바꿈시켰고, 에너지 독립을 향한 강력한 발판을 마련했습니다.

셰일 혁명의 핵심은 수평 시추와 수압 파쇄 기술의 결합입니다. 이 기술은 과거에는 접근이 불가능했던 셰일층의 석유와 가스를 추출할 수 있게 만들었습니다. 그 결과 미국의 에너지 생산량은 급격히 증가했습니다.

미국의 에너지정보청에 따르면 2025년 미국의 4분기 원유 생산량은 일평균 1,377만 배럴에 달할 것으로 예상됩니다. 이는 10년 전인 2015년과 비교해 약 44% 증가한 수치입니다. 천연가스 생산량 역시 폭발적으로 증가해, 2025년 4분기에는 하루에 1,056억 입방피트에 이를 것으로 전망됩니다[*](292쪽 표 참조).

이러한 생산량 증가는 미국 에너지 시장의 판도를 완전히 바꾸어 놓았습니다. 과거 에너지 수입국이었던 미국은 이제 주요 수출국으로 변모했고, 글로벌 에너지 시장에서 석유수출국기구의 영향력을 크게

---

* "Short-Term Energy Outlook", US Energy Information Administration(EIA), March 2025.

미국 원유 생산량

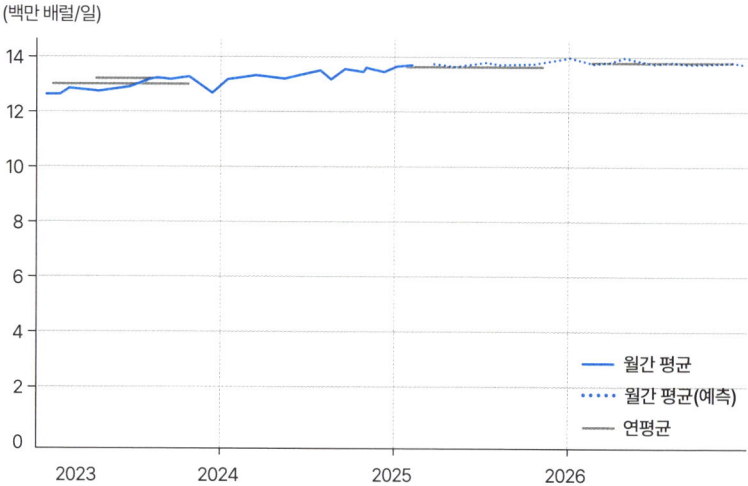

자료: 미국 에너지정보청, 단기 에너지 전망(Short-Term Energy Outlook, 2025.3)

미국 천연가스 생산량

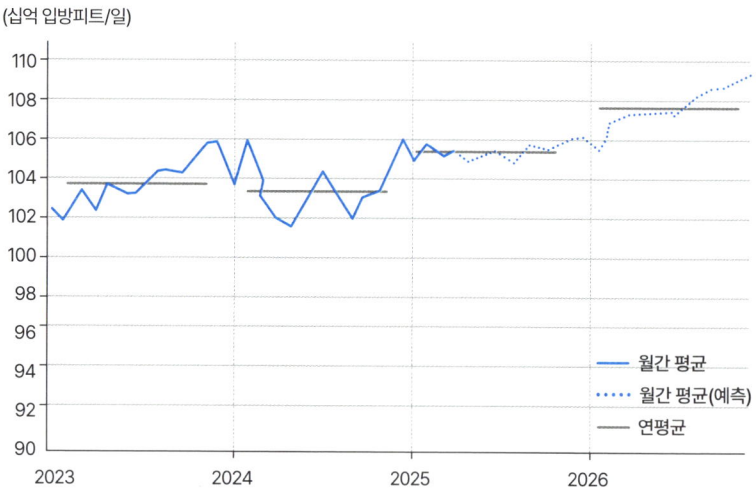

자료: 미국 에너지정보청, 단기 에너지 전망(Short-Term Energy Outlook, 2025.3)

약화시켰습니다.

미국 정부는 이러한 에너지 생산 증가를 적극적으로 활용하고 있습니다. 특히 액화천연가스LNG 수출에 큰 관심을 보이고 있습니다. 트럼프 행정부는 '미국 에너지 해방Unleashing American Energy' 행정명령을 통해 LNG 수출 승인 절차를 대폭 간소화했습니다.

미국 에너지정보청EIA에 따르면, 2025년 미국의 LNG 수출량은 2024년 대비 18% 증가할 것으로 예측됩니다. 더 나아가 미국은 2030년까지 LNG 수출 능력을 두 배로 늘릴 계획입니다. 이는 미국이 글로벌 에너지 시장에서 차지하는 비중이 더욱 커질 것임을 의미합니다.

이러한 에너지 산업의 성장은 미국 경제에 상당한 기여를 하고 있습니다. 미국 LNG 산업은 2016년부터 2024년까지 GDP에 4,000억 달러 이상을 기여했으며*, 연평균 27만 3,000개의 일자리를 창출했습니다.** 이는 에너지 산업이 단순히 연료 공급을 넘어 국가 경제의 중요한 축으로 자리잡았음을 보여줍니다.

그러나 이러한 경제적 이익 뒤에는 우려의 목소리도 존재합니다. 환경 규제 완화로 인한 장기적인 환경 비용 증가가 그중 하나입니다.

---

* "Major New US Industry at a Crossroads A US LNG Impact Study – Phase 1", S&P Global, 2024. 12. 17.
** The importance of US LNG for economic growth and the global energy transition", Atlantic Council, 2025. 2. 20.

화석 연료의 생산과 사용 증가는 기후변화를 가속화하고, 지역 환경을 훼손할 수 있습니다. 또한 화석 연료에 대한 지나친 의존은 장기적으로 미국의 에너지 전환을 지연시킬 수 있다는 우려도 제기되고 있습니다.

종합해보면 미국의 에너지 독립 전략은 단기적으로는 큰 경제적 이익을 가져다주고 있지만, 장기적인 관점에서는 환경과 지속 가능성에 대한 고려가 필요해 보입니다. 미국이 어떻게 이 두 가지 목표 사이의 균형을 잡아갈지가 향후 글로벌 에너지 시장과 기후변화 대응에 큰 영향을 미칠 것입니다.

국제 에너지 시장의 재편과 지정학적 긴장

미국의 에너지 독립 전략은 글로벌 에너지 시장의 기존 질서를 흔들며 지정학적 긴장을 고조시키고 있습니다. 이는 석유수출국기구와의 경쟁 심화, 에너지의 무기화, 그리고 글로벌 무역과 경제적 불안정성 증가라는 세 가지 주요 측면에서 두드러지게 나타나고 있습니다.

미국의 셰일 혁명으로 인한 원유 생산 증가는 석유수출국기구와의 가격 경쟁을 심화시키고 있습니다. 앞서 살펴봤듯 2025년 미국의 원유 생산량은 일평균 1,377만 배럴로 예상되며, 이는 2015년 대비 약

44% 증가한 수치입니다. OPEC+는 이에 대응해 감산 정책을 세 번째 연장하고 있으며, 2025년 4월까지 생산량 증가를 연기했습니다. 국제 에너지기구에 따르면, OPEC+가 2025년 4월 이후에도 자발적 감산을 유지하면 글로벌 원유 시장 공급 과잉은 하루 95만 배럴 수준이 될 것으로 전망되지만 감산을 해제하면 공급 과잉은 하루 140만 배럴에 달할 것으로 예상됩니다. 미국의 생산 증가와 OPEC+의 감산 정책 사이의 갈등은 글로벌 원유 시장의 불안정성을 높이고 있습니다.

에너지 무기화와 지정학적 갈등

에너지가 지정학적 도구로 활용되면서 국제 관계에 새로운 긴장이 형성되고 있습니다. 러시아-우크라이나 전쟁 이후, 유럽은 러시아산 가스 의존도를 줄이고 미국 LNG 수입을 늘리고 있습니다. 이에 호응해 트럼프 대통령은 LNG 수출 승인 절차를 가속화해 미국의 LNG 수출을 더욱 확대할 계획입니다. 이는 유럽에 대한 러시아의 영향력을 줄이고 미국의 지정학적 입지를 강화하는 전략으로 볼 수 있습니다.

또한 중국은 중동 지역에서 영향력을 꾸준히 확대하고 있습니다. 에너지 안보 측면에서 중국은 중동 석유에 크게 의존하고 있으며, 원유 수입의 40% 이상을 중동 지역에서 들여오고 있습니다. 이에 따라 중국은 중동 지역의 안정적인 에너지 생산과 운송을 보장하기 위해 노력하고 있습니다.

한편 중국은 중동 국가들과의 경제 협력도 다각화하고 있습니다.

재생에너지, 디지털 경제, 인공지능 등 다양한 분야로 협력을 확대하고 있으며, 특히 태양광 발전소 건설과 전기차 산업 육성에도 적극적으로 참여하고 있습니다. 이러한 중국의 중동 진출 확대는 미국의 전통적인 영향력에 도전하는 요소로 작용하고 있으며, 향후 중동 지역의 지정학적 역학 관계와 에너지 시장에 변화와 불확실성을 야기할 것으로 전망됩니다.

글로벌 무역과 경제적 불안정성

에너지 시장의 변화는 글로벌 경제에 광범위한 영향을 미치고 있습니다. 국제 유가의 변동성 증가는 특히 신흥국 경제에 큰 충격을 줄 수 있습니다.

미국 에너지정보청의 최신 전망에 따르면, 브렌트유 가격은 2025년 평균 배럴당 74.50달러, 2026년에는 66.46달러까지 하락할 것으로 전망되며, 이는 산유국 경제에 부정적 영향을 미칠 수 있습니다. 반대로 에너지 가격 상승은 글로벌 인플레이션 압력을 가중시키는 요인으로 작용하고 있습니다.

결론적으로 미국의 에너지 정책 변화는 글로벌 에너지 시장의 역학 관계를 근본적으로 변화시키고 있으며, 이는 새로운 지정학적 긴장과 경제적 불확실성을 야기하고 있습니다. 이러한 변화에 대응하기 위해서는 국제 협력과 신중한 정책 조정이 필요할 것으로 보입니다.

트럼프 정부 아래 퇴행하는 미국의 환경 정책

　미국의 화석 연료 중심 정책은 신재생에너지 전환 속도를 늦추고, 국제적인 환경 협력을 약화하는 결과를 초래할 수 있습니다.

　트럼프 행정부는 2기에서도 1기와 마찬가지로 화석 연료 생산을 우선시하는 정책을 추진 중이며, 이는 신재생에너지 투자에 부정적인 영향을 미칠 것으로 보입니다. 예를 들어 인플레이션감축법의 세제 혜택 축소와 공공 토지에서의 태양광 프로젝트 임대 제한은 태양광 산업 성장에 타격을 줄 수 있습니다. 또한 장기적으로 글로벌 탄소 배출 감축 목표 달성에 차질이 우려되고 있습니다. 그나마 시장 동향과 주 정부 차원의 노력 덕분에 신재생에너지 투자는 여전히 강한 모멘텀을 유지할 가능성이 있습니다.

　트럼프의 환경 정책 퇴행은 2025년 1월 20일, 파리기후협약 재탈퇴 선언에서도 그대로 나타났습니다. 트럼프 1기 행정부 때 파리기후협약을 처음 탈퇴했지만 이후 바이든 행정부에서 재가입하며 수습되는 듯 보였습니다. 하지만 이번에 트럼프가 재집권하면서 다시 탈퇴 선언을 한 것입니다. 이로 인해 미국은 이란, 리비아, 예멘과 함께 파리기후협약에 참여하지 않는 4개국 중 하나가 되었습니다. 트럼프 행정부의 이런 조치는 글로벌 기후 거버넌스의 기초를 훼손하고, 개발도상국에 대한 기후 금융 지원 감소로 이어져 국제적 신뢰를 떨어뜨릴 수 있습니다. 다른 국가들은 여전히 협약에 남아 있지만, 미국의 리더십 공백은 기후변화 대응에 도전 과제를 제기합니다.

트럼프 2기 행정부의 '미국 에너지 해방' 행정명령은 환경 규제를 완화하고 화석 연료 인프라 개발을 가속화할 계획입니다. 화석 연료 생산 확대는 메탄 배출 규제 완화와 같은 정책으로 인해 대기 및 수질 오염을 증가시킬 가능성이 높습니다. 또한 이러한 정책은 탄소 배출 증가로 이어져 기후변화로 인한 자연재해의 빈도와 강도를 높일 수 있으며, 장기적으로 환경 비용 증가와 기후변화 대응 지연으로 이어질 수 있습니다. 캘리포니아 지역의 반복되는 대규모 산불과 더욱 강력해지는 허리케인 등 자연재해로 인한 미국의 경제적 손실은 매년 늘어나고 있으며 이는 경제적 부담을 가중시킬 수 있습니다.

결론:
에너지는 경제와 외교의 핵심이다

미국의 에너지 독립 전략과 화석 연료 중심 정책은 글로벌 경제와 지정학적 질서에 중대한 변화를 가져오고 있습니다. 이는 미국이 글로벌 에너지 패권을 강화하는 데 기여하지만, 동시에 지정학적 긴장과 환경 비용을 높이는 부작용을 초래합니다.

지금까지 살펴본 트럼프 2기 행정부의 에너지 정책과 그 영향을 정리해볼까요? 우선 경제적 영향으로는 화석 연료 산업 활성화로 단기적 경제 성장이 예상되나, 장기적으로는 재생에너지 산업 위축으로 인한 일자리 손실과 GDP 감소가 우려됩니다. 에너지를 둘러싼 국제 관계는 복잡해졌습니다. LNG 수출 확대로 유럽과 아시아 국가들과의 에너지 협력이 강화될 수 있으나, 러시아, 사우디아라비아 등 주요 에너지 수출국과의 갈등이 심화할 수 있습니다. 기후변화 대응은 후퇴하고 있습니다. 파리기후협정 탈퇴와 환경 규제 완화로 인해 글로벌 기후변화 대응 노력이 약화될 수 있습니다. 이는 장기적으로 더 큰 경제적·환경적 비용을 초래할 수 있습니다. 화석 연료 중심 정책으로 인해 미국이 재생에너지, 배터리 기술 등 청정에너지 분야에서 중국에 뒤처질 위험이 있습니다. 에너지 시장에도 변화가 예상됩니다. 미국의 LNG 수출 능력이 확대될 전망이며, 이는 글로벌 에너지 시장의 역학 관계를 크게 변화시킬 것입니다.

투자자와 기업인들은 이러한 변화 속에서 리스크와 기회를 면밀히 분석해야 합니다. 특히 재생에너지 산업의 장기적 성장 가능성, 화석 연료 산업의 단기적 기회, 그리고 글로벌 에너지 시장의 변화에 따른 지정학적 리스크를 종합적으로 고려해야 할 것입니다.

> "에너지는 단순한 자원이 아니다. 그것은 세계 질서를 재편하는 힘이다."

이 흐름을 이해하고 대응하는 것이 미래 경제 전략에서 성공을 좌우할 것입니다. 에너지 정책은 단순히 국내 경제 문제를 넘어 국제 관계, 기술 혁신, 환경 보호 등 다양한 분야와 밀접하게 연결되어 있습니다. 따라서 장기적이고 균형 잡힌 시각으로 에너지 정책을 수립하고 실행하는 것이 중요합니다.

이민 정책 강화와
노동 시장 및 물가 전망

⑬

　트럼프 행정부의 이민 정책 강화는 단순히 국경을 넘는 사람들의 문제를 넘어, 미국 경제 전반에 걸쳐 파급 효과를 미칠 수 있습니다. 특히, 저임금 미숙련 노동 인구의 감소는 노동 시장 긴축을 초래하며, 이는 임금 상승과 구인난 증가, 물가 상승 압력으로 이어질 수 있습니다. 이러한 변화는 연준의 통화 정책 운용에도 복잡한 제약을 가하고 있습니다.

　이 장에서는 이민 제한이 노동 시장과 물가에 미치는 영향을 분석하며, 서비스업 및 건설업 등 특정 산업에서의 인력 부족 문제와 그로 인한 경제적 파급 효과를 살펴보겠습니다. 또한 이러한 변화가 연준의 통화 정책 운용에 어떤 도전을 제기하는지 설명하도록 하겠습니다.

이민 제한, 노동력 부족과
노동 시장 불균형 초래할 것

트럼프 행정부의 이민 제한 및 연방 정부 고용 축소 정책은 미국 노동 시장과 경제 전반에 하방 압력을 가할 가능성이 큽니다. 노동 수요와 공급이 동시에 감소하면서 실업률과 공석률이 모두 상승할 것으로 예상되며, 이는 노동 시장의 구조적 불균형을 심화하게 할 것입니다.

연방 정부 고용 정책의 변화는 노동 시장에 직접적인 영향을 미칩니다. 트럼프 행정부는 신규 연방 공무원 채용을 동결하고, 원격 근무를 전면 금지하는 등 정부 인력 감축을 본격적으로 추진하고 있습니다. 이에 따라 상당수의 공무원이 자발적으로 퇴사할 것으로 예상되며, 정부 부문에서의 고용 감소가 노동 시장에 충격을 가할 것으로 보입니다. 최근까지 정부 부문은 민간 부문의 정체된 고용 증가를 보완하며 노동 시장에 긍정적인 역할을 해왔지만, 이러한 정책 변화로 인해 오히려 부정적인 영향을 미칠 가능성이 큽니다.

이민 정책 변화 역시 노동 시장의 구조를 바꿀 중요한 요인입니다. 트럼프 행정부는 이민법을 강화하고 불법 이민자에 대한 강제 추방을 확대하고 있으며, 이에 따라 노동 공급의 감소가 예상됩니다. 미국의 여론조사 업체인 퓨리서치센터 Pew Research Center에 따르면, 2022년 기준으로 미국의 불법 이민자 수는 약 1,100만 명에 달합니다(303쪽 그래프 참조). 이들 중 약 830만 명의 불법 이민자들이 미국 노동 시장의 약

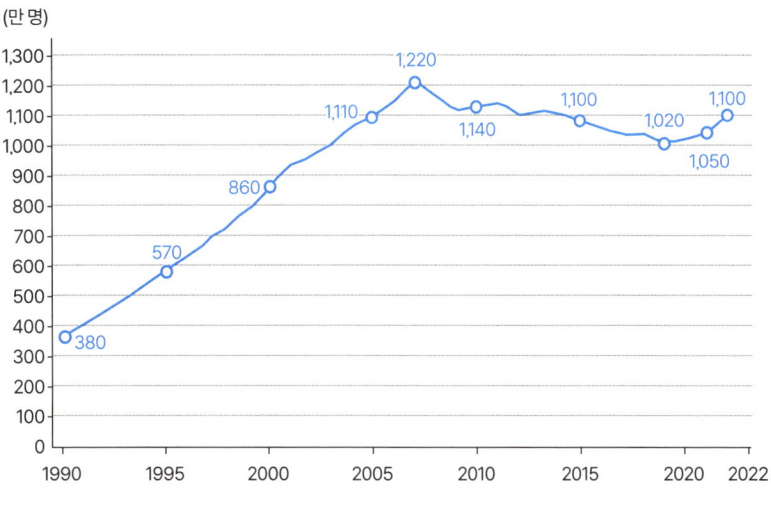

자료: Pew Research Center

5.2%를 차지하며, 농업, 건설업, 운송업, 제조업, 서비스업 등에서 핵심적인 역할을 담당하고 있습니다. 트럼프 행정부의 강력한 이민 정책은 이민자 의존도가 높은 산업에서 저임금 미숙련 인력 부족이 심화될 가능성을 높입니다. 노동 공급이 감소하면 공석률이 상승하고, 이는 생산 차질을 유발할 위험이 있습니다.

문제는 이러한 변화가 노동 시장의 수급 불균형을 초래할 수 있다는 점입니다. 연방 정부 근로자 감축으로 인해 실업이 증가하는 반면, 이민 노동자 감소로 인해 기업들은 채용난을 겪을 가능성이 큽니다. 그러나 정부 부문에서 실직한 노동자들이 이민자 의존도가 높은 업종으로 원활히 이동할 수 있을지는 불확실합니다. 노동 시장의 불일치로 인해 실업률과 공석률이 동시에 상승할 가능성이 있습니다.

　노동력 공급 감소는 고용주 간 경쟁을 촉진하며 임금 상승 압력을 가중시킵니다. 특히 농업 및 식품, 제조업 등 이민자 의존도가 높은 산업에서 생산 비용 증가로 이어져 소비자 물가에도 영향을 미칠 수 있습니다. 한 연구에 따르면, 130만 명의 노동력 감소는 3년간 물가를 1.5% 상승시킬 것으로 예측됩니다.* 이는 연간 평균 0.5%포인트의 인플레이션 상승을 의미합니다.

서비스업, 건설업 등 특정 산업에서의 인력 부족 문제

이민자들은 미국 내 특정 산업에서 필수적인 역할을 수행하며, 이민 제한은 해당 산업에 직접적인 타격을 줍니다. 산업별로 살펴보겠습니다.

건설업

한 통계에 따르면 미국 건설 노동자의 25.5%가 이민자라고 합니

---

* Warwick J. McKibbin, Megan Hogan, and Marcus Noland, "The International Economic Implications of a Second Trump Presidency," Working Paper 24-20 (Washington, DC: Peterson Institute for International Economics, 2024).

다. 특히 캘리포니아와 텍사스주에서는 40%를 상회합니다. 이민 제한은 주택 건설 속도를 늦추고 건설 원가를 상승시켜 주택가격의 상승을 부채질할 수 있습니다.

서비스업

호텔, 레스토랑 등 서비스업 분야에서 이민자들은 필수적인 역할을 수행하고 있습니다. 이민자 추방 시 호텔·레스토랑 등 서비스 품질 저하와 가격 상승이 예상됩니다. 또 관광업은 노동자의 1/14이 사라질 수 있다는 전망도 나옵니다. 이와 같은 노동력 부족에 대비해 서비스업계는 자동화 기술 도입을 가속화하고 있습니다.

농업

통계에 따르면 미국 농장 노동자의 약 70%가 이민자로, 이 중 상당수가 불법 체류자로 알려져 있습니다. 트럼프 행정부의 이민 제한 시 농장 노동자 부족으로 수확량 감소와 농산물 가격 급등이 발생할 수 있습니다.

이민자들은 미국 내 특정 산업에서 필수적인 역할을 하고 있으며, 이민 제한은 해당 산업에 직접적인 타격을 줍니다. 더 나아가 이는 단순한 노동력 부족을 넘어 GDP 성장률 감소(최대 0.4%p)*와 물가 상승 압력으로 이어질 수 있습니다.

대규모 이민자 추방 정책과 경제적 영향

피터슨 국제경제연구소PIIE의 연구에 따르면, 대규모 불법 이민자 추방 정책은 오히려 미국 경제에 부정적인 영향을 미칠 가능성이 큽니다. 연구진은 과거 사례와 경제 모델을 활용해 두 가지 시나리오를 분석했습니다. 첫 번째는 1956년 아이젠하워 정부가 '오퍼레이션 웻백Operation Wetback'이라는 비합법 이민 노동자 추방 작전을 통해 130만 명을 추방했던 사례를 기반으로 한 시나리오이며, 두 번째는 미국 내 불법 이민자 830만 명(2022년 기준)을 전원 추방하는 극단적인 시나리오입니다. 연구 결과 두 경우 모두 GDP와 고용이 감소하며, 그 영향은 장기적으로 지속될 것으로 분석됐습니다.

우선 '130만 명 추방 시나리오'에서는 2028년 GDP 1.2% 감소, 노동 시간 기준 고용 1.1% 감소하는 것으로 예측됐습니다. 극단적인 경우인 '830만 명 추방 시나리오'에서는 2028년 GDP 7.4% 감소, 노동 시간 기준 고용 7% 감소하며 실질적으로 2024~2028년 동안 미국의 경제 성장은 정체될 것으로 분석했습니다.

트럼프 대통령은 미국인 노동자가 추방된 이민자들의 자리를 대

---

* "Immigration and the macroeconomy in the second Trump administration", Brookings Institution(2024. 12. 3.).

체할 것이라고 주장하지만, 현실은 다를 수 있습니다. 과거 사례를 보면 기업들은 노동력 부족을 자동화 기술 도입으로 해결하거나, 사업 확장을 포기하는 방식으로 대응했습니다. 또한 이민자들은 단순한 노동력이 아니라 소비자로서도 경제에 기여합니다. 이들의 대량 추방은 식료품, 주거, 서비스 등의 소비를 감소시키고, 이에 따라 다시금 노동 수요도 줄어들게 만듭니다.

추방 정책이 단기적으로 인플레이션을 자극할 가능성이 높다는 점은 앞에서 이미 살펴봤습니다. 결국 트럼프의 대규모 추방 정책은 성장 정체와 인플레이션 상승으로 미국 경제 전반에 부정적인 영향을 미칠 가능성이 큽니다. 이러한 이민 정책은 단순한 인도적 문제를 넘어 경제 성장과 고용에 직접적인 타격을 줄 수 있는 정책이며, 트럼프가 추진하는 관세 정책, 연준 독립성 약화와 결합될 경우 그 파급력은 더욱 커질 것입니다.

연준의 통화 정책 운용에 미치는 영향

연준의 정책 대응도 이러한 노동 시장 변화에 영향을 받을 것입니다. 노동 시장 긴축과 물가 상승은 연준의 통화 정책 운용에도 복잡한 제약을 가합니다. 왜 그럴까요? 노동 시장이 둔화되면 연준이 금리 인하를 고려할 가능성이 높아집니다. 그러나 동시에 트럼프 행정부의 이민 정책이 관세 정책과 합쳐져 인플레이션을 자극할 경우, 연준이 오히려 금리를 인상해야 하는 상황이 발생할 수도 있습니다. 노동 시장 둔화와 인플레이션 압력이라는 상반된 요소가 공존하면서, 연준의 통화 정책 방향은 한층 더 복잡해질 것으로 예상되는 이유입니다.

2025년 1월 소비자물가지수는 전월 대비 0.5% 상승해 시장 예상치인 0.3%를 크게 초과했습니다. 전년 동기 대비 3% 상승했는데, 이는 연준의 목표치인 2%를 여전히 상회하는 수준입니다. 특히 에너지 가격이 1.1% 상승하며 전체 소비자물가지수 상승에 큰 기여를 했고, 주거비 역시 0.4% 증가하며 물가 상승의 주요 요인으로 작용했습니다.

근원 소비자물가지수도 전월 대비 0.4% 증가하며, 전년 동기 대비 3.3% 상승했습니다. 이는 최근 몇 달간 지속적으로 고착된 수준으로, 연준이 금리 정책을 조정하는 데 있어 어려움을 가중시키고 있습니다. 이러한 데이터는 인플레이션이 단기적으로 둔화될 가능성이 낮음을 시사합니다.

또 한 가지 주목해야 할 요소는 2월 말, 미시간대학교 소비자심리지수와 함께 발표된 소비자들의 1년 후 인플레이션 예상률이 3.3%에서 4.3%로 급등하며 2023년 11월 이후 최고치를 기록했다는 점입니다. 이는 14년 만에 가장 큰 월간 상승폭(1%p 이상)을 보인 사례입니다. 소비자들의 인플레이션 기대치는 실제 인플레이션만큼이나 중요합니다. 향후 인플레이션을 예상하는 근로자들은 임금 인상을 요구하며 기업의 부담을 가중시킬 수 있습니다. 임금이 오르면 기업은 가격을 올려 이를 다시 소비자에게 전가할 수밖에 없고 이는 실제 물가 상승으로 연결됩니다. 또, 물가가 상승하면 가계는 소비를 줄일 수밖에 없고 이는 다시 기업 실적에 부정적인 영향을 미칩니다. 기업들엔 임금은 오르고 매출은 떨어지는 이중고가 연출이 되는 것입니다.

이런 영향으로 연준과 이코노미스트들은 향후 지속적 물가 상승 압력을 예상하고 있습니다. 현재 연준은 금리 인하 시점을 고민 중입니다. 그러나 인플레이션 기대치 상승과 이민, 관세 정책의 영향으로 인해 연준의 금리 인하를 어렵게 만들고 있습니다. 올해 초, 일부 전망에 따르면 연준은 2025년 내 단 한 차례의 금리 인하만 진행할 것으로 예상했습니다. 작년 하반기 네 차례 인하 예상에서 올해 초 두 차례 인하로 축소되었다가 다시 한 차례 인하로 점점 인하 예상이 축소된 것입니다. 그러나 연준은 2025년 3월 19일 FOMC 회의에서 기준금리를 4.25%~4.50%로 동결하면서, 점도표상 2025년 내 두 차례의 금리 인하로 전망을 또 수정했습니다. 연준이 이유로 든 것은 경제 전망에 대한 불확실성 증가이며, 향후 경제 상황에 따라 정책을 조정할 준비가 되어 있다고 강조했습니다.

이러한 복합적 요인으로 인해 연준은 정책 기조의 불확실성과 실행력 약화라는 이중적 압력에 직면해 있습니다. 트럼프 정책의 경제적 파급력과 인플레이션 재가속화가 연준의 통화 정책 운용을 더욱 복잡하게 만들 것으로 예상됩니다.

2024년 중순까지 상한 기준 5.5%를 유지하던 연준의 기준금리는 2024년 9월 50bp 빅컷을 시작으로 인하 기조를 보였습니다. 2025년 3월 연준의 기준금리는 4.25~4.50%입니다. 원래 경로대로 금리 인하를 계속한다면 물가 상승 압력이 더욱 커질 가능성이 존재합니다. 트럼프 정부의 관세와 이민 정책으로 물가 상승 압력이 가중된다면 연준은 금리 인하는커녕 물가 안정을 위해 금리를 다시 인상해야 할지도 모릅니다. 하지만 이는 경기 둔화를 초래할 위험이 있습니다. 이런 갈림길에서 연준의 정책 유연성은 크게 감소합니다. 이는 미국의 경제 회복 속도를 늦추고 장기적 성장 가능성을 제한할 수 있다는 것이 문제입니다.

결론:
이민 정책은 경제와 통화 정책의 연결고리다

트럼프 행정부의 이민 정책 강화는 노동 시장 구조 변화와 물가 상승 압력을 동시에 유발하며, 연준의 통화 정책 운용에도 복합적 제약을 가합니다. 저임금 노동 인구 감소로 인한 임금 상승과 물가 압력은 단기적으로 소비자와 기업 모두에게 부담을 주며, 장기적으로는 경제 성장 잠재력을 제한하게 됩니다.

이민 정책은 단순한 국경 관리 문제를 넘어 경제 성장 잠재력과 물가 안정을 좌우하는 핵심 변수입니다. 특히 트럼프 정책이 GDP 감소와 인플레이션 재점화를 동시에 촉발할 경우, 연준은 경기 부양과 물가 통제 간 균형을 찾기 어려워질 것입니다. 한국을 비롯한 수출 의존형 경제는 미국의 물가 상승과 경기 둔화로 인한 수입 감소와 환율 변동에 노출될 위험이 있습니다. 미국의 이민 정책이 단순히 남의 나라 일만은 아닌 이유입니다.

> "이민 정책은 단순히 국경의 문제가 아니라 경제와 통화 정책의 균형을 흔드는 중요한 변수다."

이민 정책의 변화는 노동 시장 구조, 물가 동향, 통화 정책 방향을 종합적으로 재편할 수 있는 시스템적 리스크로 작용합니다. 투자자와 경영자, 정책 입안자는 이러한 복합적 상호작용을 면밀히 분석하고 대응 전략을 마련해야 할 것입니다.

미국의 정책 변화가 한국 경제와 주요 산업에 미치는 영향

⑭

트럼프 2기의 보호무역주의와 규제 변화는 한국 경제에 직접적인 도전 과제를 제시하고 있습니다. 특히 한국은 수출 의존도가 높은 경제 구조를 가지고 있어 미국의 관세 인상, 한미 FTA 재협상, 그리고 인플레이션감축법 및 반도체법 CHIPS acts 수정 가능성 등 다양한 변수에 직면해 있습니다. 이러한 변화는 반도체, 자동차, IT 등 주요 산업에 큰 영향을 미치며, 기업들의 투자 및 공급망 전략에도 중대한 변화를 요구합니다.

이 장에서는 트럼프 행정부의 정책 변화가 한국 경제와 주요 산업에 미치는 영향을 분석하고, 이에 대한 대응 방안을 모색합니다.

관세 인상 및 한미 FTA 재협상이
한국 수출에 미치는 영향

미국 우선주의를 내세우는 트럼프 행정부는 한국과의 기존 무역 협정을 재검토하고 관세를 대폭 인상할 가능성을 시사하고 있습니다.

트럼프는 자동차, 반도체, 의약품에 대해 최소 25%의 관세를 부과할 것이라고 밝혔습니다. 한국의 대미 수출 의존도가 높아 관세 인상 시 큰 타격이 예상됩니다. 특히 자동차 산업의 경우 미국 수출 의존도가 50%에 달합니다. IBK 경제연구소에 따르면, 25% 보편적 관세 부과 시 자동차 수출은 18.59%, 의약품 수출은 7.37% 감소할 것으로 예측됩니다. 참고로 2024년 한국의 대미 수출액은 자동차 347억 달러, 반도체 106억 달러, 제약 96억 달러였습니다. 관세가 현실화되면, 한국의 자동차, 반도체, 제약 분야의 대미 수출은 65억 달러(약 9조 4,250억 원) 감소할 것으로 추정됩니다.

게다가 트럼프는 한미 FTA를 포함한 기존 무역 협정의 전면 재검토도 지시했습니다. 한미 FTA로 재협상할 경우, 한국산 자동차 및 전자제품에 대한 추가 관세 부과 가능성도 있습니다. 실제로 2018년 한미 FTA 개정 당시 한국산 픽업트럭에 대한 25% 관세가 2040년까지 연장된 사례가 있는데 이처럼 특정 산업에 불리한 조항이 추가될 가능성이 있습니다.

여러 기관의 분석에 따르면, 트럼프 행정부의 관세 인상은 한국 GDP 성장률을 0.25~0.45%포인트 감소시킬 수 있으며, 이는 제조업 중심의 경제 구조에 심각한 타격을 줄 것으로 예상됩니다. 예컨대 한국개발연구원KDI은 2025년 경제 성장률 전망치를 직전 전망보다 0.4%포인트 내린, 1.6%로 하향 조정했는데, 이는 트럼프의 무역 정책 불확실성을 반영한 결과입니다. 또한 한국은행은 주요 산업 전반에 걸쳐 부정적 전망을 내놓았으며, 특히 반도체 산업의 하방 리스크가 확대될 것으로 예상했습니다.

현상 유지냐 폐지냐, 불확실성이 높아진 인플레이션감축법

바이든 행정부 시절 도입된 인플레이션감축법과 반도체법은 한국 기업들에 큰 기회를 제공했지만, 트럼프 행정부는 이들 법안을 수정하거나 철회할 가능성을 내비치고 있습니다.

먼저 인플레이션감축법은 2022년 8월 바이든 정부가 추진해 의회를 통과한 법안으로, 기후변화 대응과 청정에너지 전환을 위한 대규모 투자 계획을 담고 있습니다. 구체적 법안의 취지는 기후변화 대응, 에너지 안보 강화, 의료비 절감, 미국 내 일자리 창출 등이고 주요 내용은 에너지 안보 및 기후변화 대응에 3,690억 달러 투자, 전기차 구매 시 최대 7,500달러(새 차 기준) 세액 공제, 배터리 및 관련 부품 생산 기업에 대한 지원 등을 담고 있습니다. 참고로 세액 공제를 받기 위해서는 북미에서 조립된 차량이어야 하며, 배터리 구성 요소의 60% 이상이 북미에서 제조 또는 조립되어야 합니다.

이 법안에 따라 한국 기업들에 대한 혜택도 다양하게 제공되었습니다. 현대차, 기아차 등 한국 자동차업체들에는 미국 내 전기차 생산 시 세액 공제 혜택이 제공되었고, LG에너지솔루션, SK온 등 한국 배터리업체들에는 미국에서 배터리를 생산하면 지원금 및 세제 혜택이 주어지는 것이었습니다.

법안의 취지에 발맞춰 한국 기업의 대미 투자 및 대응이 이어졌습니다. 현대차는 55억 달러를 투자해 조지아주에 전기차 공장 건설에 착수했고, 기아차도 조지아주 기존 공장에 전기차 생산 라인을 추가했습니다. LG에너지솔루션은 GM과 합작으로 미국 내 배터리 공장 설립에 합의했고, SK온도 포드와 합작으로 미국에 배터리 공장을 설립하기로 했습니다.

그러나 트럼프 2기 행정부가 출범하자마자 예고했던 대로 인플레이션감축법 관련 조치가 발표되기 시작했습니다. 우선 2025년 1월 20일, 트럼프 대통령은 취임 직후 '미국 에너지 해방' 행정명령에 서명하면서 인플레이션감축법 및 인프라투자일자리법IIJA 관련 자금 지출을 중단시켰습니다. 그리고 이어서 백악관 예산관리국OMB은 1월 21일 공문을 통해 중단 범위를 명확히 했습니다. 불행 중 다행인 것은 모든 인플레이션감축법 자금 지출이 아닌, '그린 뉴딜' 관련 지출만 중단하는 것으로 확인되고 있다는 점입니다.

현실적으로 법률에 의해 보장된 세액 공제 등 일부 핵심 보조금은 영향을 받지 않을 가능성 있으며, 또한 전면적인 인플레이션감축법 폐지는 의회 승인이 필요해 당장 실현되기 어려울 수 있습니다. 그러나 전기차 충전기 설치, 기후변화 대응 관련 예산 집행은 중단되었고, 미국 상원과 하원을 모두 장악하고 있는 트럼프 행정부의 향후 조치 여부에 따라서 한국 기업들의 미국 내 전기차 및 배터리 투자에 불확실성이 증가하고 있는 것은 사실입니다. 트럼프 행정부가 인플레이션감축법을 철회하거나 수정할 경우, 배터리 제조업체(SK온, LG에너지솔루션 등)의 세제 혜택은 축소 또는 폐지될 우려가 있습니다.

향후 인플레이션감축법 관련 정책의 추가적인 변경 가능성은 여전히 존재합니다. 구체적인 영향은 향후 트럼프 행정부의 정책 방향에 따라 결정될 전망입니다. 트럼프 행정부의 이러한 조치는 바이든 정부의 친환경 정책을 크게 수정하려는 의도를 보여주지만, 법적·정치적 제약으로 인해 인플레이션감축법의 완전한 폐지나 전면적인 변경은 쉽지 않을 것으로 예상됩니다.

반도체법 재검토에 따른
한국 기업의 영향은?

바이든 정부가 2022년 8월 9일에 서명한 반도체 지원법(혹은 반도체 및 과학법)은 미국 내 반도체 연구 및 제조를 촉진하기 위한 대규모 투자 계획입니다. 이 법안의 주요 목적은 미국의 반도체 공급망 회복력을 강화하고 중국과의 기술 경쟁에서 우위를 확보하는 것입니다.

이 법안에 따르면 총 약 2,800억 달러의 새로운 자금이 승인되어 다양한 형태의 투자와 지원에 활용될 계획입니다. 이 지원액 중 527억 달러가 반도체 산업에 직접 지원됩니다. 구체적으로 미국 내 반도체 제조에 390억 달러의 반도체 제조 시설 직접 보조금이 제공되고, 110억 달러의 첨단 반도체 연구개발 자금이 편성되었습니다. 또한 시

반도체법 지원금 규모(단위: 억 달러)

구분	기금명 및 관리 기관	지원 부문	지원 규모
	총합		527
반도체법	미국 칩스 기금	직접 보조금	390
		성숙 공정 시설 보조금	20
		직접 대출 및 대출 담보 지원	60
		R&D 투자	110
	미국 칩스 국방 기금	군수, 인프라 반도체	20
	칩스 국제 기술보안 및 혁신 기금	반도체 및 통신 공급망 안보	5
	칩스 인력 및 교육 기금	인력 양성	2
	Invest Tax Credit (시설 및 장비 투자 기업에 25% 세액 공제 지원)		240

자료: KIET, 현지 언론 보도 참조, IBK투자증권

설 및 장비 투자에 향후 10년간 25%의 투자 세액 공제가 제공되는데 이 세액 공제는 약 240억 달러의 지원 효과가 있을 것으로 예상됩니다. 한편 반도체 연구 및 인력 훈련에도 130억 달러를 투자합니다. 이와 함께 반도체법은 반도체 생산을 넘어 기초과학, R&D, 인력 개발 등 광범위한 분야에 2,000억 달러를 추가로 투자할 계획을 포함하고 있습니다. 이를 통해 미국의 전반적인 과학기술 경쟁력을 강화하는 것이 목표입니다. 미국반도체산업협회SIA에 따르면 반도체법이 논의되기 시작한 2020년 이후 반도체 기업들은 25개 주에 걸쳐 80개의 새로운 프로젝트를 발표했고, 민간 투자 규모는 4,500억 달러에 달하는 것으로 분석했습니다.

한국 기업들은 이에 대응해 미국 내 투자를 확대했습니다. 삼성전자는 미국 정부로부터 47억 4,500만 달러(약 6조 8,800억 원)의 반도체 보조금을 받기로 지난 2024년 12월 최종 확정했습니다. 삼성전자는 2022년부터 텍사스주 테일러에 파운드리 공장을 건설 중이었는데 보조금을 받게 되면서 총투자액을 기존 170억 달러에서 370억 달러 이상으로 대폭 확대했습니다. 이를 통해 현재 건설 중인 파운드리 1공장 외에도 추가로 2공장을 건설하고 3나노, 2나노급 최첨단 반도체 생산라인을 구축할 예정입니다. 테일러 파운드리 공장은 2026년부터 양산을 시작할 예정이며, 2027년에는 첨단 패키징 시설 및 R&D 센터를 가동할 계획입니다.

SK하이닉스 역시 미국 정부로부터 4억 5,800만 달러(약 6,640억 원)의 직접 보조금과 5억 달러의 대출 지원을 받기로 2024년 12월 최종 확정되었습니다. SK하이닉스는 이를 기반으로 인디애나주 웨스트라피엣West Lafayette에 38억 7,000만 달러(약 5조 6,100억 원)를 투자해 AI 메모리용 어드밴스드 패키징 생산 기지 및 R&D 시설을 건설 중입니다. 2028년까지 공장을 완공하고 같은 해 하반기부터 차세대 고대역폭메모리HBM 등 AI 메모리를 생산할 계획이며 이를 통해 미국 내 약 1,000개의 새로운 일자리를 창출할 것으로 예상됩니다.

한 가지 주목할 점은 이 법안이 미국의 국가 안보를 위협하는 특정 국가(예: 중국, 북한, 러시아, 이란)에서의 반도체 제조 시설 확장을 제한하는 '가드레일 조항'을 포함하고 있다는 것입니다. 구체적으로 살펴보면, 미국 반도체법에 따라 보조금을 받은 기업은 향후 10년간 중국 등 '우려 국가'에서의 반도체 제조 능력 '실질 확장'을 금지합니다. '실질 확장'의 기준은 로직 반도체 28나노, D램 18나노, 낸드플래시 128단 이상의 첨단 반도체로 정의되며, 보조금을 받은 기업은 중국에서 첨단 반도체 생산 능력을 5% 이상 확대할 수 없습니다. 또, 수혜 기업이 우려 대상 외국 기관과의 특정 공동 연구나 기술 라이센싱을 제한하고 있습니다.

이 조항들은 글로벌 반도체 공급망에서 중국의 영향력을 줄이고자 하는 미국의 전략적 의도를 반영하는 동시에 미국의 국가 안보와 경제적 이익을 보호하려는 의지를 명확히 보여주고 있습니다.

그러나 이러한 가드레일 조항은 중국에 큰 생산 기반을 가진 한국 기업들에는 도전이 될 수 있습니다. 예를 들어 2023년 기준으로 삼성전자는 중국 시안 공장에서 전체 낸드플래시의 40%를, SK하이닉스는 중국 우시 공장과 다롄 공장에서 전체 D램의 40%와 낸드플래시 20%를 각각 생산하고 있습니다. 삼성전자와 SK하이닉스는 중국 공장의 반도체 장비 반입 문제를 해결하기 위해 미국 정부와 골치 아픈 협의를 해야 하며, 중국 외 지역으로 생산 기지를 다각화해야 할 필요성이 높아졌습니다. 또한 중국을 견제하는 미국의 조치로 인해 중국 시장의 수요가 감소할 경우, 한국 기업들의 이익도 감소할 수 있습니다. 결국 이러한 제한들로 인해 한국 반도체 기업들은 미국과의 거래에서 규제를 준수하면서도 다양한 시장에서 경쟁력을 유지할 수 있는 새로운 전략을 모색해야 하는 도전 과제를 떠안게 되었습니다.

2025년 1월 출범한 트럼프 2기 행정부는 반도체법에 대한 재검토 가능성을 시사하고 있어 불확실성이 가중되고 있습니다. 트럼프 대통령이 인플레이션감축법 자금 지출을 중단하는 행정명령을 내리면서, 쌍둥이 법안인 반도체법에도 불확실성이 생겼습니다. 상무부 장관 지명자인 하워드 루트닉 Howard Lutnick 은 인사청문회에서 반도체 보조금에 대한 재검토 발언을 했습니다. 트럼프 대통령은 후보 시절부터 바이든 행정부의 반도체 보조금 정책을 줄기차게 비판해왔으며 외국 기업에 보조금을 지급할 것이 아니라 관세를 부과해서 생산 공장을 미국에 짓도록 해야 한다고 주장했습니다. 즉, 이전 바이든 정부가 당근을 줘서 해외 기업의 미국 유치를 도모했다면, 트럼프 정부는 채찍으로 같은 목적을 달성하려는 것입니다.

한국 반도체 기업의 대미 투자 환경 변화

미국의 반도체법은 한국 반도체 기업들의 투자 전략과 운영 환경에 근본적인 변화를 가져왔습니다. 우선 미국 내 투자는 높은 비용 부담을 수반합니다. TSMC의 경우, 미국 생산 원가가 대만보다 30% 높다고 보고되고 있습니다. 자재비와 인건비에 이어 화학 소재 비용 부담까지 겹치며 미국 공장의 수익성은 예상보다 더 하락할 수 있다는 분석입니다. 반도체 생산에는 황산, 염산, 포토레지스트 등 500여 개의 화학 소재가 필요합니다.

삼성전자와 SK하이닉스도 비슷한 상황에 직면할 가능성이 높습니다. 미국 내 자재비 및 인건비가 급격히 상승하고 있고, 1400원 대의 원-달러 고환율까지 더해져 투자 부담이 증가하고 있습니다. 투자 규모를 고려할 경우, 단순 계산으로는 원-달러 환율이 10원 상승할 때마다 삼성전자는 약 1,700억 원, SK하이닉스는 약 400억 원의 추가 투자가 필요하다는 계산이 나옵니다. 또한 화학 소재, 물류비도 중요한 비용 요소로 작용하고 있습니다.

미국 내 비용 부담을 줄이기 위해 한국 기업들은 현지 공급망 구축에 나서고 있습니다. 삼성전자는 국내 협력업체들과 함께 미국 현지에서 자체 공급망을 구축하고 있으며, 현재 텍사스주의 테일러Tayler에 진출한 국내 협력사는 일곱 곳으로 알려졌습니다. 솔브레인과 같은 주요 화학 소재 협력사들도 테일러에 공장 건설을 추진하고 있습니다. 이러한 공급망 현지화는 물류비 부담을 줄이고 비용 경쟁력을 유지하는 데 필수적인 전략이 되고 있습니다.

한국 정부도 글로벌 반도체 경쟁에서 뒤처지지 않기 위해 다양한 지원책을 마련하고 있습니다. 2025년 2월 국회는 'K칩스법'을 통과시켜 반도체 기업의 시설 투자에 대한 세액 공제율을 대·중견기업은 15%에서 20%로, 중소기업은 25%에서 30%로 상향했습니다. 이는 미국, 대만, 일본 등 경쟁국의 지원책에 대응하기 위한 조치입니다.

미국 반도체법에 따른 투자 환경 변화는 한국 반도체 기업들에 양날의 검으로 작용하고 있습니다. 한편으로는 미국 내 생산 시설 투자로 인한 비용 부담이 증가하고, 중국 투자 제한으로 기존 사업 전략에 차질이 생길 수 있습니다. 하지만 다른 한편으로는 미국 시장에서의 입지를 강화하고, 중국 의존도를 낮추며, 글로벌 공급망 재편에 선제적으로 대응할 수 있는 기회가 되고 있습니다. 한국 기업들은 이러한 변화 속에서 공급망 다변화, 현지화 전략, 기술 경쟁력 강화 등을 통해 글로벌 반도체 산업에서의 위상을 유지하고 강화해 나갈 것으로 예상됩니다. 정부와 기업의 긴밀한 협력과 신속한 대응이 그 어느 때보다 중요한 시점입니다.

반도체, 자동차, IT 등
주요 산업별 영향 분석

트럼프 2기 행정부의 보호무역주의 정책은 한국의 주요 산업에 광범위한 영향을 미치고 있습니다. 2025년 2월 말까지의 상황을 바탕으로 반도체, 자동차, IT 및 가전 산업별 영향과 대응 전략을 분석해보겠습니다.

반도체, 글로벌 공급망 재편과 투자 전략의 딜레마

트럼프 대통령은 최근 반도체에 대해 '25%, 그리고 그 이상'의 관세를 부과할 것이라고 명확히 밝혔습니다. 이는 1997년 WTO의 정보기술협정ITA에 따라 무관세를 적용해온 반도체 무역 질서에 큰 변화를 가져올 전망입니다.

2024년 한국의 대미 반도체 수출액은 106억 8,000만 달러로, 전체 반도체 수출의 7.5%를 차지합니다. 전문가들은 대미 수출 비중이 상대적으로 적고, 주로 데이터센터 서버에 사용되는 고부가가치 제품이 많아 관세에 따른 직접적인 영향이 제한적일 수 있다고 분석합니다. 그러나 미국의 관세 부과는 IT 완제품의 가격 인상으로 이어져 글로벌 반도체 수요를 둔화시킬 가능성이 높습니다.

트럼프 2기 행정부는 중국 '딥시크'의 AI 모델 출시를 계기로 중국 견제를 위해 저사양 AI 칩 등으로 수출 통제를 확대할 가능성이 높습니다. 이는 중국에 생산 기반을 둔 삼성전자와 SK하이닉스에 부담으로 작용할 수 있습니다.

한국 반도체 기업들은 반도체법 보조금의 불확실성을 고려해 미국 내 투자 규모와 시기를 재조정하고, 정부와의 지속적인 소통을 통해 리스크를 관리해야 합니다. 또, HBM으로 불리는 고대역폭메모리 등 한국이 경쟁 우위를 가진 분야에 역량을 집중해 대체 불가능한 기술력을 확보해 관세 압박에 대한 저항력을 높여야 합니다. 아울러 중국과 미국 외 지역으로 생산 기지를 넓혀 공급망을 다변화해 지정학적 리스크를 분산시키는 전략도 필요합니다.

자동차, 현지화 전략과 제품 믹스 조정의 가속화

트럼프 대통령은 자동차에 25%의 관세를 부과하겠다고 발표했습니다. 자동차는 한국의 대미 최대 수출 품목으로, 2024년 수출액은 347억 달러로 전체 자동차 수출의 49.1%가 미국으로 향했습니다.

한 증권사 리서치에 따르면 25% 관세가 부과될 경우 현대차는 5조 7,000억 원, 기아차는 4조 원의 부담을 안을 수 있다고 분석됩니다. 특히 생산량의 90%를 미국에 수출하는 한국GM이 가장 큰 타격을 입을 것으로 예상됩니다.

이에 따라 현대차와 기아차는 이미 미국 현지 생산을 확대하는 전략을 추진 중입니다. 미국 시장 판매 중 현지 생산 비중은 2023년 38%에서 2027년에는 60~68%로 증가할 전망으로, 이는 판매 1위 업체인 GM(67%)과 비슷하고 2위 업체인 토요타(54.7%)보다 높은 수준입니다.

실제로 정의선 현대차그룹 회장은 지난 3월 24일 백악관에서 트럼프 대통령이 지켜보는 가운데 앞으로 4년간 미국에 210억 달러의 신규 투자를 하기로 발표했습니다. 트럼프 대통령은 현대를 가리켜 "위대한 회사"라고 지칭하며, "현대는 미국에서 철강과 자동차를 생산하기 때문에 관세를 낼 필요가 없다"고 화답했습니다.

이어서 이틀 뒤인 3월 26일에 현대차는 조지아주 엘라벨에서 '메타플랜트 아메리카' 공장 준공식을 가졌습니다. 현대차그룹은 미국 현지 생산 확대를 통해 트럼프 정부의 관세 위협에 대응하고 미국 시장 공략에 적극 나선다는 계획입니다.

아울러 트럼프 행정부의 친환경 자동차 정책 변화에 대응해 현대차·기아는 하이브리드차 생산을 확대하고 있습니다. 미국 시장에서는 소비자가 전기차 충전 네트워크의 부족과 긴 충전 시간에 대한 불편함을 호소하며 하이브리드로 이전하는 추세가 나타나고 있습니다.

2024년 미국 시장에서 현대차·기아차의 하이브리드차 판매는 22만 2,486대로 도요타, 혼다에 이어 3위를 차지했으며, 2026년에는 주행거리 연장형 전기차EREV 등을 추가해 차종을 다변화할 방침입니다.

한국 자동차업체들은 기존 계획을 앞당겨 미국 내 현지 생산 비중을 더욱 높이고, 관세 영향을 최소화해야 할 것으로 보입니다. 또한 미국 소비자 선호도 변화와 정책 불확실성을 고려해 하이브리드 및 EREV(주행거리 연장 전기차) 중심의 제품 포트폴리오 강화를 통해 다양한 친환경차 옵션을 제공해야 합니다. 공급망 현지화도 중요합니다.

주요 부품 협력사들의 미국 진출을 지원해 관세 리스크를 줄이고 안정적인 공급망을 구축해야 합니다. 이와 함께 미국 시장 의존도를 줄이고 시장 다변화를 위해 유럽, 중동, 아시아 등 다른 시장으로의 수출을 확대하는 전략이 필요합니다.

IT 및 가전, 생산 기지 재편과 원자재 비용 상승의 이중고

멕시코와 캐나다에 25%, 중국에 추가 20%의 관세를 부과한 트럼프 대통령은 철강과 알루미늄에 대해서도 25%의 관세를 부과하겠다고 발표했습니다. 이는 멕시코와 중국에서 대규모 생산 기지를 운영 중인 삼성전자와 LG전자에 상당한 압박이 되고 있습니다.

삼성전자와 LG전자는 관세 대응을 위해 멕시코 생산 라인의 일부를 미국으로 이전하는 방안을 검토 중입니다. 삼성전자는 멕시코 케레타로 공장의 건조기 생산 라인 일부를 미국 사우스캐롤라이나주 뉴베리 공장으로 이전하는 방안을 추진 중입니다. LG전자도 세탁기와 건조기를 생산하는 미국 테네시 공장에서 냉장고와 TV 등도 함께 만드는 방안을 준비 중입니다.

트럼프 대통령이 철강과 알루미늄 제품에 25% 관세를 부과하기로 한 것은 가전제품 생산에 큰 타격이 될 전망입니다. LG전자의 경우 지난 3분기 생활가전 H&A 사업부의 철강 매입액은 총 1조 3,191억 원으로 전체 원재료 구입 비용의 11.7%를 차지했습니다.

LCD 패널 가격도 상승세를 보이고 있습니다. 시장조사업체 옴디아에 따르면, LCD 패널 평균 가격은 지난달 55형 TV 패널의 경우 전달 대비 2달러 오른 128달러를 기록했으며, 2월에는 129달러로 상승세를 이어갈 전망입니다.

일각에서는 트럼프 대통령이 관세 부과 대상을 베트남으로 확대할 가능성도 제기되고 있습니다. 삼성전자는 베트남에 네 개의 생산 라인을 운영 중이며, 이들 공장이 차지하는 매출 비중은 30%에 달합니다.

한국의 IT 및 가전업체들의 전략적 대응이 요구되는 시점입니다. LG전자 CFO는 "생산 거점 다변화와 유통업체와의 긴밀한 협력을 통해 리스크를 완화할 계획"이라고 밝혔습니다. 하나의 지역에 대한 의존도를 줄이고 복수 생산 체제를 확대하는 것이 핵심입니다. 또, 미국산 철강 사용 확대 등을 통해 원자재 소싱을 다변화하고 관세 영향을 최소화하는 전략이 필요합니다. 아울러 단순 가격 경쟁력보다는 기술적 차별화와 브랜드 가치를 높여 관세 부담을 상쇄할 수 있는 고부가가치 제품 포트폴리오를 구축해야 합니다. 이와 함께 베트남에 집중된 생산 기지를 다른 지역으로 일부 분산하는 방안을 모색할 필요가 있습니다.

결론: 글로벌 무역 환경 변화 속에서 한국의 생존 전략 모색

트럼프 2기 행정부의 보호무역주의 정책은 한국의 핵심 산업들에 복합적인 도전을 제시하고 있습니다. 그러나 위기는 기회가 될 수 있으며, 각 산업별로 차별화된 대응 전략을 통해 새로운 경쟁력을 확보할 수 있습니다.

공통적으로는 ① 공급망 다변화, ② 현지화 전략 가속화, ③ 기술 경쟁력 강화, ④ 제품 포트폴리오 최적화, ⑤ 정부와 기업 간 긴밀한 협력이 필요합니다. 또한 정부는 트럼프 행정부와의 외교 채널을 통해 한국 기업들이 불필요한 관세 부담을 지지 않도록 지속적인 협상을 진행해야 합니다.

"위기는 곧 기회다. 변화하는 환경 속에서 유연성과 혁신이 생존과 번영을 결정한다."

한국 경제는 글로벌 무역 환경 변화 속에서 전략적 대응을 통해 새로운 성장 동력을 확보해야 할 것입니다. 불확실성이 지속되는 상황에서 민첩한 의사결정과 리스크 관리 역량이 기업의 생존과 성장을 좌우할 것입니다. 한국 기업들은 과거 여러 위기를 기회로 전환해온 경험을 바탕으로 이번 도전도 슬기롭게 극복해 나갈 것으로 기대됩니다.

트럼프 2기 시대, 투자자와 경영인을 위한 실전 가이드

⑮

　트럼프 2기의 경제 정책은 글로벌 경제와 시장에 리스크와 기회를 동시에 제공합니다. 트럼프 취임 직후 발표된 다수의 행정명령은 트럼프 행정부가 '미국우선주의' 기조로 완전히 회귀했음을 보여주고 있습니다. 감세, 관세 인상, 보호무역주의, 에너지 정책 변화 등은 복잡한 경제 환경을 만들어내며, 기업과 투자자들에게 이에 맞는 전략적 대응을 요구합니다. 특히 2025년 환경에서는 불확실성과 변동성에 대비한 리스크 관리가 그 어느 때보다 중요해졌습니다.

고평가 우려 속
변동성이 확대되는 미국 주식 시장

트럼프 행정부의 정책은 미국 금리와 환율에 직접적인 영향을 미치며, 이는 투자자들에게 중요한 자산 배분 전략 수립의 근거가 됩니다.

미국 증시는 현재 변동성이 매우 높은 상황입니다. 〈월스트리트저널〉의 최근 보도에 따르면 지수 변동성은 안정적이나 매그니피센트 7으로 대표되는 미 대형 기술주들의 변동성은 매우 확대되어 있는 상황입니다. 이유는 여러 가지입니다. 대형 기술주로 향한 과도한 쏠림 현상, 개인투자자들의 단기 수익 추구, 투기적 옵션 시장의 변동성 확대 등이 이유로 거론됩니다.

다른 한편, 2025년 2월 기준 미국의 주가는 매우 고평가 구간에 있습니다. 나스닥 12개월 선행 주가수익비율 12 month forward PER은 약 38배에 달하고 있으며 S&P500의 PER 역시 20배를 넘고 있습니다. 이론적으로 PER이 40배인 주식에 투자한다면 그로부터 얻을 수 있는 기대수익률은 40의 역수인 1/40, 즉 약 2.5%에 해당합니다. 2025년 2월 기준 무위험 자산인 미국 국채 10년물 수익률이 4% 중반인점을 감안하면 '이론적으로' 주식보다는 채권 투자가 더 합리적 선택이 될 것입니다.

물론 미국 기술주를 구성하고 있는 기업들의 미래 이익이 비약적으로 증가한다면 다른 이야기이겠습니다. 예를 들어 지금까지 알려져 있지 않았던 새로운 모멘텀이 등장해 이익 수준을 끌어올려 PER을 낮추는 상황이 등장할 수 있습니다. 한 달이 멀다 하고 눈부시게 발전하는 AI의 혁신과 그 관련된 발전은 우리가 생각하지 못했던 새로운 이익의 흐름을 만들어낼 수도 있습니다. 주가는 시장에 나와 있는 모든 뉴스와 정보를 포괄해 형성되는 것이므로 만일 그런 뉴스와 모멘텀이 가시화된다면 주가는 다시 그 이익을 반영해 PER을 낮추는 방향으로 움직일 것입니다.

그러나 한편으로 고려해야 하는 것은 최근 버크셔 해서웨이의 현금 보유 비중이 총 자산 대비 30%에 육박하며 사상 최고치를 보이고 있다는 점입니다. 과거 20년간 버크셔의 현금 보유 패턴을 살펴보면, 2000년 닷컴 버블과 2008년 금융위기 직전에도 비슷한 양상이 나타났습니다. 버크셔의 투자 전략은 명확합니다. 시장이 과열되면 현금을 쌓고, 위기가 오면 이를 활용해 저평가된 우량 자산을 싼값에 매입합니다. 뱅크오브아메리카 글로벌리서치의 최근 자료에 의하면 2024년 말 기준 S&P500의 후행주가수익비율 S&P500 trailing PER 은 지난 124년 중 네 번째로 높은 약 27배 수준입니다. 이는 1921년, 1999년, 2021년의 고점과 어깨를 나란히 하는 수준입니다. 이런 상황에서 버크셔 해서웨이가 현금을 쌓고 있다는 것은 시사하는 바가 큽니다.

이처럼 주식 시장의 높은 밸류에이션은 위험을 동반합니다. 기업들의 실적이 조금만 예상보다 나쁘거나 금리, 인플레이션 등 거시경제 지표에 작은 변화만 있어도 주가가 크게 출렁일 수 있기 때문입니다. 현재 PER 배수가 매우 높은 상황에서는 이런 위험이 더욱 증폭됩니다.

예를 들어 PER이 10배인 A 회사가 있다고 생각해봅시다. 이 회사의 시가총액은 100원, 순이익 10원입니다. 만약 순이익이 9원으로 10% 감소하면, 적정 시가총액은 90원으로 10원 하락합니다. 반대로 PER이 30배인 B 회사가 있습니다. 이 회사의 주가 총액은 300원, 순이익은 A 회사와 같은 10원입니다. 만약 순이익이 9원으로 A 회사와 같이 10% 감소하면, 적정 시가총액은 270원으로 30원 하락하게 됩니다. A, B 두 회사 모두 순익이 1원으로 같은 크기만큼 감소했지만 주가의 변동성은 B 회사가 세 배 더 큽니다. 즉, 밸류에이션이 높을수록 같은 크기의 실수나 예상 밖의 상황이 주가에 미치는 충격이 더 커지게 됩니다. 현재 시장이 이런 상황이라 작은 악재에도 큰 하락이 올 수 있다는 것을 알 수 있습니다.

이러한 상황에서 현명한 투자자들은 어떤 선택을 해야 할까요? 첫째, 평소보다 높은 현금 비중을 유지하는 것이 바람직해 보입니다. 버크셔 해서웨이가 그러하듯, 이는 향후 발생할 수 있는 투자 손실을 줄이는 방어막이자 투자 기회에 대비하는 기회 자금이 될 수 있습니다. 둘째, 남들보다 앞서 시장의 고평가 위험을 인지하고 대비할 필요가 있습니다. 역사적으로 보면 버크셔의 현금 보유 증가는 좋은 경고 신호였습니다. 셋째, 지금 당장 매수에 나서기보다는 단계적인 투자를 고려해볼 만합니다. 시장이 조정을 받을 경우를 대비해, 미리 관심 있는 종목들의 적정 매수 가격대를 설정해두는 것이 현명하겠습니다.

워런 버핏의 유명한 말, "시장이 탐욕스러울 때는 두려워하고, 두

려워할 때는 탐욕스러워져라"는 현재 시점에서 새겨둘 만합니다. 현재 시장 상황을 보면 우리는 탐욕의 시기에 있는 것으로 보입니다. 과거의 경험은 우리에게 중요한 교훈을 줍니다. 2000년과 2008년의 위기 이후 버크셔는 풍부한 현금을 바탕으로 훌륭한 기업들을 좋은 가격에 매수할 수 있었습니다. 당시 현금을 보유한 투자자들은 큰 기회를 잡을 수 있었습니다. 현재의 고평가 상황이 언제까지 지속될지, 또 어떤 계기로 조정이 올지는 아무도 모릅니다. 하지만 버크셔의 현금 보유 증가는 분명 우리에게 뭔가를 말해주고 있습니다. 결국 성공적인 투자자는 이런 신호를 읽고 적절히 대비하는 사람일 것입니다.

미국 채권 시장, 금리 인하는 계속될 수 있을까?

트럼프 행정부의 감세 정책과 보호무역 정책은 상충되는 경제적 효과를 낳을 수 있습니다. 감세는 경기 부양 효과를 가져오는 반면, 관세는 인플레이션 압력과 경제 성장 둔화라는 상반된 결과를 초래할 수 있습니다.

일반 미국인들의 경제 전망은 어두워졌습니다. 대표적인 경기 선행 지표인 미시간대학교 소비자심리지수는 2025년 2월에 급락해 2023년 이후 최저치를 기록했습니다. 또, 비즈니스 연구 그룹인 컨퍼런스 보드가 발표한 소비자기대지수 Conference Board Consumer Expectations 도

2월에 72.9로 급격한 하락을 보이며, 경기 침체가 다가오고 있음을 시사하는 수준까지 떨어졌습니다.

선행 지표 외에 실제 경제 지표에도 이러한 우려는 이미 반영되어 나타나고 있습니다. 2025년 1월 미국 소매 판매는 예상 외로 약세를 보였으며, 소비자 지출은 전월 대비 실질 기준으로 0.5% 감소해 거의 4년 만에 가장 큰 하락세를 보였습니다. 노동 시장도 흔들리고 있습니다. 2025년 2월 마지막 주 실업수당 청구 건수는 24만 2,000건으로 증가해 작년 10월 이후 최고 수준으로 뛰어올랐습니다.

투자자들도 이러한 우울한 분위기를 감지하고 있습니다. 주식은 트럼프의 당선 이후 규제 완화 및 감세 의제를 예상하며 강하게 상승했습니다. 그러나 최근에는 시장이 하락세를 보이며 2025년 2월 한 달 동안 2% 하락했습니다.

애틀랜타 연방준비은행에서 발표하는 GDP나우 GDPNow는 2025년 1분기에 -1.5%의 경기 위축(2025년 2월 28일 기준)을 가리키며, 불과 몇 주 전 2.3% 성장(2025년 2월 19일 기준)과 비교해 급격한 반전을 보여줍니다. GDP나우는 애틀랜타 연방준비은행에서 제공하는 실시간 GDP 예측 모델입니다. GDP 성장률은 경제 활동의 핵심 지표이지만, 공식 통계는 일정 기간의 지연 후에 발표됩니다. GDP나우는 이러한 지연 문제를 해결하고자, 미국 경제분석국이 사용하는 방법론과 유사한 접근법을 통해 공식 GDP 발표 이전에 '현재 시점'의 GDP 예측치를 제공합니다. 한 가지 조심해야 할 점은 GDP나우는 애틀랜타 연방준비은행의 공식 전망이 아니라는 점입니다. 이는 현재 측정 분기에 이용 가능한 경제 데이터를 기반으로 실질 GDP 성장에 대한 '실시간 추정치'로 보는 것이 가장 적절합니다. GDP나우에는 주관적인 조정이 전혀 이루어지지 않으며, 모델의 수학적 결과에만 기반한 추정치입니다.

이러한 복합적 요인들이 연준의 금리 정책에 어떤 영향을 미칠지가 관건입니다. 트럼프 행정부의 감세, 관세, 이민 정책들은 재정 적자를 확대시키고 인플레이션을 자극해 금리 상승 압력으로 작용할 수 있습니다. 그러나 앞서 살펴봤듯, 만일 미국의 경제 성장률이 감소 추세로 돌아선다면 연준이 금리 인하를 고려할 가능성도 있습니다.

이런 상황 속에서 미국 국채 수익률은 2025년 1월 고점을 찍고 하락 중입니다. 10년물 기준 2025년 1월 4.8% 수준이었으나 2월 말 현재 4.2% 수준으로 내려왔고 TIPS로 대표되는 실질 수익률_{Real Yield} 역시 지난 1월 2.3% 수준의 고점을 찍고 현재는 1.9% 수준으로 떨어져 있습니다.

금리 사이클에 따른 자산 배분은 사이클의 큰 흐름과 방향성에 집중하는 것이 중요합니다. 중장기적으로 미국의 채권 수익률이 하락 추세에 있는 것은 맞으나(즉, 채권 가격은 상승 추세), 금리 인상 유인과 인하 유인이 동시에 상존하는 상황이므로, 변동성에 유의하며 중장기적인 채권 포지션 확대 전략은 유효하리라 생각됩니다.

글로벌 자산 배분을 다각화하라

2025년 들어 달러 인덱스는 조금 내려오긴 했지만 추세적인 달러 강세의 흐름은 지속되고 있습니다. 이러한 추세는 여러 복합적인 요인들에 의해 뒷받침되고 있습니다. 우선 최근 연준의 금리 인하 중단을 그 요인으로 들 수 있습니다. 연준은 2025년 1월 29일 회의에서 금리를 4.25%~4.5% 범위에서 동결했습니다. 미국의 상대적으로 높은 금리와 지속되는 지정학적 불확실성이 달러를 글로벌 주요 통화로 유지하고, 단기적으로 그 매력을 높이고 있습니다. 또한 앞장에서도 설명했듯 관세도 달러 강세에 원인을 제공합니다. 트럼프 행정부의 관세 정책은 미국 달러에 대한 공급은 줄이고 수요는 늘리는 요인으로 작용하기 때문입니다.

하지만 가장 근본적인 달러 강세 현상은 미국과 다른 주요 선진국 간의 경제 격차가 더욱 벌어지고 있기 때문입니다. 2025년 미국 경제는 세계 최대 규모를 유지하며, GDP 성장률은 최소 1.9%(블룸버그 조사 경제학자 컨센서스 기준)에서 최대 2.5%(골드만삭스 기준)를 기록할 것으로 예상됩니다. 반면 2025년 다른 주요 선진국 GDP 성장은 이에 못 미칠 것으로 예상됩니다. 기관별로 차이는 있지만 대체로 유로 지역은 1.0% 내외, 일본 역시 1% 내외의 GDP 성장을 전망하고 있습니다.

미국은 경기 침체에 대한 우려가 감소했고, 인플레이션은 2%를 향해 하향 추세를 보이고 있으며, 노동 시장은 재균형을 이루었지만 여전히 강세를 유지하고 있습니다. 미국 경제가 보여주는 차별화된 생산성 향상과 혁신은 미국 경제를 지탱하는 강력한 힘입니다. 이러한 미국 경제의 힘은 달러 강세의 근본적 힘이 되고 있습니다.

지난 2025년 2월 초, 미국 재무장관 스콧 베센트Scott Bessent는 "강달러 정책은 트럼프 대통령과 전적으로 일치한다"며 "우리는 달러가 강세를 유지하기를 원한다"고 밝힌 바가 있습니다. 이는 시장에서 예상했던 것과 달리, 트럼프 행정부가 달러 가치를 의도적으로 낮추지 않을 것임을 시사합니다. 따라서 당분간 추세적인 달러 강세는 지속될 것으로 전망됩니다.

이와 같은 달러 강세 전망과 경제 불확실성 고조로 안전 자산 선호 심리가 확대되며 국내 달러화 예금 규모가 2년 만에 최대치를 기록하고 있습니다. 달러 예금은 현재 4.25%~4.5%인 연준 기준금리를 기준으로 하므로, 연 3% 밑으로 떨어진 국내 원화 예금보다 금리가 높습니다. 다만 달러가 이미 많이 오른 만큼 공격적으로 달러화 및 달러 자산을 추격 매수하기보다는 목표 수익률을 낮추어 잡고 안정적인 포트폴리오를 구축하는 것이 필요합니다.

금리 하락기에는 자산 배분 전략을 재조정할 필요가 있습니다. 금리가 하락하면 채권의 매력도가 높아지는데, 특히 장기채와 투자 등급 회사채는 안정적인 수익과 자본 이익을 제공합니다. 동시에 배당주와 같은 고품질 주식이 상대적으로 더 매력적인 투자처가 될 수 있으며, 방어적인 섹터인 유틸리티나 헬스케어뿐만 아니라, 금리 인하로 자금 조달 비용이 낮아지는 금융주도 긍정적인 영향을 받을 가능성이 큽니다.

부동산과 인프라 펀드 역시 금리 하락기에 주목할 만한 자산입니다. 낮은 금리는 대출 비용 감소와 함께 부동산 가치 상승을 유도할 수 있으며, 안정적인 배당 수익을 제공하는 부동산은 특히 매력적입니다. 또한 금이나 원자재와 같은 실물자산은 금리가 낮아지고 실질 수익률이 감소할 때 가치가 상승할 가능성이 있어 대체 투자로 고려할 만합니다.

글로벌 분산 투자도 중요한 전략입니다. 강달러 환경에서 미국 중심의 자산뿐만 아니라 유럽이나 아시아 신흥국 시장으로의 분산 투자는 포트폴리오의 위험을 줄이고 성장 잠재력을 활용할 수 있는 기회를 제공합니다. 특히 신흥국 채권은 상대적으로 높은 수익률을 제공하며, 지역별로 경제 성장률이 높은 국가나 산업에 집중하는 것도 효과적일 수 있습니다. 다만 트럼프 행정부의 관세 정책이 신흥국 수출에 부정적 영향을 줄 수 있어 단기 투자보다는 중장기 관점에서 접근해야 할 것입니다.

마지막으로 현금을 일정 비중 유지하는 것도 중요합니다. 시장 조정 시 저평가된 자산에 투자할 기회를 잡기 위해 유동성 자금을 확보해두는 것은 현명한 전략이 될 수 있습니다. 전반적으로 금리 하락기에는 안정성과 성장성을 균형 있게 고려한 다각화된 포트폴리오를 구축해 변화하는 시장 환경에 유연하게 대응하는 것이 중요합니다.

주요 산업별 투자 기회와 위험 요소 분석

트럼프 2기 행정부의 정책 변화는 산업별로 한국 기업에 다양한 기회와 위협을 제공하고 있습니다. AI 및 자동화 분야에서는 미국의 규제 완화로 인해 신규 시장 진출과 기술 협력의 기회가 확대되고 있습니다. 특히 제조, 로봇, 헬스케어, 물류 등 다양한 분야에서 AI 기술이 통합되며 혁신이 가속화할 전망입니다. 그러나 기술 표준화, 지식재산권, 그리고 치열한 경쟁은 주요 위협 요인으로 작용할 수 있습니다.

발전 및 전력 기자재

발전 및 전력 기자재 부문에서는 에너지 인프라 확충과 전력망 현대화 프로젝트 발주가 증가하면서 한국 기업의 기자재 수출과 협력 기회가 확대될 것으로 보입니다. 특히 LNG 플랜트와 관련된 기자재 수요가 늘어날 전망입니다. 그러나 철강·알루미늄 관세 부과와 BABA(Build America, Buy America) 규정으로 인해 현지 생산 요구가 증가하면서 비용 부담이 커질 가능성이 있습니다.

조선업

미국 해군 함정 유지·보수(MRO) 시장과 LNG선 수요 증가가 기회 요인으로 작용하고 있습니다. 특히 한국 조선업체들은 미국 내 군함 및 상선 건조 프로젝트에서 중요한 역할을 할 가능성이 큽니다. 하지만 철강·알루미늄 관세 부과로 인해 원자재 비용이 상승할 위험이 있습니다.

방산 및 항공

미국의 방위비 증액과 우주항공 산업 활성화 정책, 그리고 유럽의 방위비 증강으로 인해 이들 지역의 방산 시장 진출과 협력 기회가 확대될 것으로 보입니다. 다만 바이 아메리칸(Buy American) 정책 강화와 공급망 관리 문제는 한국 기업에 위협 요인으로 작용할 수 있습니다.

자동차 부품

이 분야에서는 미국의 대중국 견제 정책으로 인해 한국산 부품 수요가 증가할 가능성이 높습니다. 하이브리드 차량 중심의 수요 확대도 긍정적인 요소입니다. 그러나 철강·알루미늄 관세 부과와 완전자율주행차 규제 완화로 인한 기술 경쟁 심화는 주요 도전 과제로 남아 있습니다.

이차전지

에너지저장장치(Energy Storage System, ESS), 드론 등 대체 수요가 확대되면서 현지 생산 기반을 갖춘 기업들이 경쟁력을 강화할 기회를 얻고 있습니다. 하지만 전기차 소비 위축에 따른 배터리 시장 축소 우려와 보조금 폐지 및 관세 부과로 인한 가격 경쟁력 약화는 위협 요인으로 작용할 수 있습니다.

바이오 및 의료

바이오시밀러 및 제네릭 의약품 사용 촉진으로 인해 한국 제품의 수출 기회가 확대될 전망입니다. 특히 CDMO(위탁개발생산) 시장에서의 성장 가능성도 주목됩니다. 그러나 의약품 관세 도입 시 가격 경쟁력이 약화될 가능성이 있으며, 중국산 원자재 의존도가 높은 한국 바이오 기업들은 공급망 리스크에 대비해야 합니다.

소비재

중국산 제품에 대한 추가 관세 부과로 인해 한국 소비재의 가격 경쟁력이 상승할 것으로 보입니다. 특히 K-뷰티와 식품은 한류 열풍과 함께 지속적인 성장 가능성을 보여주고 있습니다. 그러나 '화장품 규제 현대화법(Modernization of Cosmetics Regulation Act, MoCRA)' 시행으로 인한 행정 비용 증가와 틱톡 퇴출 등 마케팅 채널 변화는 단기적인 어려움을 초래할 수 있습니다.

종합적으로 한국 기업들은 트럼프 정부 정책이 제공하는 기회를 최대한 활용하면서도 관세, 규제 변화, 공급망 문제 등 잠재적 위협에 대비해야 합니다. 이를 위해 현지 투자 확대, 기술 협력 강화, 대체 시장 발굴 등 전략적 접근이 필요합니다.

결론:
리스크 속에서 기회를 찾아라

트럼프 행정부의 정책 변화는 불확실성을 높이며 시장에 변동성을 가져오지만, 동시에 새로운 투자 기회를 창출합니다. 보호무역주의 강화, 감세 정책, 이민 규제 등은 산업별로 상이한 영향을 미치며, 이러한 변화에 적응하는 전략이 투자 성공의 핵심입니다.

트럼프 행정부의 관세 정책과 감세로 인해 금리와 환율이 크게 변동하고 있습니다. 미국 금리 인하가 제한적일 경우 달러 강세가 지속될 가능성이 높으며, 이는 글로벌 자산 배분 전략에 중요한 영향을 미칠 것입니다. 미국 내 생산 기반을 둔 기업이나 달러 강세 수혜를 받을 수 있는 자산에 주목해야 합니다. 반면 신흥국 시장은 외환 리스크를 고려하되, 저평가된 자산에서 기회를 찾는 것이 중요합니다.

산업별 기회와 위협 요인도 잘 살펴야 합니다. 미국 중심의 제조 확대는 반도체 장비 및 소재 기업에 기회를 제공합니다. 그러나 중국 의존도 감소로 인한 매출 감소 위험도 고려해야 합니다. 전기차 보조금 축소와 관세 인상은 한국 자동차 제조업체에 부정적 영향을 미칠 수 있으나, 미국 내 생산 확대와 충전 인프라 투자는 새로운 기회를 제공합니다. AI와 클라우드 기술 확장은 지속적인 성장 동력을 제공하며, 관련 기업들에 대한 투자가 유망합니다.

"불확실성 속에서도 기회는 존재한다. 변화하는 환경에 적응하는 자만이 성공을 거머쥔다."

트럼프 행정부의 정책은 단기적으로 시장 변동성을 확대할 가능성이 있지만, 장기적으로는 새로운 성장 동력을 창출할 수 있습니다. 투자자와 경영인은 유연성과 혁신을 통해 변화 속에서 지속 가능한 성장을 이끌어야 합니다. 정확한 데이터 분석과 선제적 대응만이 불확실성 속에서 성공을 보장할 것입니다.

에필로그
돈의 흐름을 읽는 법

 세계 경제는 끊임없이 변화합니다. 금리가 오르고, 환율이 출렁이며, 각국의 정책이 새롭게 조정될 때마다 금융 시장과 자산 시장은 새로운 방향으로 움직입니다. 이러한 변화의 중심에는 늘 '돈의 흐름'이 존재합니다. 자본은 언제나 가장 효율적이고 수익성이 높은 곳을 찾아 움직이며, 그 흐름을 이해하고 대응하는 사람만이 변동성 속에서도 기회를 잡고 지속 가능한 성장을 이룰 수 있습니다.

 이 책에서는 연준과 글로벌 경제를 해석하는 프레임워크를 제시하며, 실물경제, 정책, 금융 시장의 상호작용과 피드백 루프를 통해 돈의 흐름을 해독하는 방법을 설명했습니다. 이제 우리는 이 프레임워크를 활용해 미래를 준비할 수 있습니다.

연준과 글로벌 경제를 이해하는 것이 왜 중요한가?

연준은 단순한 중앙은행이 아닙니다. 연준은 세계 경제의 심장이며, 글로벌 자본 흐름을 조율하는 핵심 기관입니다. 연준 정책의 파급력은 그 범위가 넓습니다. 연준의 금리 결정과 양적 완화 정책은 미국을 넘어 전 세계 금융 시장에 직접적인 영향을 미칩니다. 연준이 금리를 인상하면 글로벌 유동성이 축소되고, 신흥국에서 자금 이탈이 발생하며, 반대로 금리를 인하하면 위험 자산 선호 심리가 확산됩니다. 한미 금리 차이는 한국 경제와 환율, 자본 유출입에도 중대한 영향을 미칩니다.

따라서 글로벌 경제와 연계된 투자 전략이 중요합니다. 미국 경제뿐만 아니라 중국, 유럽 등 주요 경제권과의 상호작용을 이해하면 더 넓은 시각에서 투자 기회를 포착할 수 있습니다. 글로벌 공급망 재편, 보호무역주의 강화, 지정학적 리스크와 같은 이슈에 대응하려면 매크로 경제를 읽고 거시적 변수를 고려한 분석이 필수적입니다. 이는 투자자와 경영인 모두에 필요한 역량이 됩니다.

매크로 프레임워크를 활용한
지속 가능한 성장 전략

돈의 흐름을 읽고 대응하기 위해서는 실물경제, 정책, 금융 시장을 통합적으로 분석하는 매크로 프레임워크가 필요합니다. 우선 데이터 기반 의사결정이 중요합니다. GDP, 물가, 실업률 같은 실물경제 지표와 FOMC 성명서, 대차대조표 같은 정책 신호를 모니터링해 시장 움직임을 예측해야 합니다. 또한 선행 지표(ISM 제조업지수, 소비자심리지수 등)와 시장 데이터를 결합해 보다 정교한 투자 전략을 수립할 수 있습니다.

한편으로는 리스크 관리와 기회 포착도 중요합니다. 기본적으로 금리 상승기에는 안전 자산 비중을 확대하고, 금리 하락기에는 위험 자산을 선호하는 전략이 필요합니다. 최근 트럼프 행정부의 무역 정책으로 인한 글로벌 공급망 변화 속에서 지역별 투자 기회를 탐색하고, 지정학적 리스크에 선제적으로 대응해야 합니다.

무엇보다 장기적 관점에서 지속 가능성을 추구해야 합니다. 즉, 단기적인 시장 변동성에 휘둘리지 않고, 장기적인 성장 가능성을 고려한 투자 전략이 필요하다는 뜻입니다. 특히 최근에는, 환경Environment, 사회Social, 지배구조Governance 요소를 통합해 지속 가능한 경영과 투자를 실현하는 것이 더욱 중요해지고 있습니다.

돈의 흐름은 거스를 수 없다

자본은 언제나 가장 효율적인 곳을 향해 흘러갑니다. 연준과 글로벌 경제의 메커니즘을 이해하고, 매크로 프레임워크를 활용하면 우리는 그 흐름을 예측하고 대비할 수 있습니다. 이는 단순히 투자와 경영의 성공을 넘어, 개인과 기업 모두가 지속 가능한 성장을 이루는 길을 열어줍니다.

"돈의 흐름은 거스를 수 없다. 그러나 그 흐름을 읽고 준비한다면 우리는 변화 속에서도 기회를 찾을 수 있다."

이제 여러분은 이 프레임워크를 통해 미래를 설계하고, 변화에 대비할 준비가 되어 있을 것입니다.

돈의 흐름을 읽는
연준의 생각법

1판 1쇄 인쇄 2025년 4월 11일
1판 1쇄 발행 2025년 4월 22일

지은이 이정우

발행인 양원석 **편집장** 권오준
디자인 유어텍스트 **영업마케팅** 조아라, 박소정, 이서우, 김유진, 원하경

펴낸 곳 ㈜알에이치코리아
주소 서울시 금천구 가산디지털2로 53, 20층 (가산동, 한라시그마밸리)
편집문의 02-6443-8830   **도서문의** 02-6443-8800
홈페이지 http://rhk.co.kr
등록 2004년 1월 15일 제2-3726호

ISBN 978-89-255-7374-8 (03320)

※ 이 책은 ㈜알에이치코리아가 저작권자와의 계약에 따라 발행한 것이므로
  본사의 서면 허락 없이는 어떠한 형태나 수단으로도 이 책의 내용을 이용하지 못합니다.
※ 잘못된 책은 구입하신 서점에서 바꾸어 드립니다.
※ 책값은 뒤표지에 있습니다.